NBA
那些年我们一起追的球星

当繁华落尽，传奇的脉络才会历历可见。
当他们的身影如云烟掠过，我们却留下了刹那惊鸿。
致敬我们的青春，我们曾经爱过，正在爱着，
依旧会爱的那些巨星……

冯逸明 主编

北京时代华文书局

图书在版编目（CIP）数据

NBA ：那些年我们一起追的球星 / 冯逸明主编．-- 北京 ：北京时代华文书局，2017.5
ISBN 978-7-5699-1550-1

Ⅰ．①N… Ⅱ．①冯… Ⅲ．①篮球运动—优秀运动员—列传—世界 Ⅳ．①K815.47

中国版本图书馆 CIP 数据核字（2017）第 083235 号

NBA：那些年我们一起追的球星
NBA : NA XIE NIAN WO MEN YI QI ZHUI DE QIU XING

主　　编 | 冯逸明

出 版 人 | 王训海
选题策划 | 赵　雷
特约编辑 | 杨乔威　张晨阳
责任编辑 | 张　科　于　倩
装帧设计 | 牛　涛
责任印制 | 刘　银

出版发行 | 北京时代华文书局 http://www.bjsdsj.com.cn
北京市东城区安定门外大街 136 号皇城国际大厦 A 座 8 楼
邮编：100011　电话：010－64267955　64267677　57735442
印　　刷 | 小森印刷（北京）有限公司　010－80215073
（如发现印装质量问题，请与印刷厂联系调换）
开　　本 | 787mm×1092mm　1/16　印　　张 | 18　字　　数 | 362 千字
版　　次 | 2017 年 6 月第 1 版　印　　次 | 2020 年 4 月第 9 次印刷
书　　号 | ISBN 978-7-5699-1550-1
定　　价 | 56.00 元

目录

序文 …… 04

那些年我们追的球星 / 文：冯逸明
不一样的焰火 / 文：张佳玮
麦迪为什么能入选名人堂 / 文：苏群
关于“96 黄金一代”的三段故事 / 文：柯凡

JOKER …… 11

大王 / 迈克尔·乔丹 **12**
小王 / 埃尔文·约翰逊 **20**

A–K …… 27

黑桃A / 勒布朗·詹姆斯 **28**
红桃A / 科比·布莱恩特 **34**
梅花A / 沙奎尔·奥尼尔 **40**
方片A / 蒂姆·邓肯 **44**

黑桃K / 拉里·伯德 **50**
红桃K / 阿伦·艾弗森 **56**
梅花K / 斯蒂芬·库里 **62**
方片K / 哈基姆·奥拉朱旺 **68**

Q–10 …… 75

黑桃Q / 凯文·杜兰特 **76**
红桃Q / 德怀恩·韦德 **82**
梅花Q / 拉塞尔·威斯布鲁克 **88**
方片Q / 伊赛亚·托马斯 **94**

黑桃J / 德克·诺维茨基 **100**
红桃J / 特雷西·麦格雷迪 **106**
梅花J / 克里斯·保罗 **112**
方片J / 詹姆斯·哈登 **118**

黑桃10 / 凯里·欧文 **124**
红桃10 / 凯文·加内特 **130**
梅花10 / 史蒂夫·纳什 **136**
方片10 / 卡尔·马龙 **142**

9–6 …… 147

黑桃9 / 朱利叶斯·欧文 **148**
红桃9 / 查尔斯·巴克利 **152**
梅花9 / 安东尼·戴维斯 **156**
方片9 / 斯科特·皮蓬 **160**

黑桃8 / 卡梅隆·安东尼 **164**
红桃8 / 克莱德·德雷克斯勒 **168**
梅花8 / 保罗·皮尔斯 **172**
方片8 / 文斯·卡特 **176**

黑桃7 / 詹姆斯·沃西 **180**
红桃7 / 多米尼克·威尔金斯 **184**
梅花7 / 雷·阿伦 **188**
方片7 / 雷吉·米勒 **192**

黑桃6 / 贾森·基德 **196**
红桃6 / 托尼·帕克 **200**
梅花6 / 马努·吉诺比利 **204**
方片6 / 约翰·斯托克顿 **208**

5–2 …… 213

黑桃5 / 布雷克·格里芬 **214**
红桃5 / 科怀·伦纳德 **218**
梅花5 / 克莱·汤普森 **222**
方片5 / 达米安·利拉德 **226**

黑桃4 / 德马库斯·考辛斯 **230**
红桃4 / 丹尼斯·罗德曼 **236**
梅花4 / 保罗·加索尔 **240**
方片4 / 马克·加索尔 **244**

黑桃3 / 德玛尔·德罗赞 **250**
红桃3 / 德雷蒙德·格林 **254**
梅花3 / 德里克·罗斯 **260**
方片3 / 凯文·乐福 **264**

黑桃2 / 布兰顿·罗伊 **268**
红桃2 / 昌西·比卢普斯 **274**
梅花2 / 保罗·乔治 **278**
方片2 / 约翰·沃尔 **284**

那些年我们追的球星 / 文：冯逸明

《钻篮画刊》主编 & 设计总监
《钻篮》书系主编 & 主创包装设计

当科比、邓肯、加内特联袂归隐，一瞬间似乎带走了我们最肆意磅礴的青春记忆。

而当威斯布鲁克砍下赛季场均 30+10+10、超越大 O，与哈登梅花间竹般渐次飙起日常三双；库里、欧文们将三分演绎如电竞般绚丽精准……这让我们的记忆又开启新纪元。

的确，NBA 是一个“江山代有才人出”的迭代蜕变之地，但其中不变的是——我们的初心。

“你为什么喜欢某某球星？”

也许是他一声轻叱、一个眼神、一次突破、一记灌篮……一场压哨绝杀后肆意无忌的咆哮，一场纵贯狂飙后疲惫无助的背影，一步登顶巅峰时豪气干云的挥拳，一次失利败北时痛彻心扉的哭泣。

从此以后，瞬间便成永恒，心中便有如同初恋般的篮球缱绻。

从此以后，白云苍狗，山高水长，不忘初心。

每一个时代的落寞，都是我们对青春的一次送别，而每一位球星的离去，便带走了我们关于青春的点滴记忆。

那些年，那些日，我们见证过荣耀满载的乔丹、鲜衣怒马的麦迪、孤高桀骜的艾弗森、大杀四方的科比、坚如磐石的邓肯、铁血铿锵的 KG……

而那些年，那些日，我们又将他们一一送别，而一同送别的还有那时的自己。

我们披沙拣金、剥茧抽丝，在浩瀚的史海中，精心甄选并收藏了他们最经典的图文，只为留下他们最为鲜活的心跳与呼吸……

从此以后，每每翻阅这本书，就是与自己青春的再次重逢。

而收藏此书，便是对于自己青春无悔的一次见证。

PS: 这本书登载的巨星，以一副扑克牌的形式呈现，是一种新的尝试与冒险。54 大巨星，按照我们的梳理，安排出座次，这样，次序鲜明、风格独特，也便于我们具象收藏、索引阅读。但这本身就会引起争议，为什么选择这些，而不是那些……永远会充满疑问。

从 80 年代选起，是因为那些球星尚有记忆的余温，有影像资料可以回溯。而一直选到现在（2017 年），这使得 70 后、80 后、90 后、甚至 00 后球迷，在此都能找到共鸣的坐标。即便是 1980-2017，那也英雄辈出、繁星如云，选出 54 星，也众口难调。这次选择偏重于外线，偶像型球星较多，所以内线中锋（尤因、罗宾逊等）遗憾落选，在此，表示遗憾。

不一样的焰火 / 文：张佳玮

80 后实力派五虎将之一
著名篮球作家，知名自由撰稿人

“我是我自己，独一无二——阿伦·艾弗森。”

如果说，乔丹改变了黑人的形象，改善了黑人运动员在大众眼中粗野鄙陋的姿态，那么，阿伦·艾弗森就改变了街头黑人的形象。他的嘻哈风，他的自我，他的大胆坦率，他对过去的忠诚，对虚伪流程的厌恶，都推进着街头黑人青年文化在美国的发展。孩子们像当初模仿乔丹一样，模仿着他的打球方式，他的做派，他的直截了当和随性张扬。球场之外，他在引动美国文化潮流的涌动，一如 70 年代嬉皮士文化对时代的推进一样。

也包括了 2001 年他一人之力逆天而行，将费城推到总决赛的过程，以及此后独自对抗命运、逐渐老去的过程。

总结他在 NBA 的人生，你可以说，他是个悲剧英雄。

他命中注定永远做不了主角中神通的边陲游侠。他孤高绝逸、信手拈来，铁蹄狂飙，不知悔改。他身披费城 3 号的那些故事，那些年轻而真实的面目，也许不如在丹佛或活塞时那么成熟老到，但却是最为明晰而迷人的形象。虽然那些辉煌已成往事，但他的身影横亘在 NBA 的历史上。再苛刻的历史学家也无法将他抹去，因为他与世界为敌的身影过于高大以至于无法忽略。而他不羁形象的迷人，整个地改变了世界对于伟大的标准。成王败寇，在他这里并不适用。

他令世界的审美变宽了。他使锋锐、孤傲、自我、忠诚、坦率、纹身、黑人文化、张扬，直接成为了一种美好的故事，有别于传统的、封闭的、俗套的美国梦。一个最完美的悲剧英雄，一个也许无需世俗意义上的成功也能让人感动钦佩的故事。

永远热血沸腾、热泪盈眶。

麦迪为什么能入选名人堂 / 文：苏群

●《篮球先锋报》总编辑
著名篮球评论员，央视、腾讯解说嘉宾

很多反对麦迪进名人堂的人，强调的是他季后赛的无所作为，从来没有赢过哪怕一轮。这种想法，是“惟成绩论”的典型，名人堂只看你有没有为篮球推广做出过巨大的贡献，有没有留下过经典的时刻，令人难忘的遗产。

在这个意义上，麦迪当然完全够格。在中国，很多80后球迷都会说这样一句话：“麦迪代表着我们的青春。”他有资格成为一代人的偶像，带动他们的篮球热情，这就够了。对麦迪的这种感觉，并不只限于中国，在美国也一样。

那些令人沮丧的季后赛，到底是不是麦迪的问题才没有赢下来呢？

在1999/2000赛季，麦迪还在猛龙队，队里的老大是卡特，他们碰上的是上一年打入总决赛的纽约尼克，队里有尤因、阿伦·休斯敦和斯普雷维尔，猛龙0比3就被打退了。

在2000/2001赛季，麦迪原本和格兰特·希尔组成“死亡后场”，但希尔只打了4场球，就伤了脚踝。在季后赛第一轮，魔术队1比3被卡塞尔、雷·阿伦和“大狗”罗宾逊组成雄鹿队打败。但在那惟一一胜中，麦迪得了42分、8篮板和10助攻，几乎打出“三双”。

在2001/2002赛季，麦迪成了魔术队的孤家寡人，但仍然带领魔术获得东部第五，在第一轮遇上大胡子巴朗·戴维斯率领的黄蜂（现鹈鹕队），又是1比3败下阵来。麦迪平均得分接近31分，其中仅有的那场胜利，麦迪独得31分、11个篮板、7次助攻。

接下来的2002/2003赛季，麦迪达到了职业生涯的巅峰，当时他才24岁，常规赛达到了32.1分、6.5个篮板、5.5次助攻。然而，作为东部第八，魔术队遇上了当时防守超强的活塞队，在3比1领先的情况下被逆转淘汰。麦迪在前两场拿了89分，被追成3比3的第六场，拿下了37分、11个篮板，但我们可以看一看当时麦迪身边是谁：首发除了麦迪，是德克勒克、古登、吉里塞克、阿姆斯特朗……除了麦迪，还有谁你记得呢？

姚麦携手的2004/2005赛季，火箭的经典组合已经破茧欲出，眼看就要冲破第一轮了。在2比3落后的情况下，第6场生死战麦迪37分、8个篮板、7次助攻，因为那一战姚明已经被小牛队夹得不行，只得了8分，所以遗憾败北。姚麦记忆最难以抹平的伤痛就是抢七战，他们两人联手拿了60分，但比赛从一开始就崩溃了，第三节接着一泄如注，火箭输给小牛40分。除了姚麦之外，其他人总共只得了16分。在这个令人难以忘记的系列赛中，麦迪平均30.7分、7.4个篮板和6.7次助攻。

在2006/2007赛季，姚麦首轮再次以3比4出局，输给了布泽尔和德隆的爵士队，

>> 事件回放：2017 年 4 月 3 日，NBA 篮球名人堂入选名单正式出炉，两届得分王特雷西·麦格雷迪赫然在列，这也标志着“代表了整整一代人青春岁月的篮球图腾，终于有了可以安放的地方”。

当时“犹他双煞”的挡拆简直无解，那个擅长用“迫击炮”对付姚明的布泽尔，如今在广东宏远队仍然用同样的方式帮助他们夺回冠军。

2007/2008 赛季，这时候的麦迪虽然才 29 岁，但已经是第 11 个赛季，伤病越来越难以摆脱。他和姚明首轮又一次 2 比 4 输给爵士，麦迪在第六场拿下 40 分和 10 个篮板。

麦迪在职业生涯打过 7 支不同的球队，除了那些经典的时刻，伤病仿佛是“第十三人”一直陪伴着他。他的确没有通过第一轮，但在魔术和火箭的所有季后赛中，麦迪平均 29.9 分、6.8 个篮板和 6.6 次助攻，他仍然是那个能力超强、团队意识充足的全明星。

有一些球迷，是在姚麦后期才开始看球，并没有见过他的巅峰状态，更不用谈在魔术队两次获得“得分王”的赛季。他曾经对奇才队拿过 62 分，率领火箭连续 22 场赢球，并对马刺打出过 35 秒得 13 分的奇迹。或者可以去问一问里弗斯，麦迪在他手下是如何孤军奋战。如果当时那些经典比赛都有高清录像，你拿来看一看，一定会喜欢上麦迪。在詹姆斯进入这个联盟之前，最接近他这个类型的是麦迪，不同的是詹姆斯拥有如此出色而健康的身体，一直保持到现在。

在那个年代，麦迪就像现在的威少，他让你觉得可惜，但不得不佩服他的能力和勇气。

有了这些遗产，麦迪入选名人堂，是水到渠成的事。

关于“96 黄金一代”的三段故事 / 文：柯凡

资深篮球评论员
腾讯 NBA 解说员

那些年我们一起追的球星……关于这个话题可说的故事很多，与各位看客之间能够有更多的共鸣。我觉得《钻篮》策划出版的这本专辑确实时机非常好，在“96 黄金一代”独余马布里、90 年代末进入 NBA 的球员也依次准备退役的时候，很多喜欢 NBA 并且有一定时间的朋友一定也需要这么一本画册来寄托自己的情感。

关于喜欢某某球星，再严重一点儿说“追星”，我相信每一个人都有自己独特的心路历程，但每一个人也总有殊途同归的一点，那就是随着年龄的增长，对于篮球和 NBA 的理解加深，行事风格、表达方式更加成熟，看世界的角度更加全面，去喜欢一个球星的方式也会变化。有的甚至会因为岁月的沉淀而改变自己喜欢的球星的类型。对于我来说，开始看 NBA 是在 90 年代末，“96 黄金一代”理所当然是我最深刻的记忆，随着岁月的更迭，这一批人中最吸引我的人在变化，我对喜欢的球星的表达方式也在变化。

自从做解说员以来，就一直有人问我，我到底是谁的球迷。有些熟悉我的朋友会说我是艾弗森的球迷，也有人会说我是森林狼的球迷，喜欢维金斯。其实作为当下的我来说，这个问题是最难回答的，因为我已经过了去追、去崇拜、满眼望去全是他完美的样子的年纪，只是单纯地享受每一场比赛带给我的快感。不过可以说，在我能够投入地去追某一个球星的年纪，“艾弗森”和“森林狼”都是重要的符号。

1996 年最早开始接触 NBA，也开始接触球星卡，那时候最喜欢的球星并不是艾弗森，而是和艾弗森同级的马布里。第一眼的喜欢并没有太多的原因，可能是因为马布里和加内特华丽的空中接力配合，可能是马布里每次过人时眼神中所露出的凶光，甚至可能是当年森林狼球衣主配色那漂亮的湖蓝色。反正那时候七七八八地看了好多森林狼的比赛，收集了好多马布里和加内特的球星卡，每天下午放学把电视调到北京有线电视三，等待着森林狼专属的 MV……这种经历几乎每一个喜欢篮球的球迷都有过。所谓一见钟情，我觉得喜欢一个球星比对一个姑娘的一见钟情更加牢靠，因为姑娘只要好看就会让你一见钟情，而球星则需要缘分和感觉。

一个男孩在 16 到 18 岁之间的时候，最容易给自己的英雄主义找一个寄托，比我们大一点儿的那批孩子的寄托可能是崔健、窦唯等人，再大点儿的可能是郭靖、乔峰，再大点儿是杨子荣、邓世昌……而在我所经历的时代，艾弗森和科比恐怕承载了当时中国百分之八十男孩子的英雄主义寄托。当然，百分之八十这个数据肯定不准确，只是我信口打个比方，意思在于这两个人在刚进入 21 世纪的时候在中国的受欢迎程度。很多人喜欢艾弗森是因为他新秀赛季对乔丹的那一晃，也可能是因为总决赛中单挑鲨鱼和科比，我很尴尬的是，我是在这两个重要的时间节点中间喜欢上他的。

重要的事件可以升华一个人在公众心目中的形象，其实被大家忽视的是，艾弗森在总决赛对阵湖人之前也是一直在用瘦小的身躯、满身的伤病和全联盟的强手对抗。而且除了比赛之外，艾弗森所代表的嘻哈文化是那个时代的 NBA 中最重要的文化符号，无论场内还是场外，艾弗森都是对旧势力的有力挑战者。这一点完美地吸引着在青春期荷尔蒙迸发的我，在球场上学习他的动作，不错过每一本有艾弗森作为封面的杂志，穿着和艾弗森一样的肥大衣服，甚至还梳过地垄沟发型……这些在现在的我看来很表面化，但是在当时却是让自己觉得离偶像更近一些的方法。

同样是在我做了解说之后的某一年，艾弗森应中国的赛事组织单位之邀在中国打了几场比赛，并在北京的一间很小的会议室里举办了球迷见面会。那是我工作之后唯一一次以球迷的身份去参加一个球星的活动，也在人群中大声呼喊着“AI”的名字，以图有一个眼神的交流，但是看着自己的偶像与自己咫尺之隔，却发现当年无数个电视前的守候以及球场上的练习居然无从表达。我依然喜欢艾弗森以及他给我带来的一切快乐和美好回忆，但自己再也不会有像学生时代的那种心境了。

这也是为什么我从来没有真正直面“你到底是哪个球星的球迷”这个问题的原因，三十岁不可能有十八岁一样的表达方式，也并不是只有一种表达方式能够证明你喜欢某某人。时至今日，自己也算是利用职务之便，有了很多接触球星的机会。现在真正能打动我的恐怕就是一个球员的人格魅力了。

当然这也是我和“96 黄金一代”的最后故事，2016 年的上海，与科比的两次访谈、三次会面。或许在非黑即白的人看来，喜欢艾弗森就应该痛恨科比，但在我眼中的科比是一个绝对优质的偶像和采访对象，有着极强的感染力和教养，与这样的人面对面，很难不被他的人格魅力所打动。因此，可能有些晚，也算是被科比收编了吧。

从莫名其妙的一见钟情，到狂热的追捧模仿，再到默默欣赏一个人的人格魅力，这种过程来自于岁月。我在写下这些的时候，其实仍然希望自己还在“那些年”的年纪，能够肆无忌惮地去表达自己的感情，但我同样庆幸自己经过了“那些年”之后的成长，能够更清晰地审视、思考我所喜爱的这项运动以及在这项运动中的每一个人。二十年，他们来来往往，我们乐在其中。

BULLS
23

LAKERS

JOKER

JOKER 迈克尔·乔丹 /**JOKER** 埃尔文·约翰逊

MICHAEL JORDAN　EARVIN JOHNSON

JOKER

迈克尔·乔丹
MICHAEL JORDAN

世界上如果没有篮球这种东西，迈克尔 · 乔丹会怎么样呢?
世界上如果没有迈克尔 · 乔丹这个人，那么篮球又会怎么样呢?
关于谁是最伟大球员的争议此起彼伏，好在，这些假设都不成立。
因为篮球和迈克尔 · 乔丹都真实存在。

关于乔丹的故事，大概要从 1982 年 1 月北卡对阵肯塔基的那场比赛说起。那个故事我听说过两个版本，一个是当时刚刚领完身份证的迈克尔在上半场 3 投 0 中，中场的时候，詹姆斯·沃西对他语重心长地说：“继续投！能行！”下半场迈克尔就灵光东来，7 投中 5，全场 16 分。

另一个版本则更有戏剧冲突，依旧是垃圾一般的上半场和有如神助的下半场，只是中场时沃西那段话发生了改变。这个版本里沃西是这么说的：“拜托了，迈克尔，如果机会不够好，请把皮球传出来。”

关于这两个版本哪一个是真相，其实现在看来已经不重要了。无论沃西是个宽厚的长者，还是一个毒舌的队友，都没有改变之后所有的事情，尤其是关于迈克尔的事情。

还有一点至关重要——当时的迈克尔还是个篮球场上的菜鸟，他甚至无法被他的教练认可。北卡的史密斯教练当时也没意识到眼前这个看起来有点懵懵懂懂的愣头小子未来能够闯出怎样一番成就，但他已经睿智地看到了眼前这个孩子与众不同的地方——他有不错的身体素质，篮球智商也不低，能够很快地融入球队的战术体系之中。

要知道上帝往往是公平的，最起码对大多数人来说是这样的。所以我们能够看到卡塞尔、比卢普斯等人一进入联盟，就好似老油条一般在球场上指挥若定，但却永远无法看到他们单臂的大风车扣篮。我们也能够看到斯威夫特们疯狂的暴扣，却永远看不到他们哪怕灵光一现的跑对位置。

兼具这两点的球员少之又少，而史密斯教练眼前的迈克尔恰恰就是这样一块璞玉。

1982 年春天，当教练都有些想要放弃的时候，迈克尔投进了那个名垂青史的制胜球，为北卡再度摘下冠军。外界开始对这个在关键时刻挺身而出的英雄少年大加关注，史密斯教练也对弟子赞不绝口。但迈克尔生来就有拒绝骄傲的能力，他能够冷静地反思自己的不足，并勤加修炼。之后的夏天，他苦练试探步与防守脚步，大三来临之前，他又猛力地训练肩部肌肉，增强比赛中的对抗性。

于是乎，他成了全美最棒的防守后卫，并一直保持 50% 以上的投篮命中率。更可怕的是，他开始向一个进攻火力库转型，开始不断地储存越来越多的得分利器。没有人能够阻挡他的进攻——这是参加泛美运动会所有的 SG（得分后卫）一致的评价。

“我觉得执教他简直是作弊。他有无数招式，我都恨不得不当教练，回家看直播，这样至少可以看重放。”——这是运动会美国队教练哈特曼的评价。

1984 年，迈克尔带着大学不可一世的战绩，进入了 NBA，开始了让世人为之疯狂的表演。第一个赛季，他场均砍下 28.2 分，这让那些在联盟混了一辈子的老球员们无比震惊。他们震惊他无与伦比的身体天赋，更震惊他花样繁多的进攻手段——迈克尔从一开始就不像个新秀，职业生涯的第三场比赛，他就砍了 37 分，第八场比赛狂掠 45 分，跌破了所有人的眼镜!

在那之后，他疯狂的火力，让整个联盟都为之心惊胆战，没有任何一个以防守著称的后卫再愿意和乔丹对位。他们太清楚迈克尔的厉害了：他不是简单地依靠身体突破的球员，那样的队员很容易防守，并且运球技巧粗糙，防守高手都能轻松地从他们手里将球断掉；他也不是技术地板流的球员，那样的球员只要用力量与速度遏制就能达到预期的防守效果。

迈克尔之所以可怕，并且终其生涯也没有一个可以将其完全限制的对手的主要原因就在于：他有太好的身体天赋和篮球智商，还通过勤学苦练，修炼出无数能够灵活运用，并可充分发挥这一切天赋的进攻技巧——中距离、试探步、交叉步、欧式步、垫步之后反向突破、低重心突破、身前变向无与伦比的第一步，以及突破杀入篮下之后各种无视地心引力的滞空翱翔，甚至无球跑动之后的接球跳投。

但毕竟是新秀，他依旧有他不可忽视的问题。北卡的轮转包夹，使他习惯性地在球场上堵截非对位球员，而将自己的对位球员弃之不顾。于是，快船的史密斯也能在他身上轻易捞到 33 分。

不过，好在迈克尔一直都是知耻而后勇的表率，他说：“好了，我现在要靠防守赢

乔丹职业生涯常规赛数据

赛季	球队	篮板	助攻	得分
1984/1985	公牛	6.5	5.9	28.2
1985/1986	公牛	3.6	2.9	22.7
1986/1987	公牛	5.2	4.6	37.1
1987/1988	公牛	5.5	5.9	35.0
1988/1989	公牛	8.0	8.0	32.5
1989/1990	公牛	6.9	6.3	33.6
1990/1991	公牛	6.0	5.5	31.5
1991/1992	公牛	6.4	6.1	30.1
1992/1993	公牛	6.7	5.5	32.6
1994/1995	公牛	6.9	5.3	26.9
1995/1996	公牛	6.6	4.3	30.4
1996/1997	公牛	5.9	4.3	29.6
1997/1998	公牛	5.8	3.5	28.7
2001/2002	奇才	5.7	5.2	22.9
2002/2003	奇才	6.1	3.8	20.0
场均数据		6.2	5.3	30.1

乔丹职业生涯季后赛数据

赛季	球队	篮板	助攻	得分
1984/1985	公牛	5.8	8.5	29.3
1985/1986	公牛	6.3	5.7	43.7
1986/1987	公牛	7.0	6.0	35.7
1987/1988	公牛	7.1	4.7	36.3
1988/1989	公牛	7.0	7.6	34.8
1989/1990	公牛	7.2	6.8	36.7
1990/1991	公牛	6.4	8.4	31.1
1991/1992	公牛	6.2	5.8	34.5
1992/1993	公牛	6.7	6.0	35.1
1994/1995	公牛	6.5	4.5	31.5
1995/1996	公牛	4.9	4.1	30.7
1996/1997	公牛	7.9	4.8	31.1
1997/1998	公牛	5.1	3.5	32.4
场均数据		6.4	5.7	33.4

乔丹全明星赛场均数据

4.7 篮板 / 4.2 助攻 /20.2 分

超长的滞空使他能从容而又优雅地穿越对手的防线，将球放入篮筐，而凌空的英姿又给球迷以空前的震撼，一个此前没有在篮球领域出现的词语也随之而来——飞。而开创这个视觉革命的就是——迈克尔·乔丹

在乔丹没有进入 NBA 以前，篮球是地板上的运动，而迈克尔让篮球有了天空的维度，飞翔在篮筐之上成为一种可能。

档案

迈克尔·乔丹 / Michael Jordan
绰号：乔帮主、飞人 / 位置：得分后卫
出生日期：1963 年 2 月 17 日
身高：198cm / 体重：98kg
效力球队：公牛、奇才
球衣号码：23、45

荣耀

6 届总冠军：1991、1992、1993、1996、1997、1998
6 届总决赛 MVP：1991、1992、1993、1996、1997、1998
5 届常规赛 MVP：1987/1988、1990/1991、1991/1992、1995/1996、1997/1998
3 届全明星 MVP：1988、1996、1998
14 届全明星：1985~1993、1996~1998、2002~2003
10 届得分王：1986/1987、1987/1988、1988/1989、1989/1990、1990/1991、1991/1992、1992/1993、1995/1996、1996/1997、1997/1998
1 届最佳防守球员：1987/1988
3 届抢断王：1987/1988、1989/1990、1992/1993
2 届奥运会金牌：1984、1992
NBA50 大球星
奈·史密斯篮球名人堂

BULLS
23
For people
who expect value.
Lite
Gatorade
Slam-Du

得比赛了！”

接下来就是他疯狂的防守表演了，1985年，他就能让德雷克斯勒出手30次换来20分。到了1986年，他更加成熟，成了“攻守兼备”的最佳代言人。季后赛，他对阵凯尔特人，首战就砍下49分，让丹尼斯·约翰逊和号称能够防守得分后卫的麦克海尔哑口无言。

琼斯教练比他的弟子反应快一些，也只能在赛后摊开手掌，满脸无奈地来一句：“我只好坐那儿说，哇！太可怕了。”

但接下来的第二场，迈克尔再下63分，彻底让琼斯教练哑口无言了。

1986/1987赛季，迈克尔正式开始了漫长的十年得分王旅程。他说自己最过瘾的比赛是1987年3月，在底特律轰了61分。不是因为得61分，而是因为他最后时刻封杀了阿德里安·丹特利，而且连续三次抢断。

接下来的几年，迈克尔直接说他要“转型”了——他很快改变了自己的投篮姿势，将之前永远像抢着最后一投的前倾造型迅速转化成了我们今天熟悉的样子——那闷骚到极致的后仰投篮。

但直到1990年，神挡杀神、佛挡杀佛的他依旧没有捞到半枚总冠军戒指。就在他有些不耐烦的时候，“禅师”菲尔·杰克逊来了，带来了“三角进攻”，但刚开始的时候，迈克尔对三角进攻反应甚是冷淡，主要原因是他并不十分信任满嘴宗教理论，好似传销教主的禅师。

不过时间总能增进彼此的了解，慢慢地师徒二人也终于日趋合拍。两人的组合仿佛是东方教主和任教主的联合——在联盟里开始了“不败+横行”。

这一年，迈克尔又多了两种进攻方式：一是晃动变向之后突破；一是急停跳投。

联盟再没有人能奈他何了，于是1991年，他顺利捧起了第一座总冠军奖杯。

接下来的1992年总决赛之前，他的进攻手段又丰富了N种，以至于“滑翔机”在赛后如是感慨：“总决赛之前，我以为乔丹有两千个招式。我错了。他有三千个。”

更可怕的是，他的防守日趋纯熟，如果说1991年，他去防守“刺客”还经常属于自找没趣，但1992年与滑翔机的对阵，他就隐隐约约地能够开始压制对手了。1993年总决赛他去防凯文·约翰逊那会儿，约翰逊无所作为。等到他第一次退役前，他就能亲自披挂上阵，去防马克·普莱斯和蒂姆·哈达维了。1997 年季后赛打奇才，他亲自去防斯特里克兰。1998 年，当特拉维斯·贝斯特为所欲为时，他也亲自去教训了一下。

从一个超级得分后卫，到联盟的统治者，需要一个蜕变的节点。

我想大概应该是 1993 年那年的总决赛吧？在那之前，迈克尔还没有完全成熟，但那之后，他便摇身一变，成了整个联盟为之恐惧的怪物：正值巅峰时期的五次联赛最有价值球员用自己出众的身体技能和超人的篮球智商一举击碎菲尼克斯太阳，夺取了自己的第三枚总冠军戒指。

很多人认为乔丹 1993 年总决赛中的表现是他职业生涯中的最佳表演，他在 6 场系列赛里完全肢解了太阳的防守。名人堂后卫场均贡献 41.0 分、8.5 个篮板和 6.3 次助攻，投篮命中率高达 50.8%，第四战更是爆发，砍下举世瞩目的 55 分。

没人能够防住这种状态下的乔丹。当防守队员试图用强硬的防守遏制他时，乔丹挺身而出，用一连串的得分一次次地让对方球员和教练顿足捶胸。总之，1993 年的帮主是不可阻挡的；尽管这样，这还不算他发挥最出彩的一届总决赛。

最精彩的那届，可能仁者见仁智者见智了。在第二个三连冠时，几乎每一场总决赛都精彩绝伦，尤其是 1998 年，内忧外患的公牛能够再次捧杯，真的多亏了乔丹神一般的力挽狂澜。

而关于迈克尔的篮球生涯，也许查尔斯的那句话才是最具有代表性的评价：“我是地球上最会打篮球的人。哦！迈克尔·乔丹？不好意思，亲爱的，他是外星人！”

这就是迈克尔·乔丹，一个来自外星的篮球之神。

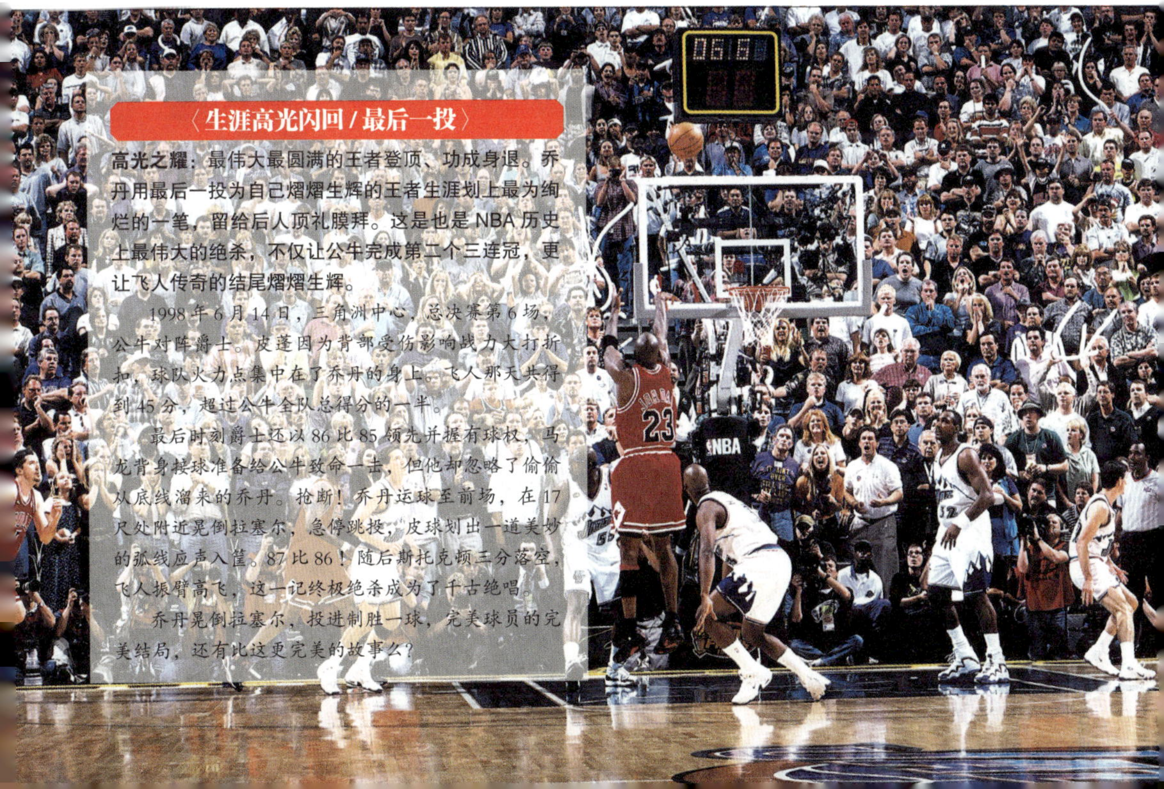

〈生涯高光闪回 / 最后一投〉

高光之耀：最伟大最圆满的王者登顶、功成身退。乔丹用最后一投为自己熠熠生辉的王者生涯划上最为绚烂的一笔，留给后人顶礼膜拜。这是也是 NBA 历史上最伟大的绝杀，不仅让公牛完成第二个三连冠，更让飞人传奇的结尾熠熠生辉。

1998 年 6 月 14 日，三角洲中心，总决赛第 6 场，公牛对阵爵士。皮蓬因为背部受伤影响战力大打折扣，球队火力点集中在了乔丹的身上。飞人那天共得到 45 分，超过公牛全队总得分的一半。

最后时刻爵士还以 86 比 85 领先并握有球权，马龙背身接球准备给公牛致命一击，但他却忽略了偷偷从底线溜来的乔丹。抢断！乔丹运球至前场，在 17 尺处附近晃倒拉塞尔，急停跳投，皮球划出一道美妙的弧线应声入筐。87 比 86！随后斯托克顿三分落空，飞人振臂高飞，这一记终极绝杀成为了千古绝唱。

乔丹晃倒拉塞尔，投进制胜一球，完美球员的完美结局，还有比这更完美的故事么？

档案

埃尔文·约翰逊 / Earvin Johnson
绰号：魔术师 / 位置：控球后卫
出生日期：1959 年 8 月 14 日
身高：206cm / 体重：98kg
效力球队：湖人
球衣号码：32

荣耀

5 届总冠军：1980、1982、1985、1987、1988
3 届总决赛 MVP：1980、1982、1987
3 届常规赛 MVP：1986/1987、1988/1989、1989/1990
2 届全明星 MVP：1990、1992
12 届全明星：1980、1982~1992
4 届助攻王：1982/1983、1983/1984、1985/1986、1986/1987
2 届抢断王：1980/1981、1981/1982
1 届奥运会金牌：1992
NBA50 大球星
奈·史密斯名人堂

不管是下快攻的一个背传，还是半场的一个压哨球，又或者是他迷人的微笑，任何看过“魔术师”打球的人都说那是一生中不可磨灭的记忆。

一旦他踏上那块场地，所有人都会惊呼：一个如此高的人是怎么做出那么多匪夷所思的动作，又对他神秘莫测的下一个动作充满无限期待？！而这一切如同魔术一样如梦如幻，令人神往。

JOKER

埃尔文·约翰逊

EARVIN JOHNSON

人们认为他具有魔术师一样的魔力，于是“魔术师”就成为约翰逊的代名词。2.06 米的约翰逊用眼花缭乱的表演来贯穿比赛，使观众犹如置身梦中，而结局却是匪夷所思的精彩，犹如魔术师一样，看似不可思议的结局，但过程分外惊奇、刺激，而且绝无雷同。
他将更多的理念，智慧和技巧带到了篮球场上，使得这项运动的观赏性和竞争性升到一个新的高度。约翰逊前所未有的新打法，更使篮球运动的组织后卫发生了一场影响深远的革命。

见惯了现代篮球的人们可能很难理解那种三次传球就到前场、皮球不沾地板的比赛，因为我们等着凯里·欧文使用一连串的胯下运球、背后运球一条龙穿越防守呢！

见惯了现代篮球的人们可能也很难理解纪录片中那个面带微笑的高大控卫为什么每次处理球都那么迅速果断、一沾即走，绝不拖泥带水。因为我们总是看到约翰·沃尔面对五个人的防守拉开来持球单打。

时代在前进，篮球自然也在不断发展，规则在完善，技战术在丰富。今天我们看到了许多 20 世纪 80 年代看不到的团队配合和个人进攻技巧，如今的控卫中有克里斯·保罗这样的控场大师，也有帕克那样的突破狂人，更有史蒂芬·库里这样的三分神射手。他们千姿百态，技能各异。控球后卫在当下，根本没有一个标准的模子。

而在 1979 年的时候，谁都没有想到一个身高 2.06 米的大个子可以打控球后卫，埃尔文·约翰逊与现在这些灵活的小个子相比，更像一号位上的颠覆者和伟大的革新者。他不会没完没了地一对一胯下运球突破，但他在快攻中不看人，单手一挥的神韵和风情，简直可以洞穿那个时代人们的灵魂。

无论是斯托克顿还是艾弗森，他们都有着大把的模仿者，唯有“魔术师”，他行进中风骚的传球似乎已经成了绝唱，唯一一个打法上和他近似的球员，居然是当代小前锋第一人——勒布朗·詹姆斯。

“魔术师”这个绰号，来自一位普通的体育专栏作家，当时他目睹了这位还在读高中的 15 岁小伙子单场得到 36 分、16 个篮板、16 次助攻的三双数据，惊为“魔术”，于是一个篮球史上最伟大之一的绰号应运而生。据说“魔术师”的母亲并不喜欢这个绰号，因为她是个虔诚的基督徒，但这并没有阻止这个美名传遍全世界，以至于后来老大哥贾巴尔对外谈论“埃尔文”的时候，大家根本不知道他在说谁。

他天生就是来改变世界的，1979 年作为状元秀加盟湖人的时候，媒体问他要什么样的队友，他说：“我根本不需要五个超级水准能投高难度球的队友。我只要五个寻常队友，大家会跑，会传，会上篮，我们就赢比赛啦！”这是一句了不起的回答，这“五个能跑起来，能传球，会投篮的队友”，构成了一种伟大的篮球理念，同时也开创了大开大阖、行云流水的 SHOWTIME 时代。

“魔术师”是一个热爱胜利的人，也是一位伟大的团队球员。1979/1980 赛季的第一场比赛，当湖人在最后一分钟依靠贾巴尔的勾手投篮取胜后，20 岁的约翰逊兴奋异常，扑上去给了贾巴尔一个几乎喘不过气来的熊抱，差点把老家伙的肋骨撞断。贾巴尔一时间莫名其妙，然后对他说：“淡定些，孩子。我们还有 81 场比赛要打。”由此可见，还是菜鸟的“魔术师”就如此热爱胜利，而“天勾”优雅的动作和华丽的技巧，更在他心目中烙下深深的烙印，他要和“天勾”一样，在洛杉矶这个声威赫赫的紫金王朝，勾勒出自己与众不同的人生。如果说乔丹像演技精湛的动作影帝一样为观众奉献精彩纷呈的独角戏，那么约翰逊就像一位鬼斧神工的天才导演，通过卓越的指挥调度，让每一位队友都能尽情发挥，共同奉献精彩纷呈的合家欢。

约翰逊加盟洛杉矶湖人后，原控球后卫尼克森改打得分后卫，球队把组织进攻的任务交给了菜鸟约翰逊。自此，他就是这个星球上最高的控球后卫，也是 NBA 历史上最高的控球后卫，除非本赛季参加技巧挑战赛的希腊瘦高个儿阿德托昆博承认自己是个控球后卫。

1980 年，菜鸟“魔术师”第一年就打入总决赛，湖人与“J 博士”欧文领军的 76 人相遇。湖人在前 5 场中以 3 比 2 领先，当球队乘飞机前往费城打第 6 场时，贾巴尔脚踝伤势严重，不能随队出战。医生建议他休养几天，准备两队的第 7 场大战。然而老大缺阵这件事情，却成就了“魔术师”第一次震古烁今的总决赛传奇。比赛开始后，约翰逊主动请缨出战中锋位置，并走到中圈去跳球，大家都以为这位菜鸟疯了，结果那场比赛成了他一个人的舞台。他独得 42 分、15 个篮板球、7 次助攻和 3 次抢断，最后时刻，模仿贾巴尔的远

约翰逊职业生涯常规赛数据

赛季	球队	篮板	助攻	得分
1979/1980	湖人	7.7	7.3	18.0
1980/1981	湖人	8.6	8.6	21.6
1981/1982	湖人	9.6	9.5	18.6
1982/1983	湖人	8.6	10.5	16.8
1983/1984	湖人	7.3	13.1	17.6
1984/1985	湖人	6.2	12.6	18.3
1985/1986	湖人	5.9	12.6	18.8
1986/1987	湖人	6.3	12.2	23.9
1987/1988	湖人	6.2	11.9	19.6
1988/1989	湖人	7.9	12.8	22.5
1989/1990	湖人	6.6	11.5	22.3
1990/1991	湖人	7.0	12.5	19.4
1995/1996	湖人	5.7	6.9	14.6
场均数据		7.2	11.2	19.5

约翰逊职业生涯季后赛数据

赛季	球队	篮板	助攻	得分
1979/1980	湖人	10.5	9.4	18.3
1980/1981	湖人	13.7	7.0	17.0
1981/1982	湖人	11.3	9.3	17.4
1982/1983	湖人	8.5	12.8	17.9
1983/1984	湖人	6.6	13.5	18.2
1984/1985	湖人	7.1	15.2	17.5
1985/1986	湖人	7.1	15.1	21.6
1986/1987	湖人	7.7	12.2	21.8
1987/1988	湖人	5.4	12.6	19.9
1988/1989	湖人	5.9	11.8	18.4
1989/1990	湖人	6.3	12.8	25.2
1990/1991	湖人	8.1	12.6	21.8
1995/1996	湖人	8.5	6.5	15.3
场均数据		7.7	12.3	19.5

约翰逊全明星赛场均数据

5.2 篮板 / 11.5 助攻 /16.0 分

距离勾手投篮命中成为录像中反复播出的经典。“魔术师”一夜之间成为天之骄子、媒体宠儿，当人们问他究竟打什么位置时，他得意地说：“我有时候打中锋，有时候打前锋，还打一点后卫。我想给我的位置起个名字，或许‘中锋前锋后卫摇摆人’这个名字不错。”这真是个创造性的发明。

20 岁的新秀、总决赛 MVP 在赛后面对全国转播的电视采访，微笑着对着镜头向贾巴尔致敬：“大哥，我们会在回来的飞机上为你跳舞的！”从此之后，王朝的权杖交接了，这个微笑着的、身材微微发胖的大个子后卫，开始用自己天才的头脑和神出鬼没的传球，驱动着湖人开辟新的疆土。

1981/1982 赛季，他再次获得总决赛 MVP，而且获得了两个抢断王，在我们这个时代，你能想象一个身高 2.06 米的球员能够获得抢断王吗？他赶跑了冠军教练韦斯特德，迎来了“神算子”帕特·莱利，完全掌控了球队。而这段时间，他一生的知己和敌人——拉里·伯德也在波士顿开始建立他的王朝，两位天皇巨星开始了他们一生的针锋相对、爱恨情仇，而这样史诗般的英雄对决，也直接挽救了 80 年代江河日下的 NBA 联盟。人们需要英雄。

他们是一辈子的欢喜冤家，伯德是历史上最伟大的小前锋，而约翰逊是最伟大的控球后卫。伯德强硬而毒舌，约翰逊则温和而幽默，两人相映成趣。

1986/1987 赛季，约翰逊终于获得常规赛 MVP，这个奖项让他等待了 8 年，大有久旱逢甘霖之感，因为伯德已经三次蝉联常规赛 MVP 了。在获奖之前的惴惴不安中，他对媒体说：“现在，他已经是 3 比 0 了。这让我有些疯狂。”这是绝代双骄之间的嫉妒和牵挂，他们一辈子都这样纠缠不休。然而在“魔术师”被查出携带 HIV 病毒的时候，伯德第一个表示关切和支持，而在“大鸟”入选名人堂的时候，一脸微笑的“魔术师”是他的推荐人。

1991 年，伟大的“魔术师”已经获得了五个总冠军戒指，三个常规赛 MVP，三个总决赛 MVP，季后赛总助攻数第一，三双次数第一，常规赛三双次数第二，12 年职业生涯 9 次杀进总决赛。他在总决赛中败给了新的神——迈克尔·乔丹，然后在新赛季以一则 HIV 病毒检测报告宣布退役，结束了他壮丽而短暂的职业生涯，结束了轰轰烈烈的 SHOWTIME 时代。

乔丹说过：“‘魔术师’可以搞定一切可以行走的生物。”“魔术师”的伟大在于，他不需要靠强力的个人得分就能轻松获得团队的胜利，朱利叶斯·欧文（Julius Erving）评价他时说道：“Magic 是那种即使一场比赛只出手 3 次，也依然可以控制比赛的球员。”

他聪明而大气，给他一个开放的进攻环境，他天下无敌。他能瞬间把皮球送到球场的任何一个角落，庖丁解牛一样打通整场比赛的脉络，队友只要不停地奔跑就够了。他手上的技巧足够细腻，他快攻中可以随心所欲地分配球，可以连续单手运球，然后一个背后运球就变向突破上篮。他可以背身勾手，可以面筐突破，可以背转身切入篮下，可

以远投。他看上去速度不快，可是他快攻中一条龙上篮，却能不断变换节奏和出手角度，令防守者目瞪口呆、无计可施。而抓下篮板一个人推快攻的流畅和华丽，至今无人可比。勒布朗可以做到这些，但远不如他大气不喘、面带微笑的轻松惬意。

而这抹自信而优雅的微笑，将永远定格在那个黑白双雄争霸的 80 年代。

SHOWTIME 记载着 80 年代湖人的影像狂欢，而导演这华丽、奔放的进攻狂潮的就是"魔术师"约翰逊。作为 NBA 历史上最高的组织后卫，约翰逊又可以胜任任何一个位置，是超级全能的巨星。他的推进速度极快，传球变化多端，特别是他能像下盲棋一样打篮球，在用快攻中一个又一个的 no-look pass、横跨半场的空接、旋转极强的传球以及超过 3/4 场的长传让对手发愣、让球迷疯狂。

〈生涯高光闪回 / 客串中锋〉

高光之耀：新秀菜鸟一步登天成为总决赛 MVP，连好莱坞最富有想象力的编剧都无法杜撰的剧本，却恰恰发生在好莱坞之旁的魔幻剧场里。

1980 年的总决赛，湖人对阵朱利叶斯·欧文领衔的 76 人，五战过后，湖人以 3 比 2 领先。关键的第六战，湖人场均 33.4 分、13.6 个篮板的中锋贾巴尔因伤缺阵，"魔术师"临危授命，客串中锋。

在光谱球馆，约翰逊 23 投 14 中，砍下 42 分、15 个篮板、7 次助攻。最后 2 分 22 秒连得 9 分，为湖人奠定胜局，最终拿下总冠军。20 岁的他，当时不过是 NBA 菜鸟，却代替了 NBA 历史上最伟大的中锋，打出了一场完美比赛！赛后，约翰逊当之无愧地当选为总决赛 MVP。

A-K

黑桃 A 勒布朗 · 詹姆斯 / **红桃 A** 科比 · 布莱恩特 / **梅花 A** 沙奎尔 · 奥尼尔 / **方片 A** 蒂姆 · 邓肯

LEBRON JAMES　KOBE BRYANT　SHAQUILLE O'NEAL　TIM DUNCAN

黑桃 K 拉里 · 伯德 / **红桃 K** 阿伦 · 艾弗森 / **梅花 K** 斯蒂芬 · 库里 / **方片 K** 哈基姆 · 奥拉朱旺

LARRY BIRD　ALLEN IVERSON　STEPHEN CURRY　HAKEEM OLAJUWON

“乔丹是史上最伟大的得分手，但我不得不说，勒布朗或许才是史上最伟大的球员，他不仅自己有着非凡的得分能力，同时还能让队友变得更加出色。”

——斯科特·皮蓬

档案

勒布朗·詹姆斯 /LeBron James

绰号：小皇帝 / 位置：小前锋

出生地：俄亥俄州阿克伦

出生日期：1984 年 12 月 30 日

身高：203cm/ 体重：120kg

效力球队：热火、骑士

球衣号码：23、6

荣耀

3 届总冠军：2012、2013、2016

3 届总决赛 MVP：2012、2013、2016

4 届常规赛 MVP：2008/2009、2009/2010、2011/2012、2012/2013

2 届全明星 MVP：2006、2008

13 届全明星：2005~2017

1 届得分王：2007/2008

最佳新秀：2003/2004

2 届奥运会金牌：2008、2012

A ♠

勒布朗·詹姆斯

LEBRON JAMES

作为 NBA 七十年来最全能、独特的球员，詹姆斯可以用控卫视角，用观赏性和实用性兼具的传球把每一套战术都执行出来，在游刃有余中瞬间撕碎对方苦心琢磨的防守体系；他可以从前锋角色出发，冲击、背打、投篮、包夹、空接、抢板、转移、上篮、协防、造犯规。熟谙各种进攻和防守之道的他，成为球队最关键的终结者与指挥官。

1984 年，勒布朗·詹姆斯出生在美国俄亥俄州克里夫兰胡桃树大街的一栋房子里，他的母亲格利亚·詹姆斯当时 16 岁，她从来没有透露过詹姆斯的生父。詹姆斯出生后，和母亲一起住在外婆家，那里是贫民区，她们经常交不起房租。5 岁到 8 岁的那几年，詹姆斯和母亲一共搬过 12 次家。

詹姆斯 3 岁时，格利亚和男友埃迪给他买了一套篮球玩具。浓眉大眼、相貌堂堂的小家伙一下子就被这个蹦蹦跳跳的球形玩具吸引住了。很长时间，幼年的詹姆斯都在街头追逐着橙红色的篮球，乐此不疲。

他是个从小精力旺盛的家伙，对一切都充满好奇心和乐趣，并且聪明过人。9 岁时，詹姆斯经常到阿肯南部的一支橄榄球队下面的青少年队玩。他给教练沃克留下了很深的印象：“这个孩子从没打过有组织的比赛，对规则一无所知，但只要说一遍，他马上就明白，我还从来没有看过像他这么聪明的孩子。”

打橄榄球只是为了摆脱贫穷，这之前，篮球就已经成了他的至爱。詹姆斯从小就希望能够长到 1.98 米，和乔丹一样高，当他的身高达到 2.03 米的时候，他还为此大为懊恼过一段日子。从小打后卫的他，把乔丹奉为偶像，可他并不知道将来自己会成长为一个如伯德和“魔术师”般全能的球员。

在中学时代，詹姆斯的篮球天赋展露无遗，他就读于阿克伦的圣文森特·圣玛丽高中，高一那年，他就打出了场均 18 分、6 个篮板的漂亮数据，球队更是取得 27 胜 0 负的惊人战绩，并在决赛中 73 比 55 大胜对手，赢得州冠军，决赛中詹姆斯得 25 分、9 个篮板、4 次助攻。高三那年，圣玛丽高中升级到二级联赛，詹姆斯带队获得 23 胜 4 负的骄人战绩，并获得州亚军，詹姆斯这个赛季平均得 29 分、8.3 个篮板、5.7 次助攻以及 3.3 次抢断。他的头像开始登上《灌篮》封面，人们开始称他为“皇帝”。

只是在高中联赛，詹姆斯的表演就已经吸引了全美的目光，人们纷纷开始关注这位不世出的天纵奇才。詹姆斯史无前例地三度入选全美第一队，并三度当选俄亥俄州篮球先生。他少年老成，滴水不漏，传球冷静而高效，快攻暴扣雷霆万钧。他的名字和照片频频登上 ESPN 和《体育画报》的封面，就连 NBA 的超级巨星奥尼尔等人也特地来观看这位传奇高中生的表演。

2003 年选秀大会，众望所归的詹姆斯在第一轮第一顺位被克利夫兰骑士队挑走，能被家乡的球队选中，这是一件皆大欢喜的事情。新秀赛季的詹姆斯平均每场贡献 20.9 分、5.9 次助攻和 5.5 个篮板球，帮助上个赛季仅获 17 场胜利的克里夫兰骑士队战绩提高到 35 胜 47 负。詹姆斯也是继前辛辛那提皇家队后卫奥斯卡·罗伯逊及前芝加哥公牛队后卫迈克尔·乔丹后，NBA 史上第三位于新秀球季就得到 20+5+5 数据的球员。

2005 年 2 月 20 日，詹姆斯首次被选入为 NBA 全明星赛东部首发球员，他在这个舞台上越来越如鱼得水、挥洒自如。

2006 年全明星周末，21 岁的詹姆斯带领东部球队逆袭西部，得到 29 分、6 个篮板及 2 次助攻，赛后成了最年轻的全明星赛 MVP。这个赛季，詹姆斯平均得到 31.4 分、7.0 个篮板、6.6 次助攻。他刷新着一个个“最年轻记录”，也用自身的超强表演一天一天刷新着大家对他的认识。那个赛季，詹姆斯首次打进了季后赛，并淘汰了奇才，杀入了第二轮，最终败于活塞铁桶阵。2006/2007 赛季，詹姆斯卧薪尝胆，带领骑士打出了 50 胜的好成绩，高居东部第二。季后赛中，他们一路高歌猛进，横扫奇才，击败篮网，六场大战复仇活塞，第一次杀进总决赛。但在总决赛上，他碰上了马刺和那位穿 21 号球衣的大个子，4 比 0，天赋败给了机器一般精准的战术和经验。但他没有想到，这支球队，居然会在 7 年之后卷土重来，继续阻挡他前进的脚步。

之后的时间里，他是毋庸置疑的联盟第一人，每个赛季天神下凡一样的表演，2k 游戏一样的数据暴涨，都很难给人们带来新鲜感。无论他是多么无敌的“皇帝”，无论他多少次入选全明星，但在季后赛，他却是屡战屡败、屡败屡战。刚刚突破底特律的钢铁锁链，却又迎来了波士顿三巨头的强势崛起。

直到 2010 年夏天，他做了一个著名的决定，把天赋带到了南海岸，他在迈阿密和韦

德、波什两位巨星约为兄弟、同心同德，为了那个最高梦想而共同奋斗。2010/2011 赛季，三巨头无坚不摧，但在总决赛的舞台上，他们却被32岁的德克·诺维茨基狠狠教训了一顿。

终于在2012年总决赛，詹姆斯击败杜兰特和雷霆队获得了生命中第一座总冠军奖杯。随即又在 2013 年的总决赛绝地逢生，七场苦战淘汰马刺。正当大家憧憬着三连冠和热火王朝的时候，他们却又在 2014 年总决赛被马刺完美复仇。詹姆斯做了第二次决定，拒绝了莱利的挽留，抛开多年以来组建成熟的热火队，执意要把天赋带回克利夫兰，以履行当初许下的承诺——“我会带领你们夺冠的！”

“我对俄亥俄州东北地区的感情比对篮球的喜爱还要深厚，我 4 年前没有意识到这一点，如今意识到了。”他抛开已有的功名利禄，放下多年的兄弟情谊，固执地回到家乡，另起炉灶，重新开始，这是一个更难的模式。皇帝的字典里写的并不是“逃避”，而是“承诺”。就像当年那位冲进球场的骑士球迷表达的那样——游子终究是要回家的。

连续四年总决赛，两夺总冠军，迈阿密终归不是詹姆斯的家。游子需要归乡，2014 年夏天，阿克伦之子许下承诺：“我定将会为家乡带来一座总冠军奖杯。”他的家乡，克利夫兰，一座被上帝诅咒之城。

詹姆斯职业生涯常规赛数据

赛季	球队	篮板	助攻	得分
2003/2004	骑士	5.5	5.9	20.9
2004/2005	骑士	7.4	7.2	27.2
2005/2006	骑士	7.0	6.6	31.4
2006/2007	骑士	6.7	6.0	27.3
2007/2008	骑士	7.9	7.2	30.0
2008/2009	骑士	7.6	7.2	28.4
2009/2010	骑士	7.3	8.6	29.7
2010/2011	热火	7.5	7.0	26.7
2011/2012	热火	7.9	6.2	27.1
2012/2013	热火	8.0	7.3	26.8
2013/2014	热火	6.9	6.3	27.1
2014/2015	骑士	6.0	7.4	25.3
2015/2016	骑士	7.4	6.8	25.3
2016/2017	骑士	8.6	8.7	26.4
场均数据		7.3	7.0	27.1

詹姆斯职业生涯季后赛数据

赛季	球队	篮板	助攻	得分
2005/2006	骑士	8.1	5.8	30.8
2006/2007	骑士	8.1	8.0	25.1
2007/2008	骑士	7.8	7.6	28.2
2008/2009	骑士	9.1	7.3	35.3
2009/2010	骑士	9.3	7.6	29.1
2010/2011	热火	8.4	5.9	23.7
2011/2012	热火	9.7	5.6	30.3
2012/2013	热火	8.4	6.6	25.9
2013/2014	热火	7.1	4.8	27.4
2014/2015	骑士	11.3	8.5	30.1
2015/2016	骑士	9.5	7.6	26.3
场均数据		8.8	6.8	28.0

詹姆斯全明星赛场均数据

6.3 篮板 / 6.3 助攻 /24.3 分

归乡初载，乐福季后赛首轮断臂，欧文总决赛首战黯然离去，詹姆斯独木难支，不敌勇士“死亡五小”，距离那个诺言只差两场胜利。

厉兵秣马，卷土重来，宿敌在总决赛再度相逢。当詹姆斯的骑士 1 比 3 落后如日中天的勇士，几乎所有人都笃定克利夫兰人悲剧的结局，而詹姆斯又添一亚似乎不可避免。但骄傲的“皇帝”绝不会低头令王冠旁落！詹姆斯竟然率领骑士发起绝境反击，他们宛如来自地狱的野兽，迸发出夺魂摄魄的杀气，最终逆转了不可一世的勇士。

两场绝境的 41 分，抢七生死战的三双，全票加冕 FMVP，第三个总冠军和 FMVP 奖杯。“天选之子”为克利夫兰赢得了 52 年来首个职业体育的总冠军。作为在得分、篮板、助攻、抢断和盖帽五项统计均领先总决赛所有球员的男人，詹姆斯值得所有人尊重和铭记。

在他即将 32 岁的夏天，在他入行 13 年之后，在他和克利夫兰经历了史诗般的离合爱恨之后，他终于完成了对这座城市童话般的许诺。当然了，詹姆斯在 NBA 乃至篮球历史上的地位，永远比克利夫兰重要得多。对于他个人而言，这是他时隔三年再度登上王座，第三个总冠军，第三尊总决赛 MVP 奖杯。

自从 2014 年他接连失去常规赛 MVP 和总冠军，他天下第一的位置逐渐受到怀疑。但就在库里打出 NBA 史上最伟大的常规赛表演之一后，就在勇士拿下 73 胜之后，他忽然神奇地回到了王座之上，霸气地证明，2009 年以来，这个联盟没有任何人能够和他等量齐观。

〈生涯高光闪回 / 天王山之战〉

高光之耀：2007 年天王山与活塞一战，被奉为是詹姆斯最佳一战，但事实上，论战略难度和历史意义，2012 年东决与绿军的 G6 才配得上皇帝季后赛的巅峰演出。

2 比 3 落后于宿敌凯尔特人，背临深渊，如果再负，那么詹姆斯依然无冠，而热火三巨头也可能解体，迈阿密聚义也成为一纸笑谈，勒布朗的生涯将被打上“失败者”的烙印。命运拐点，全系此战，而横亘在他面前的依旧是强大的凯尔特人，那个命中注定的死敌！

最险恶的境地，最老辣的对手，最危急的关头，也能迸发出最恐怖的能量！所以，在绿衫军的地盘，我们看到面沉如水、杀气弥天的勒布朗；那个半场砍下 30 分，以一己之力摧毁强大的绿衫军，在 TD 北岸花园，横扫六合、霸绝天下、天命所归、舍我其谁的那个迈阿密皇帝，如神降临！巨星之所以伟大，就是在人生最关键的那几战中，战胜对手，成就自己。很显然，詹姆斯赢得了人生的“天王山”之战，从此，登顶天下，一路凯旋。

2012 年东部决赛第六场，波士顿 TD 北岸花园球馆，凯尔特人 3 比 2，绿衫军的主场胜赛局。赢下，直通总决赛！输掉，赶赴迈阿密！勒布朗·詹姆斯又一次迎来决定命运的关键时刻，几乎所有的绿军球迷都已经做好了戏谑皇帝的准备，但詹姆斯粉碎了这种企图。全场比赛，老詹面无表情，一脸冷峻，打出了罕见的超高效率表现：26 投 19 中，45 分、15 个篮板、5 次助攻，超史诗级的表演。

科比终极数据解码

职业生涯总得分
33643

职业生涯总篮板
7047

职业生涯总助攻
6306

职业生涯总抢断
1944

职业生涯总盖帽
640

“很多人在看到科比的表现之后，都会想到当年的乔丹。他们的比赛方式非常相似，在其他方面也与乔丹很类似，比如性格。当他们受到挑衅或者发挥失常之后，就会给出狠狠的报复。”

——斯科特·皮蓬

A♥

科比·布莱恩特

KOBE BRYANT

科比无疑是这个时代最独特、最传奇、最迷人、最具争议的篮球巨星，换言之，他已经超越了篮球本身。当然，这并不等于他的篮球成就不够高：湖人队史上成就最高的两大巨星之一；仅次于乔丹的伟大得分后卫；NBA 史上技术最完整的球员，以及和张伯伦、乔丹并肩而立的，NBA 史上最伟大的三大得分机器之一。

科比只有一个。性格即命运——但性格是在具体的环境中慢慢形成的，那是一个漫长的过程。科比生于费城，在意大利度过童年，还曾漂泊欧洲大陆，与西班牙和法国都曾有过“走马观花”的缘分。人生何处是故乡？故乡的形成是一个过程，和一个地方、一群人建立盘根错节的联系，当然是需要时间的。没有了时间的保证，这一切也就无从谈起。

科比的生命就生长在这种无从谈起中——在意大利，他是一群白人中的黑人；回到美国，他又成了一群黑人中的白人。这就是科比·布莱恩特回到美国后的人生基调：他一直在寻求突破，突破由时间和空间频繁变化造成的隔离墙——是的，篮球没有国界，但篮球运动员有，他们都是一个个具体可感的人。他们都有自己的圈子，但科比没有。如果一个人在即将成年的时候人际关系还是零，那会是多么可怕的事情！更可怕的是，这个即将成年的少年，马上就要进入一个商业联盟了。

如此，科比·布莱恩特的 NBA 人生，一开始就是一个没有具体地图的冒险岛。无论他如何艺高人胆大，可以轻松放倒明面上的障碍，也保不齐脚下突然塌陷，让他在一瞬间进退失据。

他在球场上的一路通关蔚为壮观，因为他本来就是一个充满激情的冒险家。他还年轻，不怕与任何人或事物成为敌人。

1996/1997 赛季，他还只是一个可有可无的替补，然后 1997/1998 赛季全明星赛前，他场均 18 分，成了第一位打全明星首发的替补。1998/1999 赛季，他成为首发，场均抢断和盖帽全都超过一次，顺便成了湖人外围第一持球手。1999/2000 赛季，他的防守获得专家们的认可，是最年轻的防守阵容的成员，然后成了三连冠王朝球队的二号人物。2000/2001 赛季，彰显他冒险岛式人生的经典台词出现了："也许我应该按照大多数人说的，打场均 20 分、8 次助攻之类的正确篮球，但我也可以展现我的侵略性，直达我的极限。"他说到做到，2000 年年底，科比第一次出现在得分榜首位。2003 年，他 25 岁，场均得分超过鲨鱼，成为全明星票王，升级了背打和中远投，攒齐了一个得分后卫所能获得的所有装备。斯特恩赞扬他是"年轻一代的楷模"。

然而与此同时，他处理不好和奥尼尔的关系，也不太会应对媒体，而且他始终游离于湖人更衣室的江湖之外，与队友形同陌路，毫无交流。

一屋不扫，何以扫天下？他的愿望居然是融入美国的娱乐圈？至此，他一直都是一个优秀的冒险岛玩家：超卓的天赋和技艺，良好的修养和语言表达，顺便还有俊朗明媚的外表，简直无往不利。他随时准备在球场上冒险，研究扣篮花式，不厌其烦地在训练馆练习失去平衡后的高难度投篮。

这是另一个彰显他冒险精神的行为。假如有这样一次高难度投篮：失败率 99.99%，经过练习后会变成 99.9%，科比还会继续练习吗？会的——因为成功率已经是原来的十倍。事实上，我对他新秀赛季最深刻的印象，就是这个人敢于在任何情况下射出跳投。

但他的冒险之旅终于遇到了波折。25 岁，刚刚看到巅峰的无限风情，就立刻以最难看的姿势摔落低谷——闹出性侵犯事件——直到 2006 年才能再来一次饱满的怒放。

商业虽然有它令人厌恶的地方，但自古道"无商不活"，商业网络可以让有价值的东西价值无限翻倍。比如科比・布莱恩特天煞孤星式的得分表演。2005 年到 2007 年的无数传说让人无力拒绝。那两年，科比用他的寂寞和无数个行为艺术般的进球，在球场上和洛杉矶的观众一起狂欢——那种狂欢的情绪随之向全世界蔓延。当这种情绪被商业网络捕捉到时，神话般的故事就诞生了，科比・布莱恩特的名字和球技随之风靡世界。商业往往拥有改变人们观点的能力，因为有太多的人是商业的奴隶。在 NBA 联盟看来，顾客就是上帝——但科比是顾客的上帝。于是，他终于开始无限接近"魔术师"的背影，哪怕他暂时还没有带领湖人登上顶峰。

科比，这个篮球世界的学霸，至此修成正果：2008 年的常规赛 MVP，2009 年和 2010 年的总冠军。然后，2011 年，他主演了一部不到 6 分钟的电影，就把手印和签名留

科比职业生涯常规赛数据

赛季	球队	篮板	助攻	得分
1996/1997	湖人	1.9	1.3	7.6
1997/1998	湖人	3.1	2.5	15.4
1998/1999	湖人	5.3	3.8	19.9
1999/2000	湖人	6.3	4.9	22.5
2000/2001	湖人	5.9	5.0	28.5
2001/2002	湖人	5.5	5.5	25.2
2002/2003	湖人	6.9	5.9	30.0
2003/2004	湖人	5.5	5.1	24.0
2004/2005	湖人	5.9	6.0	27.6
2005/2006	湖人	5.3	4.5	35.4
2006/2007	湖人	5.7	5.4	31.6
2007/2008	湖人	6.3	5.4	28.3
2008/2009	湖人	5.2	4.9	26.8
2009/2010	湖人	5.4	5.0	27.0
2010/2011	湖人	5.1	4.7	25.3
2011/2012	湖人	5.4	4.6	27.9
2012/2013	湖人	5.6	6.0	27.3
2013/2014	湖人	4.3	6.3	13.8
2014/2015	湖人	5.7	5.6	22.3
2015/2016	湖人	3.7	2.8	17.6
场均数据		5.2	4.7	25.0

科比职业生涯季后赛数据

赛季	球队	篮板	助攻	得分
1996/1997	湖人	1.2	1.2	8.2
1997/1998	湖人	1.9	1.5	8.7
1998/1999	湖人	6.9	4.6	19.8
1999/2000	湖人	4.5	4.4	21.1
2000/2001	湖人	7.3	6.1	29.4
2001/2002	湖人	5.8	4.6	26.6
2002/2003	湖人	5.1	5.2	32.1
2003/2004	湖人	4.7	5.5	24.5
2005/2006	湖人	6.3	5.1	27.9
2006/2007	湖人	5.2	4.4	32.8
2007/2008	湖人	5.7	5.6	30.1
2008/2009	湖人	5.3	5.5	30.2
2009/2010	湖人	6.0	5.5	29.2
2010/2011	湖人	3.4	3.3	22.8
2011/2012	湖人	4.8	4.3	30.0
场均数据		5.1	4.7	25.6

科比全明星赛场均数据

5.0 篮板 / 4.7 助攻 /19.3 分

●档案

科比・布莱恩特 /Kobe Bryant
绰号：飞侠、黑曼巴 / 位置：得分后卫
出生地：宾夕法尼亚州费城
出生日期：1978 年 8 月 23 日
身高：198cm/ 体重：91kg
毕业院校：劳尔梅里恩高中
效力球队：湖人
球衣号码：24、8

●荣耀

5 届总冠军：2000、2001、2002、2009、2010
2 届总决赛 MVP：2009、2010
1 届常规赛 MVP：2007/2008
4 届全明星 MVP：2002、2007、2009、2011
18 届全明星：1998、2000~2016
2 届得分王：2005/2006、2006/2007
2 届奥运会金牌：2008、2012

在了洛杉矶的星光大道上，这时候，绝对没人再说他的音乐是杀人凶器。十多年的时间里，他摆脱了奥尼尔，等来了加索尔；最后他自豪地宣布，他的戒指比奥尼尔多一个了。此后，无论评论者多么歇斯底里，都无法改变他是一个成功的冒险家的事实。

2002/2003 赛季，他可以随意呈现三双，准三双，以及 40 分。前 12 场比赛，3 次三双 9 次两双，整个赛季结束时，他有 16 项数据排进了联盟前 20。但这样的超能力已经在慢慢消逝，2003 年达到了这种全能的最巅峰。得分王那两个赛季之后的三个赛季，科比依然可以做到在得分手和组织者之间自如切换，并将两者同时保持高效。

但是到 2009/2010 赛季时，他的健康状况开始不稳定了。于是他慢慢只能作为一个顶尖的单挑手了，再往后，他的进攻依然能在肘区、角区、腰位、肋部保持高效，堪称中距离单挑手段之集大成者，但从三分线外运球强突的能力却开始进一步减退。于是，他作为一个进攻发起者时，已然不能算处在最顶尖的层次了。如此一来，虽然他的单挑技巧极尽丰富，如国手对弈，在没有破绽处随意找出破绽完成进攻，连续保持场均 25 分以上的进攻输出，但当你要求他只用速度和挡拆完成迅速突破和转移球时，他就很难胜任了。这种形态一直持续到他的跟腱断裂。

这本是正常的规律，但发生在等同于神奇的科比身上，所有人都表示很难接受，但终究不可抗拒。2013 年 4 月 13 日，他跟腱撕裂离场，尼科尔森带领全场观众鼓掌告别，从此，科比就不再是一个真正意义上的篮球巨星了，但谁也不能说他真的不是。2014 年年底，对森林狼，他用两记罚球将自己的总得分超过迈克尔·乔丹，跻身 NBA 总得分榜三甲之列，那一刻，仿佛全世界都被暂停了一分钟，用来向他祝贺。

当他从跟腱撕裂的毁灭性伤病中恢复过来时，他就已经到了一种宠辱不惊的境界——这个世界在他面前施展的那些侵扰伎俩，他全都见识过了。

2015 年 1 月 22 日湖人对阵鹈鹕的比赛中，当时比赛进行到第三节，科比在完成一次底线突破双手扣篮时拉伤了右肩膀，随后他坚持带伤出战，但很多投篮和传球动作都改由左手完成。赛后检查结果显示，科比的伤势被确诊为右肩膀旋转袖肌腱撕裂，他的个人第 19 个赛季也提前结束。

2015/2016 赛季充满着告别的意味，2015 年 11 月 30 日，科比在《球员论坛》亲自撰文，发表声明，宣布本赛季后正式退役："本赛季将会是我的最后一个赛季。"意味着这就是科比 20 载职业生涯的终幕，这个赛季所有的球迷已不再关注科比的数据得分，唯一也是共同去做的就是欣赏科比最后的每一场比赛，陪伴科比走过职业生涯的最后。在这一年，科比走到哪里，哪里就是主场。赛前每个主场都为科比制作宣传片，球迷不再有嘘声，有的只是掌声和欢呼。2016 年 1 月 8 日，科比用一个里程为自己的最终季添上一笔艳丽色彩：生涯总得分 33000 分，成为历史第三位 33000 分先生。

2016 年 4 月 14 日，斯台普斯球馆，科比的谢幕演出。

无数球迷早早来到斯台普斯中心球馆，球场地板也特意换上了 8 号和 24 号字样，而洛杉矶地铁站当天也将距离斯台普斯中心最近的一站改名为"科比站"。

赛前，"魔术师"约翰逊称科比是"身着紫金战袍最伟大的球员"，球场中央的大屏幕上，NBA 名宿以及现役球员纷纷向科比表达了敬意，演艺界诸多名流也悉数亲临现场。

这是属于科比的夜晚。科比每一次触球，斯台普斯中心都山呼海啸；每当科比投篮命中，全场欢呼四起，科比 50 投 22 中，全场砍下 60 分！而且就像他职业生涯大多数时候一样，所向披靡的科比主宰了第四节的关键时刻。

以 60 分完美结束生涯，科比没有遗憾："我留下了我的所有，我的心与我的灵魂，我的一切。所以现在离开，我不觉得遗憾，因为我已经付出了全部。"

终于要说再见，虽然曾经以为你有战神不死之身，而你五冠在手、笑傲风云的画面仿佛就在昨日。偏执孤傲、冷血弑魂，这位以黑曼巴为名的男人有着当世无双的飙分能力。他击败过所有对手，却败给时间；他无数次逆转战局，却无法逆转光阴。

〈生涯高光闪回 /81 分之战〉

高光之耀：请各位不要再拿历史第二高得分来总结这次伟大的演出，要知道张大帅的 100 分是在非同一重量级的情况下——他那时代的球员普遍比他小不止一号——以及队友无穷无尽的喂球给堆积起来的。所以从这个角度来讲，科比 81 分的壮举其精彩程度尤胜张伯伦的 100 分。

毫无疑问，81 分是当代 NBA 中最伟大的壮举，也是科比璀璨的 NBA 生涯中最闪亮的一刻。

2006 年 1 月 22 日那个神奇的夜晚，湖人最终以 122 比 104 击败猛龙。在比赛还剩下 4.2 秒时，科比被换下场，全场球迷站立鼓掌欢呼，科比今天 46 投 28 中，罚球 20 投 18 中，三分球 13 投 7 中，科比也打破了由艾尔金·贝勒在 1960 年 11 月 15 日对纽约尼克斯的比赛中所创下的 71 分的原湖人得分纪录。

乔丹的职业生涯最高分也只是 69 分，而历史上只有四名球员得分过 70，包括张伯伦、贝勒、汤普森和罗宾逊，而 27 岁的科比·布莱恩特成为 70 分俱乐部第五人，又一次超越自己的偶像乔丹。

“沙克是最具有统治力的球员，也是有史以来最富有搞笑天赋的球员。”
——勒布朗·詹姆斯

●档案

沙奎尔·奥尼尔 /Shaquille O'Neal
绰号：大鲨鱼 / 位置：中锋
出生日期：1972 年 3 月 6 日
身高：216cm / 体重：147kg
效力球队：魔术、湖人、热火、太阳、骑士、凯尔特人
球衣号码：32、33、34、36

●荣耀

4 届总冠军：2000、2001、2002、2006
3 届总决赛 MVP：2000、2001、2002
1 届常规赛 MVP：1999/2000
3 届全明星 MVP：2000、2005、2009
15 届全明星：1993~1998、2000~2007、2009
2 届得分王：1994/1995、1999/2000
奈·史密斯名人堂

A ♣

沙奎尔·奥尼尔
SHAQUILLE O'Neal

NBA 历史上中锋辈出，奥尼尔无疑是其中最为霸道的一位。正是由于他无懈可击的个人能力改变了整个联盟。防守三秒的应运而生，无疑都是为了针对他无法无天的进攻能力而做出的巨大改变。作为NBA最伟大的暴力中锋，奥尼尔在内线具有无坚不摧的杀伤力，主要得分方式为碾入内线的暴力扣篮和张飞绣花般粗中有细的篮下小勾手，"大鲨鱼"形象地体现出了一个在内线翻江倒海的禁区霸主。

1992 年，奥尼尔以状元秀的身份被魔术选中。职业生涯 19 载，"大鲨鱼"共效力过魔术、湖人、热火、太阳、骑士、凯尔特人 6 支球队，是 NBA 联盟历史上最伟大的强力中锋。

1992 年一入联盟，奥尼尔就注定成为这个球场上的王者。当年与哈达威搭档，使人们看到了一个崭新的魔术，奥尼尔足以砸碎篮板的威武刚猛与哈达威的飘逸灵动是天作之合，然而年轻总要付出成长的代价，总决赛中被另一个伟大的中锋奥拉朱旺率领的火箭横扫，这对年轻的组合面对失败必须做出抉择。

奥尼尔选择了天使城洛杉矶，科比也来到湖人。随着传奇教练——"禅师"菲尔·杰克逊入驻湖人，科比逐渐成长为联盟顶级外线巨星，禅师树立以奥尼尔和科比为核心的 Inside-Out 战术，从此开启了"OK 组合"的湖人王朝。

"OK 组合"叱咤联盟，令各路诸侯闻风丧胆，所到之处所向披靡，无坚不摧，三连冠成就了一个王朝。巅峰期的奥尼尔和崛起的科比，一内一外合作无间，这种内线超级中锋加外线顶级锋卫摇摆人的组合曾经成为联盟最时髦的组合，各个球队纷纷效仿，

奥尼尔职业生涯常规赛数据

赛季	球队	篮板	盖帽	得分
1992/1993	魔术	13.9	3.5	23.4
1993/1994	魔术	13.2	2.8	29.3
1994/1995	魔术	11.4	2.4	29.3
1995/1996	魔术	11.0	2.1	26.6
1996/1997	湖人	12.5	2.9	26.2
1997/1998	湖人	11.4	2.4	28.3
1998/1999	湖人	10.7	1.7	26.3
1999/2000	湖人	13.6	3.0	29.7
2000/2001	湖人	12.7	2.8	28.7
2001/2002	湖人	10.7	2.0	27.2
2002/2003	湖人	11.1	2.4	27.5
2003/2004	湖人	11.5	2.5	21.5
2004/2005	热火	10.4	2.3	22.9
2005/2006	热火	9.2	1.8	20.0
2006/2007	热火	7.4	1.4	17.3
2007/2008	热火	7.8	1.6	14.2
2007/2008	太阳	10.6	1.2	12.9
2008/2009	太阳	8.4	1.4	17.8
2009/2010	骑士	6.7	1.2	12.0
2010/2011	凯尔特人	4.8	1.1	9.2
场均数据		10.9	2.2	23.7

奥尼尔职业生涯季后赛数据

赛季	球队	篮板	盖帽	得分
1993/1994	魔术	13.3	3.0	20.7
1994/1995	魔术	11.9	1.9	25.7
1995/1996	魔术	10.0	1.2	25.8
1996/1997	湖人	10.6	1.9	26.9
1997/1998	湖人	10.2	2.6	30.5
1998/1999	湖人	11.6	2.9	26.6
1999/2000	湖人	15.4	2.4	30.7
2000/2001	湖人	15.4	2.4	30.4
2001/2002	湖人	12.6	2.5	28.5
2002/2003	湖人	14.8	2.8	27.0
2003/2004	湖人	13.2	2.8	21.5
2004/2005	热火	7.8	1.5	19.4
2005/2006	热火	9.8	1.5	18.4
2006/2007	热火	8.5	1.5	18.8
2007/2008	太阳	9.2	2.6	15.2
2009/2010	骑士	5.5	1.2	11.5
2010/2011	骑士	0	0	1.0
场均数据		11.7	2.1	24.5

奥尼尔全明星赛场均数据

8.1 篮板 / 1.6 盖帽 /16.8 分

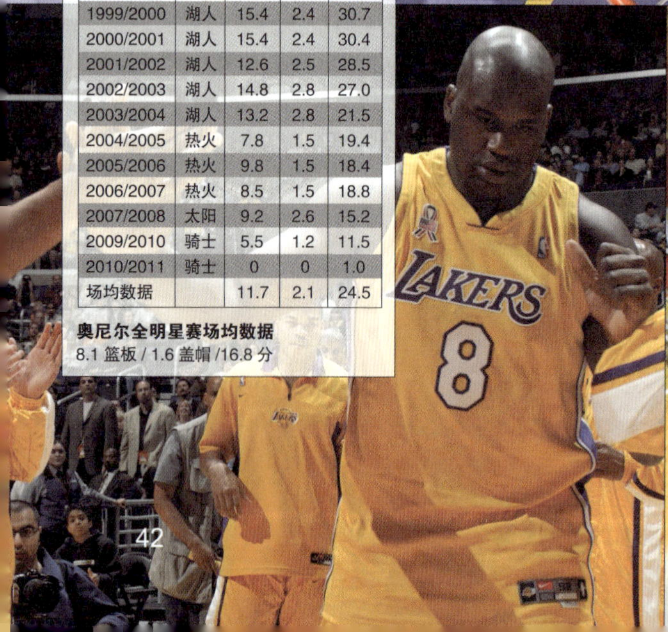

但唯有"OK组合"成为经典，演绎了一段不朽的传奇！

然而天下没有不散的筵席，"OK组合"同样如此。经历三连冠之后两年的沉寂，他们的矛盾似乎难以调和，分道扬镳成为最好的出路，于是奥尼尔东游迈阿密，去开拓另一段传奇。

2004年迈阿密，因为奥尼尔的到来而实力陡增。来到迈阿密的奥尼尔，憋着一口气，想证明没有科比他一样可以拿总冠军，想让巴斯看看自己的威力还在，放弃他是湖人的损失。奥尼尔做到了，他与另一个成长中的巨星韦德一起为热火赢得了首个总冠军。但是毕竟岁月不饶人，奥尼尔的衰退是必然的，总冠军之后，热火首轮就被公牛横扫。在迈阿密，奥尼尔也走到了尽头，于是他来到西部的太阳队，从此，奥尼尔开始了辗转的开始。太阳、骑士、凯尔特人，奥尼尔都没有取得理想的成绩，属于他的时代就要终结了。

奥尼尔是这个时代当然的王者，作为一个篮球运动员，他得到了一切，金钱、名誉和荣誉，更主要的是他赋予这项运动更多的内涵，他带给球迷的不仅是激情和荣耀，更主要的是快乐。2011年6月2日，沙奎尔·奥尼尔在Twitter上公布，因为受到伤病的困扰，他将选择退役。一个注定称霸联盟统治时代的巨人，在征战了19个赛季后，满载着荣誉和传奇，微笑、从容地离开了。

奥尼尔的退役是联盟的损失，更是球迷的损失。再也看不到奥尼尔的演出，看不到他扭动着硕大身躯跳着劲舞，看不到他迈着霸王步欢庆进球，看不到他憨态可掬的笑容。当一条伟大的"鲨鱼"游弋而去，游进了历史的画卷，老兵不死，只是慢慢凋零。而自己对他们的美好回忆，已经被风吹成落叶，散落在无数个角落里。

整个职业生涯中，他4次捧起总冠军奖杯，15次入选全明星阵容，并超过篮球之神迈克·尔乔丹成为NBA历史上唯一一个集世锦赛金牌、世锦赛MVP、奥运会金牌、常规赛MVP、全明星赛MVP、总决赛MVP于一身的球员。如果你翻看他的数据，你就会发现各种难以超越的数字、各种可怕记录的保持。不过，如果你抛弃这些华丽且恐怖的统计而看上他几场比赛的话，你就会发现他真正伟大之处在于其无与伦比的统治力。

〈生涯高光闪回 / 三双之鲨〉

高光之耀：奥尼尔职业生涯只打过两次三双，24+28+15是他第一次品尝到大三元的滋味，但此后，他再也没能打出类似的数据。其中15记盖帽是奥尼尔走向顶级中锋的一次资格测试，是最具统治力中锋的认证证书。

1993年11月21日，二年级的奥尼尔在魔术对阵篮网的比赛中，砍下24分、28个篮板、15次盖帽。当时，可爱的奥胖还只是个21岁的孩子，幼鲨出海，展现出了惊人的统治力和爆发力。在篮网禁区中，奥尼尔的每次出击都会掀起一片狂潮，在可查考的3×15的三双纪录中，奥尼尔的这次本色演出都会被拿来反复探讨。

“邓肯是我见过的最真实和坚强的人，他是我唯一想要共进晚餐的人。当邓肯退役之后，马刺会想念他的风格和领导力。以及这些年他为我们树立的风格。”

——格雷格·波波维奇

档案

蒂姆·邓肯 /Tim Duncan

绰号：石佛 / 位置：大前锋

出生地：美属维尔京群岛圣克罗伊岛

出生日期：1976 年 4 月 25 日

身高：211cm/ 体重：108kg

效力球队：马刺

球衣号码：21

荣耀

5 届总冠军：1999、2003、2005、2007、2014

3 届总决赛 MVP：1999、2003、2005

2 届常规赛 MVP：2001/2002、2002/2003

15 届全明星：1998、2000~2011、2013、2015

最佳新秀：1997/1998

A♦

蒂姆·邓肯

TIM DUNCAN

重剑无锋，大巧不工。马刺以质朴凝重的篮球哲学独步江湖，是因为他们拥有如石一样沉稳、似佛一样睿智的邓肯。邓式打板如机械动作一样刻板平实，但稳定精准。大智若愚、不苟言笑的他总给人以木讷、无趣的表象，但作为心理学博士的他睿智无比。

佛，不动声色，有着万事万物了然于心的睿智；石头，则代表沉稳朴实、岿然不动的气魄，这两种气质不约而同地都在邓肯身上显示出来了。

打球就像磐石，朴实无华，却招招致命，他有着最全面、最扎实的内线攻击脚步，有着精准稳定的打板投篮；而在防守一端，有邓肯坐镇的内线几乎就是禁飞区，他构成了马刺最后一道，也是最难以逾越的一道坚固屏障。

虽然地位超然，但相当淡泊平静，在他看来，功名利禄皆为尘土。为了留住帕克，他甘心自动降薪，为了战术需要，他也可以做挡拆配角。万事万物，无所萦怀，大智若愚的邓肯总能让人联想起万能却内敛的佛，于是中国球迷把他叫作石佛了。

1997 年夏，眼巴巴等着天上掉馅饼的圣安东尼奥马刺队真的被馅饼砸头上了，他们得到了状元签。事实上，这是他们蓄谋已久的事情，只因为这一年的状元叫作蒂姆·邓肯。

主教练波波维奇向状元郎送上了极具个人特色的欢迎词：“哈哈，现在你是我的人了。”欢迎完梦中情人，波波维奇回头便用一连串的“谢谢，不用了”打消了其他球队挖墙脚的念头——被拒之门外的人其中有一个叫作里德·奥尔巴赫。

后来有无数人说过，圣安东尼奥这座小庙实在委屈了历史第一大前锋先生，因为这

邓肯职业生涯常规赛数据

赛季	球队	篮板	盖帽	得分
1997/1998	马刺	11.9	2.5	21.1
1998/1999	马刺	11.4	2.5	21.7
1999/2000	马刺	12.4	2.2	23.2
2000/2001	马刺	12.2	2.3	22.2
2001/2002	马刺	12.7	2.5	25.5
2002/2003	马刺	12.9	2.9	23.3
2003/2004	马刺	12.4	2.7	22.3
2004/2005	马刺	11.1	2.6	20.3
2005/2006	马刺	11.0	2.0	18.6
2006/2007	马刺	10.6	2.4	20.0
2007/2008	马刺	11.3	1.9	19.3
2008/2009	马刺	10.7	1.7	19.3
2009/2010	马刺	10.1	1.5	17.9
2010/2011	马刺	8.9	1.9	13.4
2011/2012	马刺	9.0	1.5	15.4
2012/2013	马刺	9.9	2.7	17.8
2013/2014	马刺	9.7	1.9	15.1
2014/2015	马刺	9.1	2.0	13.9
2015/2016	马刺	7.3	1.3	8.6
场均数据		10.8	2.2	19.0

邓肯职业生涯季后赛数据

赛季	球队	篮板	盖帽	得分
1997/1998	马刺	9.0	2.6	20.7
1998/1999	马刺	11.5	2.6	23.2
2000/2001	马刺	14.5	2.7	24.4
2001/2002	马刺	14.4	4.3	27.6
2002/2003	马刺	15.4	3.3	24.7
2003/2004	马刺	11.3	2.0	22.1
2004/2005	马刺	12.4	2.3	23.6
2005/2006	马刺	10.5	1.9	25.8
2006/2007	马刺	11.5	3.1	22.2
2007/2008	马刺	14.5	2.1	20.2
2008/2009	马刺	8.0	1.2	19.8
2009/2010	马刺	9.9	1.7	19.0
2010/2011	马刺	10.5	2.5	12.7
2011/2012	马刺	9.4	2.1	17.4
2012/2013	马刺	10.2	1.6	18.1
2013/2014	马刺	9.2	1.3	16.3
2014/2015	马刺	11.1	1.4	17.9
2015/2016	马刺	4.8	1.3	5.9
场均数据		11.4	3.0	20.6

邓肯全明星赛场均数据

9.1 篮板 / 0.6 盖帽 /9.3 分

让邓肯从未获得奥尼尔、科比所拥有的商业平台。但另一方面，人们又不得不承认，静默敦厚的邓肯和这座城市的性情实在是相得益彰，充满默契，连他们在这个颜色如潮的时代缔造的王朝都是黑白色的。在篮球史上，这是华丽到极致的低调，也是低调到极致的华丽，堪称独一无二。

1999年西部半决赛，湖人对马刺，邓肯用四场比赛场均29分解决了对手。奥尼尔自始至终在为自己的罚球抓狂，而邓肯则在这场重量级的巨人对决中展现了那个无声无色的自己。防守邓肯的罗伯特·霍里说道："蒂姆并不是鲨鱼和科比那种随时可以在人群中扣篮的球员，但是他有很多无声的武器，在不知不觉中就杀死了你。他的招式朴素而扎实，高低位的技术他都驾轻就熟，而且无论在高低位，他都可以在运动中施展那种几乎失传的擦板投篮。"

马刺越过湖人进入总决赛，邓肯在第五场射中致胜一投，马刺4比1夺冠。23岁的邓肯则以场均27分14个篮板的现象级发挥加冕总决赛MVP。

当邓肯再次回到总决赛时，已经是2003年了，这是他最巅峰的时代。他的马刺刚猛迅捷，不动如山，动如雷震。1997年成型的"马刺双塔"，大卫·罗宾逊到了职业生涯的黄昏，邓肯抖擞出前所未有的王者风范，一个人在内线大包大揽，成为奥尼尔之后最具统治力的内线球员。在总决赛之前，篮网主帅说道："我知道包夹邓肯我们会死得很惨，但如果不包夹邓肯，我们会死得更惨。"

这是一届邓肯向肯扬·马丁们传道授业的总决赛。关于这届总决赛本身，人们记得的也就是肯扬·马丁的单场23投3中，以及邓肯第六场的21分20个篮板10次助攻8次封盖的神奇数据了。

2003年是邓肯职业生涯的分水岭之一。在这之前，他虽然低调，但毕竟"天生丽质难自弃"，作为机动性极强的大前锋，少不了上演各种大片式的面筐运动和飞天暴扣。到了2003年，他渐渐转向后来那标志性的沉稳厚重，但年轻时的轻捷锐利仍然不失。

到了2005年，马刺变得端凝厚重，气象万千，邓肯在内恒定如山，帕克和吉诺比利在外翻云覆雨。他们精密得就像一台机器，每一个零件都经过精雕细琢。在这一年的总决赛中，邓肯在禁区独自对抗活塞的双华莱士，成就了吉诺比利一代鬼才的名声；邓肯场均20+14的数据，虽然命中率低到40%，但马刺却在七场比赛中笑到最后，邓肯也得以再度举起总决赛MVP。

2007年，邓肯打出最后一个从常规赛坚挺到总决赛的精英赛季，整个季后赛场均22+12，命中率51%。在总决赛中，他坐镇禁区阻挡詹姆斯的飞天坦克式火力，封盖、收集篮板长传、从骑士的三人夹击中分球助攻、淡定地看着帕克像跑车一样把骑士外线全部累脱水。当帕克举起总决赛MVP时，邓肯无比自然地站到了镜头之外。

从2005年起，邓肯就已经到了一种随心所欲不逾矩的境界，只要他愿意，他可以成

为球队的得分王、篮板王、助攻王、盖帽王。2006 年的牛马大战，在马刺 1 比 3 落后之后，几乎就是他不可阻挡的一对一单打把大比分拉了回来。他在第七场砍下 40 分、15 个篮板，几乎带走胜利。

2007 年之后，邓肯在进攻端的单打能力开始钝化，慢慢成为一个依赖挡拆分球的跳投手。这是马刺的命运所在——邓肯，21 世纪前十年鲨鱼之外最具统治力的巨人，在 2007 年之后逐渐失去了强大的近筐威慑力，马刺那个距离篮筐最近的利器开始钝锈了。

如同所有伟大的战术体系一样，无论多么繁华恢宏、气象万千，都是核心架构决定一切，其中最重要的便是最伟大的那个球员对篮筐的威慑力。一旦王朝的战刀上最锋利的刃无法继续随意划开敌酋的咽喉，王朝就失去了战神的庇佑，随即风吹云散。无论是吉诺比利担当大局的 2011 年，还是帕克接任后的 2012/2013 年，马刺虽然从 2010 年那种全队角色球员一片荒芜的状态中逐步走了出来，但始终无法再次登上巅峰王座。2012 年他们被雷霆连翻四局逆转，2013 年他们距离冠军只差一个防守篮板。

事后看来，2014 年那个狂扫迈阿密完成复仇、伟大的如同篮球世界的童话般的总冠军，固然离不开伦纳德和丹尼·格林这两位马刺锋线后来者的血气和勇气让马刺走出了 2009 年之后角色球员一片荒芜的幽暗岁月，也离不开鲍瑞斯·迪奥的无所不能，但更是源于“GDP”组合最后的能量爆发——他们三人每人都还有在总决赛中场均 15 分的能力，而此时的邓肯 39 岁，吉诺比利 37 岁，最小的帕克也 31 岁了。

换言之，在这之后，马刺王朝的三代发动机全都老化了。日臻成熟的防守鬼才和不断进步单打手伦纳德，以及新加盟的四号位超级跳投手阿尔德里奇并不能弥补这种缺失。无论是首轮抢七被保罗绝杀的 2015 年，还是被雷霆复制 2012 年西部决赛故事的 2016 年，马刺还是只能依靠帕克和吉诺比利来勉力驱动进攻，依靠他们偶尔灵犀一动的神奇来赢球。当他们没有发挥时，马刺就陷入了双德的艰难单打。

2016 年 7 月 12 日，邓肯宣布退役，一如他内敛、沉静的性格，没有任何浮华和奢举，只是以一纸普通的通告宣布退役，留给亿万球迷无限感慨与怀念。

邓肯归隐，轻轻合起一段波澜壮阔的五冠史诗，1997 年入主马刺，2016 年退出江湖。征战联盟 19 载，19 次进入季后赛，邓肯率马刺取得 1072 场胜利，5 夺总冠军，3 夺总决赛 MVP，蝉联常规赛 MVP。

十九年如一日，邓肯似一尊石佛般矗立在圣安东尼奥城，在如此漫长的时间跨度下，带领银黑军团创建了一个震古烁今的马刺王朝！

〈生涯高光闪回 / 准四双先生〉

高光之耀：蒂姆·邓肯的整个职业生涯都在波澜不惊中度过，他是一条平缓的山脉，巅峰和谷底，都不是那么明显，但他毕竟也曾有过意气风发的少年时光，群峰连绵不断有如一线，但其最高处，依然上接云气高不可攀。

2003 年 6 月 15 日，总决赛第六场，马刺主场 88 比 77 战胜篮网。东部季后赛中意气风发的肯扬·马丁已经完全失去信心，他的斗志已经被彻底摧毁，对面那个面无表情的男人仿佛神魔附体一般可怕。邓肯无情地统治了内线，他在总决赛中打出了 21 分、20 个篮板、10 次助攻、8 次盖帽的“准四双”的残暴数据，摧枯拉朽！篮网内线完全没有还手之力。

作为NBA史上最伟大的技术流小前锋，那种固执和自信的因子已经融入伯德骨子里，不会因岁月的更迭而流逝。

档案

拉里·伯德 / Larry Bird
绰号：大鸟 / 位置：小前锋
出生日期：1956 年 12 月 7 日
身高：206cm / 体重：100kg
效力球队：凯尔特人
球衣号码：33

荣耀

3 届总冠军：1981、1984、1986
2 届总决赛 MVP：1984、1986
3 届常规赛 MVP：1983/1984、1984/1985、1985/1986
1 届全明星 MVP：1982
12 届全明星：1980~1988、1990~1992
最佳新秀：1979/1980
1 届奥运会金牌：1992
NBA50 大巨星
奈·史密斯名人堂

K♠

拉里·伯德

LARRY BIRD

“大鸟”拉里·伯德虽然没有过人的身体素质，没速度、没弹跳、没爆发力、没有力量而且还有背伤，但伯德是个靠脑子打球的球员，他具备了所有小前锋的技巧，典型的篮球高智商型球员。作为小前锋，教科书般的他依然可以成为联盟的王者，得益于他超凡脱俗的篮球智慧和出神入化的球技，还有强大的自信和偏执。

1979 年，密歇根州立大学与印第安纳州立大学的 NCAA 冠军争夺战，电视收视率高达 24.1%，创下美国大学篮球历史上的最高纪录。这是大学篮球迷期待已久的巅峰对决，并非因为两所大学此前有过漫长的辉煌历史，也不是因为互为死敌，而是因为一个更加单一的主题——“魔术师”对决伯德。

印第安纳州立大学最终以 64 比 75 输给了密歇根州立大学，赛后，伯德拒绝出席新闻发布会，独自在球场里黯然神伤。尽管没有成功登顶，伯德的出色表现还是引起了 NBA 的高度关注，只是他坚持要完成大学学业，让不少球队打了退堂鼓。多年后，步行者鲍勃·伦纳德用故作轻松的语气掩饰悔意：“我很喜欢拉里，但行行好吧，那时候谁也不知道他会那么出色。”

此外，人们对伯德的身材、速度和脾气尚存疑问。开拓者主管斯图·因曼对伯德进行了一些调查，得知伯德是一位极度忠诚、罕见顽固、脾气火爆又酷爱喝啤酒的家伙，他对伯德的成熟度和心理素质有所顾虑。选秀当天，开拓者用头号选秀权摘下了明尼苏达大学前锋米切尔·汤普森。他们本来计划用 7 号签挑选伯德，但手握第六顺位的凯尔特人捷足先登，开拓者错失良机。

做出这个选择的红衣主教此前从未与伯德交谈过，因为早已胸有成竹，他曾在世界邀请赛上现场考察过“大鸟”，还通过球探约翰·基里利亚和 K.C. 琼斯的报告密切关注伯德。有一次，基里利亚观看伯德的比赛之后，回到波士顿对奥尔巴赫滔滔不绝：“我想我已经找到下一个里克·巴里，他能从任何地方投篮得分，而且你无法相信这孩子是个多么出色的传球手。”“我相信基里利亚，”奥尔巴赫说，“但当时我还是觉得他有些言过其实。”

伯德在大四时发生了一次意外，在一场垒球比赛中，他的食指被球击中，严重变形，他的哥哥麦克目睹惨状后差点吐出来，主治医生无法保证他的手指可以完全复原。凯尔特人队医托马斯·席尔瓦告知奥尔巴赫，伯德已经变成残次品。然而红衣主教希望眼见为实，他特意为伯德安排了一次特殊的测验，而“大鸟”最终征服了奥尔巴赫。尽管此后伯德仍然投中了一些伟大进球，但他还是在 30 年后承认，席尔瓦当年的诊断是正确的。“我的投篮再也无法像那次受伤前那么出色了。”伯德说。

加盟凯尔特人后，伯德发现自己与红衣主教是同一个物种，他们都十分固执，痛恨失败。每次在最喜欢的那家中餐馆吃饭，奥尔巴赫都会喋喋不休：“成为凯尔特人球员是件光荣的事情，你永远都不要忘记这一点。”

伯德没有让红衣主教失望，他几乎以光速征服了队内的老球痞，1981 年他率队杀入了总决赛，而对手并不是他期待已久的湖人。面对火箭，伯德的篮板和传球依然高效，然而前 5 场他的命中率只有 38%。几场较量下来，火箭前锋罗伯特·里德被冠以“大鸟”终结者的名号，这激怒了伯德。

“试试终结我这记投篮。”他在第六场第三节投中一记 4.5 米外跳投的同时对里德说，“你倒是终结我呀！”第四节命中自己在这轮总决赛中唯一一记三分球后，他再次挑衅里德。伯德全场 20 投 11 中，贡献 26 分，带领凯尔特人拿下第六场，赢得了自己的第一个总冠军。赛后，他像奥尔巴赫那样点燃雪茄庆祝，和队友在酒店里彻夜狂欢。

1981 年总决赛之后，黑人孩子在街头穿上了伯德的绿军球衣，一些老派黑人球迷开始公然称赞伯德的勇气，大鸟凭借超强的个人魅力打破了肤色的楚河汉界，而伯德备受黑人欢迎的一个原因在于，他像很多黑人球员一样精通垃圾话。兰尼尔说：“对于白人来说，如果你说脏话，会被认为缺乏教养，但拉里总是出口成‘脏’。”查克·佩森对此深有感触，新秀赛季时，他就在临近圣诞节时领教了伯德的嘴上功夫。“我有一份礼物给你。”赛前伯德经过佩森时说。下半场末段，伯德在步行者球员席面前扔进一记三分球，佩森正好坐在伯德身后，“大鸟”回头对他说：“圣诞他妈的快乐。”

1984 年，10 岁的德里克·费舍尔从头至尾观看了湖人与凯尔特人的总决赛，结束后他就跑出家门，模仿“魔术师”的动作。与此同时，在美国的另一端，9 岁的雷·阿伦

伯德职业生涯常规赛数据

赛季	球队	篮板	助攻	得分
1979/1980	凯尔特人	10.4	4.5	21.3
1980/1981	凯尔特人	10.9	5.5	21.2
1981/1982	凯尔特人	10.9	5.8	22.9
1982/1983	凯尔特人	11.0	5.8	23.6
1983/1984	凯尔特人	10.1	6.6	24.2
1984/1985	凯尔特人	10.5	6.6	28.7
1985/1986	凯尔特人	9.8	6.8	25.8
1986/1987	凯尔特人	9.2	7.6	28.1
1987/1988	凯尔特人	9.3	6.1	29.9
1988/1989	凯尔特人	6.2	4.8	19.3
1989/1990	凯尔特人	9.5	7.5	24.3
1990/1991	凯尔特人	8.5	7.2	19.4
1991/1992	凯尔特人	9.6	6.8	20.2
场均数据		10.0	6.3	24.3

伯德职业生涯季后赛数据

赛季	球队	篮板	助攻	得分
1979/1980	凯尔特人	11.2	4.7	21.3
1980/1981	凯尔特人	14.0	6.1	21.9
1981/1982	凯尔特人	12.5	5.6	17.8
1982/1983	凯尔特人	12.5	6.8	20.5
1983/1984	凯尔特人	11.0	5.9	27.5
1984/1985	凯尔特人	9.1	5.8	26.0
1985/1986	凯尔特人	9.3	8.2	25.9
1986/1987	凯尔特人	10.0	7.2	27.0
1987/1988	凯尔特人	8.8	6.8	24.5
1989/1990	凯尔特人	9.2	8.8	24.4
1990/1991	凯尔特人	7.2	6.5	17.1
1991/1992	凯尔特人	4.5	5.3	11.3
场均数据		10.3	6.5	23.8

伯德全明星赛场均数据

7.9 篮板 / 4.1 助攻 /13.4 分

作为白人的希望，一个固执的完美主义者，伯德的横空出世改变整整一代篮球迷欣赏 NBA 的口味和理念。原来篮球也可以打得如此从容和优雅，而且充满智慧；原来白人也能玩好黑人垄断的篮球。

在自家的车道上模仿伯德的高弧度投篮。

总决赛前两场两队互有胜负，然而第三场以 104 比 137 惨败之后，伯德再也坐不住了，他用尖锐的语言抨击了队友，他的原则很简单：要么好好打球，要么滚蛋。“如果我们找不到自己的脑袋就麻烦了，”伯德说，“我们打得就像娘们一样。”就在那天深夜，伯德的朋友凯尔特人副主席斯蒂夫·莱利打来电话：“你们完蛋了，彻底没戏了。”伯德回应：“鬼扯，我们走着瞧。”

第四场，麦克海尔晾衣绳式的犯规改变了局势，最后时刻，伯德发现协防过来的是“魔术师”，拼命张手要球。“在那一瞬间，”伯德说，“我知道必须把球投中。”他做到了，伯德在“魔术师”头上命中了一记优雅的后仰跳投，那是凯尔特人的致命一击。绿衫军扳平了总比分，重新掌握了主动权。第五场伯德上演了职业生涯中最精彩的一场比赛，全场 20 投 14 中，砍下 34 分，抢下 17 个篮板球。“我几乎百发百中，”伯德说，“那是一名球员梦想的节奏，感觉太妙了，而我们的球迷也有着梦幻般的表现。打完第五场，我感觉冠军拿定了。”

1984 年，凯尔特人笑到了最后，总决赛第二天，参加完庆祝活动的巴克纳意犹未尽，驱车来到伯德家，想要继续狂欢，却发现老大不在家。“他出去跑步了，”巴克纳回忆，“等到他回来，我问他，‘伙计，你在干什么？’”伯德奇怪地瞥了他一眼：“我在为明年做准备。”

1985 年 3 月 12 日，伯德对阵老鹰砍下 60 分，然而这并非一次单纯的得分表演，而是给队友麦克海尔做示范，如何毫不留情地痛扁对手。但是习惯带伤上阵的伯德却在 1985 年总决赛上被肘伤拖了后腿。

1986 年，伯德率领凯尔特人卷土重来，然而让他失望的是湖人没有从西部突围，宿敌不在，伯德的目的依然不变——羞辱任何一个企图阻挡他的对手。疲惫不堪的伯德厌倦了游行狂欢的庆祝仪式，回到家中，队友沃顿在他的厨房里坐了一夜，只是为了一边听感恩至死乐队的歌，一边等他起床。

1987 年东部决赛，伯德用那记著名的抢断改变了球队的命运，帮助凯尔特人与湖人再度会师，然而恶化的背伤让“绿衫军”救世主再也无力回天，经过长达八年的恩怨情仇之后，两位巨星开始用相互欣赏的眼光来看待彼此之间的激烈竞争。“我知道，没有任何人像他那样逼迫我使出浑身解数，”伯德说，“然而我的身体也告诉我，这种激烈对抗没有办法永远持续下去。”

1987 年总决赛之后的每一个新赛季，都被伯德视作新的机会，他希望带领凯尔特人重新杀回总决赛，再战湖人，然而残酷的事实是他们之间的距离越来越远，凯尔特人的王朝结束了。1991/1992 赛季过后，伯德决定退役：“浑身上下都是伤痛，甚至再也不想打篮球了。”伯德的背部僵硬得像一堵砖墙，每天都为不能弯腰系鞋带而苦恼，他已经 35 岁，是时候结束了。

伯德在发布会上向波士顿人民表示，如果没有效力过凯尔特人，就不算打过职业联赛，自己很珍视为这支球队从一而终的球员生涯，并保证永远不会复出。发布会后，伯德有些依依不舍，但如释重负的感觉更强烈，可以逃离伤痛的事实让他一阵狂喜。“此时此刻，”伯德说，“我觉得是此生最开心的日子。”

“魔术师”参加了宿敌的退役仪式，当着波士顿球迷的面，露出了穿在里面的绿色 T 恤，他给观众爆料，伯德在效力凯尔特人这么多年里，只撒过一次谎。“你知道那是什么吗？”约翰逊问伯德，后者莫名其妙。“你说过以后将出现第二个拉里·伯德，”约翰逊接着说，“但我要告诉你，你错了。永远不会有另一个拉里·伯德，绝对不会。”

〈生涯高光闪回 / 黑白争霸〉

高光之耀：70 年代末 NBA 坠入低谷，80 年代如若没有改善，很有可能在美国体育版图上消失。正在这生死存亡之秋时，1978 年“大鸟”和 1979 年“魔术师”的相继出现拯救联盟，湖人的 32 号和凯尔特人的 33 号联袂开启了黑白双雄的对峙时代。

作为一对伟大的对手，在很多层面，“魔术师”约翰逊和“大鸟”伯德都是截然相反的两面。譬如他们的肤色，譬如他们的球风，伯德理性、冷峻，如同莽原里一个老辣的猎人；约翰逊奔放、华丽，俨然好莱坞夜场里激扬的 DJ。

人称“大鸟”的拉里 · 伯德虽然没有过人的身体素质，没速度、没弹跳、没爆发力、没有力量而且还有背伤，但伯德是个靠脑子打球的球员，具备了所有小前锋的技巧，是典型的篮球高智商型球员。小前锋教科书般的他依然可以成为联盟的王者，这得益于他超凡脱俗的篮球智慧和出神入化的球技，还有强大的自信和偏执。

他是一名集坚韧、自信、勤奋于一身的球员，喜欢在压力下迎接挑战，同时帮助队友们做到最好。

1978 年第一轮第 6 位伯德被波士顿选中，在波士顿效力的（1978–1992 年）13 个赛季中，伯德在球场上的各个方面都表现得相当完美—无论是得分、传球、篮板、防守还是作为一位团队核心和关键先生。

伯德的完美源于自信，这位老兄在大战前常常会跳着华尔兹来到对手的板凳席告诉对手他将在比赛中轰下 40 分，没人敢把这当作是一句笑话。伯德是一位致命的射手，他甚至在练习三分球时常常故意把眼睛闭上来达到训练效果。在伯德当道的年代里，也许只有“魔术师”约翰逊在传球上做得比他更出色一点。“魔术师”是伯德最伟大的敌人，同时也是一生的朋友，这两位巨星在 80 年代共同上演的黑白争雄已然成为 NBA 不灭的经典。

相比伯德，“魔术师”更加华丽。作为 2.06 米的 NBA 历史最高控卫，埃尔文 · 约翰逊是一个具有革命性的球员，他将更多的理念、智慧和技巧带到了篮球场，使得篮球运动的观赏性和竞争性，在 80 年代上升到一个新的高度。

在“魔术师”千变万化的神奇助攻下，那时的湖人打出了光芒万丈的 SHOWTIME。约翰逊特别擅长的是能犹如下盲棋一样 No–Look Pass（在根本不看队友的情况下进行准确无误的妙传），他那惊艳的才华让亿万球迷倾倒。

不管是快攻的一个背传，还是横越半场的长传，又或是迷人的微笑，任何看过“魔术师”打球的人都将留下一生不可磨灭的记忆。一旦他踏上那块场地，所有人都会惊呼：他将又会做出哪些匪夷所思的动作来？！

从大学时期的 NCAA 比赛中，两人就是对手。1979 年，约翰逊率领密歇根大学击败伯德领军的印第安纳大学队，获得当年的 NCAA 冠军，也从此拉开了“黑白双雄”旷世相争的序幕。

身披湖人紫色战袍的“魔术师”和穿着绿色凯尔特人队衣的“大鸟”成为 20 世纪 80 年代最伟大的对手。拉里·伯德作为新人入选赛季第一阵容，而约翰逊则在 1980 年夏天以一场经典的个人演出，率领湖人拿下冠军，以 20 岁之龄成为历史上最年轻的总决赛 MVP。1981 年，拉里 · 伯德的凯尔特人击败火箭夺冠；1982 年，“魔术师”再次夺冠；1984 年，“大鸟”夺冠；1985 年，约翰逊夺冠；1986 年，伯德 …… 这就是他们梅花间竹的过程。他们几乎垄断了总决赛。

虽然位置不同、风格不同，但在比赛中他们对后世有着异曲同工的影响。微妙的是，越到职业生涯后期，他们就越相似。我们知道，他们都出现在不该出现的位置。但是，“魔术师”的视野、想象力、长传功力，“大鸟”全面到毫无瑕疵的进攻技巧、精准的预判力和绝佳意识，这些不属于身体天赋的才华，却让他们可以打一手漂亮的篮球。

约翰逊的华丽和伯德的聪慧，归根结底是出于他们对篮球的共同认知：你几乎看不到他们做出错误的选择，他们都拥有指挥官的决策能力。而且，在他们职业生涯后期，“魔术师”展现出越来越优秀的得分能力，而伯德则开始像一个组织后卫一样调度球队。他们越来越像彼此，而且几乎当之无愧、难分伯仲，成为历史上最全面的两位球员。一如伯德所说，“我们尊重，并且喜爱彼此的比赛方式”。

●档案

阿伦・艾弗森 /Allen Iverson
绰号：答案 / 位置：控球后卫
出生地：弗吉尼亚州汉普顿
出生日期：1975 年 6 月 7 日
身高：183cm/ 体重：75kg
毕业院校：乔治城大学
效力球队：76 人、掘金、灰熊、活塞
球衣号码：3、1

●荣耀

1 届常规赛 MVP：2000/2001
2 届全明星 MVP：2001、2005
11 届全明星：2000~2010
4 届得分王：1998/1999、2000/2001、2001/2002、2004/2005
3 届抢断王：2000/2001、2001/2002、2002/2003
最佳新秀：1996/1997
奈・史密斯名人堂

K♥

阿伦·艾弗森

ALLEN IVERSON

一出道就如流星般璀璨，如落叶飞花般绝美，一辈子都是凌空的舞蹈者，即便只有一瞬间，也会在世间口口相传。AI 就是空中之音，相中之色，水中之月，镜中之像，人们不习惯他在地面上变成斯托克顿的样子，他就该是那桀骜不驯的烈焰流星，就该是那无拘无束的脱缰野马，他就该是那目中无人、锋芒毕露的鱼肠短剑。

他是篮球场上最矮的巨人，当他第一次踏上 NBA 赛场时，听到的不是鼓励，而是怀疑。每个人在打量他的身高后都告诉他：“你最终的目标就是每场得 10 分和 5 次助攻，因为你的身高只有 1.83 米，你永远无法主宰这里。”但艾弗森不信这个邪。

时光荏苒，十七载已过，艾弗森不仅在 NBA 留下场均 26.7 分 6.2 次助攻，还留下四届得分王、一届常规赛 MVP、两届全明星 MVP，以及一系列眩目的数据。当然最重要的是留下了一种精神：不畏强敌、永不退缩的精神。

1975 年 9 月 5 日，艾弗森出生在弗吉尼亚的汉普顿，在母亲的呵护下成长，在充满暴力和犯罪的街头生存。幼年的艾弗森原本更喜欢充满冲撞和对抗的橄榄球，他认为那才是男人的运动。9 岁那年，母亲把他生拉硬拽拖进篮球场，并冲他怒吼：“这玩意儿能让你出人头地！”

于是，他把对橄榄球场的热血和斗志带到了篮球场。1992 年，他在高中篮球联赛砍下场均 32 分、9 个篮板、9 次助攻。艾弗森最终选择了篮球，那橙红色浑圆的精灵，才是与他厮守一生的伴侣和知音。大学里，人们开始叫他“答案”，大一时场均 20 分、5 次助攻，大二时场均 25 分，阿伦 · 艾弗森成为全美第一后卫。

阿伦·艾弗森不是世俗小说中偶得奇遇的男主角，上帝并不会钟爱一个普通的黑人小男孩；他也不是人生游戏中开了金手指的美元玩家。贫寒的家庭、从小耳闻目睹的暴力和危险，让他养成了不断向上抗争的性格。乔治城大学的汤普森教练最懂他，常常拉着他说："孩子，让我们一起对抗全世界吧！"——这成了他一生的信条和准则。他的世界里没有妥协和臣服，没有人能够凌驾于他的命运之上，对手不可以，囹圄之祸不可以，种族歧视不可以，世俗的偏见更不可以。1993 年的街头斗殴事件和牢狱之灾也未能将他击倒，反倒成了他继续抗争的动力。

在英雄辈出的 1996 年，他被费城 76 人在第一轮第一顺位选中，以状元的身份踏上了篮球的最高圣殿，他终于可以把汉普顿街头的那个梦，带到全世界面前。

1996 年，艾弗森惊世骇俗的菜鸟赛季，他在处子秀上便独得了 30 分，并且在其新人年顺利把年度 NBA 最佳新秀、NBA 新秀挑战赛 MVP 等奖项收入囊中。在 1997 年 4 月 12 日对阵骑士的比赛中，艾弗森全场比赛狂砍 50 分，这是他职业生涯里首次砍下 50 分。那个赛季，更著名的一件事是他在对阵公牛的比赛中，用一连串穿花蝴蝶般的 Crossover 晃过了乔丹，在篮球之神面前命中一记跳投。面对罗德曼的关于"尊重"的批评，他回应："在球场上，我不需要尊重任何人，包括乔丹。"

1997/1998 赛季，他和 76 人迎来了拉里·布朗教练——这位慈父、严师，和他恩恩怨怨纠缠一生的老帅。在这个赛季，艾弗森入选联盟最佳阵容第一队，并且在拉里·布朗的帮助下，第一次杀进了季后赛。那年的 4 月 18 日，76 人客场挑战猛龙队，他遇到了同届的探花坎比。当时，斯诺在 24 秒即将用完的情况下仓促出手，投篮砸筐而出，高高弹起。守候在篮下的坎比已经做好准备，他的位置极佳。但这时，艾弗森像一个炮弹一样，以惊人的爆发力后发先至，强有力地扣进了那个本不属于他的球，而坎比则遭遇了胯下之辱。场内的观众惊得鸦雀无声。

1998/1999 赛季，他场均 26.8 分，斩获了生涯第一个得分王，从此开始了史诗般壮阔的职业生涯。艾弗森的职业生涯在 2000/2001 赛季到达顶峰，那一年，76 人 56 胜 26 负，艾弗森场均 31 分、2.5 次抢断，是除了乔丹以外的第一位得分王加抢断王，他的光芒压倒了同时代的科比、奥尼尔、加内特、麦迪，荣获常规赛 MVP 和全明星 MVP。

那年的季后赛，变成了他一个人的独唱，无论是紫金湖人，还是银黑马刺，无论是雄鹿的三个火枪手，还是多伦多的半人半神，乃至于洛杉矶的 OK 组合，都被他抢去了风头。东部半决赛，他和同为天之骄子的文斯·卡特鏖战七场，第二场、第五场分别砍下 54 分和 52 分，淘汰对手。东部决赛，他带伤出战，又是七场苦战，第六场第七场砍下 46 分和 44 分，送雷·阿伦回家。总决赛，他带着全身上下 11 处伤病，和 OK 组合殊死搏杀，从不败之师手中硬生生夺下一场胜利，最终虽然五场力竭而败，但也取得了全世界的敬重和理解。而他晃飞泰隆·鲁，命中跳投，又从对手身躯上跨过的动作，再次

AI是一颗呼啸而过的子弹，在我们青春岁月中凌厉穿行。给我们留下——热血、激情、狂躁、不羁、忠诚、信仰、最鲜明的痛、最热烈的爱、最无法替代的记忆坐标，我知道：那就是我们的青春期。

艾弗森职业生涯常规赛数据

赛季	球队	篮板	助攻	得分
1996/1997	76人	4.1	7.5	23.5
1997/1998	76人	3.7	6.2	22.0
1998/1999	76人	4.9	4.6	26.8
1999/2000	76人	3.8	4.7	28.4
2000/2001	76人	3.8	4.6	31.1
2001/2002	76人	4.5	5.5	31.4
2002/2003	76人	4.2	5.5	27.6
2003/2004	76人	3.7	6.8	26.4
2004/2005	76人	4.0	7.9	30.7
2005/2006	76人	3.2	7.4	33.0
2006/2007	76人	2.7	7.3	31.2
2006/2007	掘金	3.0	7.2	24.8
2007/2008	掘金	3.0	7.1	26.4
2008/2009	掘金	2.7	6.7	18.7
2008/2009	活塞	3.1	4.9	17.4
2009/2010	灰熊	1.3	3.7	12.3
2009/2010	76人	3.0	4.1	13.9
场均数据		3.7	6.2	26.7

艾弗森职业生涯季后赛数据

赛季	球队	篮板	助攻	得分
1998/1999	76人	4.1	4.9	28.5
1999/2000	76人	4.0	4.5	26.2
2000/2001	76人	4.7	6.1	32.9
2001/2002	76人	3.6	4.2	30.0
2002/2003	76人	4.3	7.4	31.7
2004/2005	76人	2.2	10.0	31.2
2006/2007	掘金	0.6	5.8	22.8
2007/2008	掘金	3.0	4.5	24.5
场均数据		3.8	6.0	29.7

艾弗森全明星赛场均数据

2.6 篮板 / 6.1 助攻 /14.4 分

汇集了全世界爱恨交织的目光。

他的传奇还在继续，但命运却开始飘零，他和恩师布朗再也无法相容，他渐渐从费城的英雄变成了一个令人难以理解的怪杰。2005 年，他依旧能单场轰下 60 分；2006 年，他离开了费城，在回家的一场比赛中，艾弗森身穿掘金球衣，跪吻 76 人地板上的队标；2008 年他身穿活塞蓝色球衣，一记纵贯全场的击地长传助攻汉密尔顿上篮得分；2009 年他重回费城，却又在第二年为了照料患病的女儿再次离开 76 人；2010/2011 赛季，艾弗森漂泊在土耳其。

传奇终将画上句号，2014 年 3 月 1 日，他穿了一身正装，来到费城主场，对着冉冉升起的球衣，对着山呼海啸的球迷，扬起了那张流着泪的、像孩子一样的笑脸。

四个得分王，三个 MVP，一次总决赛，世纪初最具观赏性的后场大师，最勇猛的矮个子斗士，18 年的职业生涯仿佛只是他生命中一次奇幻而惊险的突袭，雷隆隆开场，风飒飒收尾，游龙翩凤一瞬间，雪泥鸿爪求不得。

如今的艾弗森，早已不只是一个曾经奋斗在球场的球员，而是一个时代的符号和标签，代表着天才、叛逆、勇气、对抗和我们每个人都炽烈燃烧过的青春。

AI，你是我们青春里最磅礴的记忆，是我们追求自我，反抗平庸最最伟大的精神领袖！是我们成长的岁月里最难以磨灭的身影。尽管，也许只是篮球，尽管，你和世界所有的一切都格格不入，那就格格不入吧！因为，只有在这个时候，我们才能感受到真实存在的质感，才能看到这世界上还有离经叛道的希望！谁愿意平庸地过完这一世？你来过我们的身边，告知了我们迈向非凡的方向，给予了我们年少岁月里轻狂高傲的榜样。

我们学着，闹着，用你的例子给自己打气，让自己和这个世界变得不一样！

〈生涯高光闪回 /48 分巅峰独舞〉

高光之耀：没有人认为费城可以战胜湖人，但艾弗森半场 30 分，湖人优势全失，直到加时赛也没有回过味来。最后，艾弗森晃翻如影随形的泰伦·卢，弯弓射出夺命箭，跨马扬鞭而去。他终于战胜了那支不可战胜的湖人——虽然只有这一场，但已然足够成为经典。

在 2001 年总决赛开始前，没有人想到艾弗森和他率领的 76 人能在洛杉矶赢下一场比赛，但是当 6 月 7 日总决赛第一场比赛结束后，专家、媒体和球迷都为艾弗森的神勇震惊。奥尼尔轰下了 44 分 20 个篮板，菲尔·杰克逊克隆出一个山寨版的艾弗森——泰伦·卢，结果还是抵挡不住艾弗森。艾弗森上半场就砍下 30 分，加时结束前 47 秒艾弗森底线跳投为 76 人锁定胜局，76 人最终 107 比 101 取得总决赛首战胜利。但由于整体实力上的差距，76 人在首战后连输 4 场，无缘总冠军。

档案

斯蒂芬·库里 /Stephen Curry

绰号：萌神 / 位置：控球后卫

出生地：俄亥俄州阿克伦

出生日期：1988 年 3 月 14 日

身高：191cm/ 体重：83.9kg

效力球队：勇士

球衣号码：30

荣耀

1 届总冠军：2015

2 届常规赛 MVP：2015、2016

4 届全明星：2014~2017

1 届得分王：2015/2016

1 届抢断王：2015/2016

2010 年土耳其世锦赛冠军

2014 年西班牙篮球世界杯冠军

K♣

斯蒂芬·库里
STEPHEN CURRY

继艾弗森之后，库里的出现，为无数身材平凡的少年们点燃了篮球梦想！库里身高也不过 1.91 米，体重也只有 83.9 公斤，这是一个“平凡人”的身材，库里在身体素质方面更接近于普通人。
在 NBA 这个怪兽出没之地，库里却像是东方的泼墨山水画，轻盈明亮。他纤细而灵巧，人球合一后的步伐如同蝴蝶蹁跹，优美而灵动，有着被上帝祝福过的神秘的远射手感。

从个人背景来讲，库里的身上有个奇怪的悖论。一方面，他有着一个较为优越的成长环境。库里的母亲索亚·库里是一名知名运动员，这使得库里从小生长在富足且有名望的阶层。另一方面，他像格兰特·希尔、肖恩·巴蒂尔、文斯·卡特，或者科比和诺阿那样，拥有出众的运动天赋，但却面对着不少来自较为贫苦家庭背景的球员的排斥。一般来讲，他们这一类球员都背负着职业体育中最令人难堪的名声——“软”。与巴蒂尔、希尔等人从小被视为天赋选手，常年与高水平对手较量的区别是，库里成长在一个较为局限的环境。库里的家乡是夏洛特附近的一个小城，这里篮球手的数量极为有限，且与库里同样来自富裕阶层的天主教会家庭，而这意味着较为低强度的对抗等级。

小时候，从没有人认为这个瘦弱白净的孩子能在篮球上玩出名堂，更没人想到他会打 NBA，但德尔·库里目光长远，2004 年夏天，他对在院子里玩球的小库里说：“你投篮姿势不对，你投篮出手点太低，是从腰里推出去的。你在街区学校里打野球没问题，但遇到更高大强壮的对手，你就没法出手啦。”然后他逼着库里修改投篮姿势，不改正，就不让他在外线投篮。在付出了一夏天的汗水之后，库里的投篮姿势终于不像马里昂了。

高中毕业那年，斯蒂芬·库里才长到了 1.83 米，体重 72 公斤，父亲到处帮他找球探，联系大学，可惜没有人能看出这位比姑娘还清秀的孩子身上有什么超凡脱俗的篮球天赋。篮球是个很高、很快、很有力量的运动，库里除了很快，其他方面一点都不占优，这样的孩子应该温文尔雅地画画、弹钢琴、唱赞美诗。连德尔的母校弗吉尼亚理工大学也拒绝了他儿子——“你家孩子这体格，打不了 NCAA。”

最后，库里家乡的戴维森文理学院接受了库里，这是一座只有 1700 名学生的地方学院，教练鲍勃·麦凯洛普至今还记得库里的 NCAA 处子秀：“他第一场比赛，上半场就满地滑倒，胡乱传球，送出了大概 9 个失误，我都在考虑是不是要把他踢出首发阵容了，但第二场比赛对阵密歇根大学，他砍下了 32 分 9 个篮板 4 次助攻，我没看错人。”

大三结束前，他已经成为全美第一阵容的球员，AP 和 ESPN 称他为“本时代最出名的大学篮球运动员之一”。每一场戴维森文理学院的比赛，观众席里总少不了那红色的 30 号球衣。

等到 2008 年 NCAA 疯狂三月的时候，连勒布朗·詹姆斯都赶过来看他的比赛了，库里用整整一个下半场的三分打得威斯康星大学喘不过气来的时候，勒布朗都为之折服，起身鼓掌，皇帝当时可曾想到——这个瘦弱清秀的小伙子，会是后来的劲敌，MVP 最有力的竞争者之一。其实，他们俩还算得上是老乡，都是在阿克伦出生的孩子。

但库里和勒布朗走了两种完全不同的篮球道路，如果勒布朗是降龙十八掌那样的刚猛路数，库里便是“桃花影落飞神剑，碧海潮生按玉箫”的清奇风格。他在猛兽横行的 NBA 球场上，就是一个普通人，没有发达的肌肉，没有劲爆的扣篮，甚至不会像大多数人那样飞来飞去。他看上去就让人觉得亲近，但绝不会有人看一眼就相信他是个 NBA 球员，那迷人的一颦一笑，分明是某个青春偶像剧的男主角。所以，当这种充满亲和力的特质，和那无所不能、令人绝望的得分能力交织在一起，赋予一人之身时，那就更加迷人了。

在库里的人生中，良好的家庭环境并不能帮助他在职业体育的道路上走得更加顺畅。当他高中毕业选择大学时，没能得到任何一份奖学金。他大学时期效力的戴维森学院是名副其实的贵族学院，而这也意味着这所学院在大学联赛中的成绩乏善可陈——自 1969 年之后，戴维森学院没能在 NCAA 锦标赛中赢下任意一场球，但正是在几乎没有队友加成的情况下，库里在大学完成了蜕变，并在 2009 年首轮第七位被选中。

2009 年 10 月 29 日，在勇士与火箭的比赛中，斯蒂芬·库里首发出场，36 分钟 12 投 7 中拿到 14 分、2 个篮板、7 次助攻和 4 次抢断，完成 NBA 首秀。

2010 年 2 月 11 日，在勇士与快船的比赛中，斯蒂芬·库里全场得到 36 分 10 个篮板和 13 次助攻，刷新职业生涯单场得分和助攻纪录，收获生涯首次三双，这是 2009 届新秀的第一个三双，并成为 NBA 历史上第六个在新秀年就拿下 30+10+10 的球员。

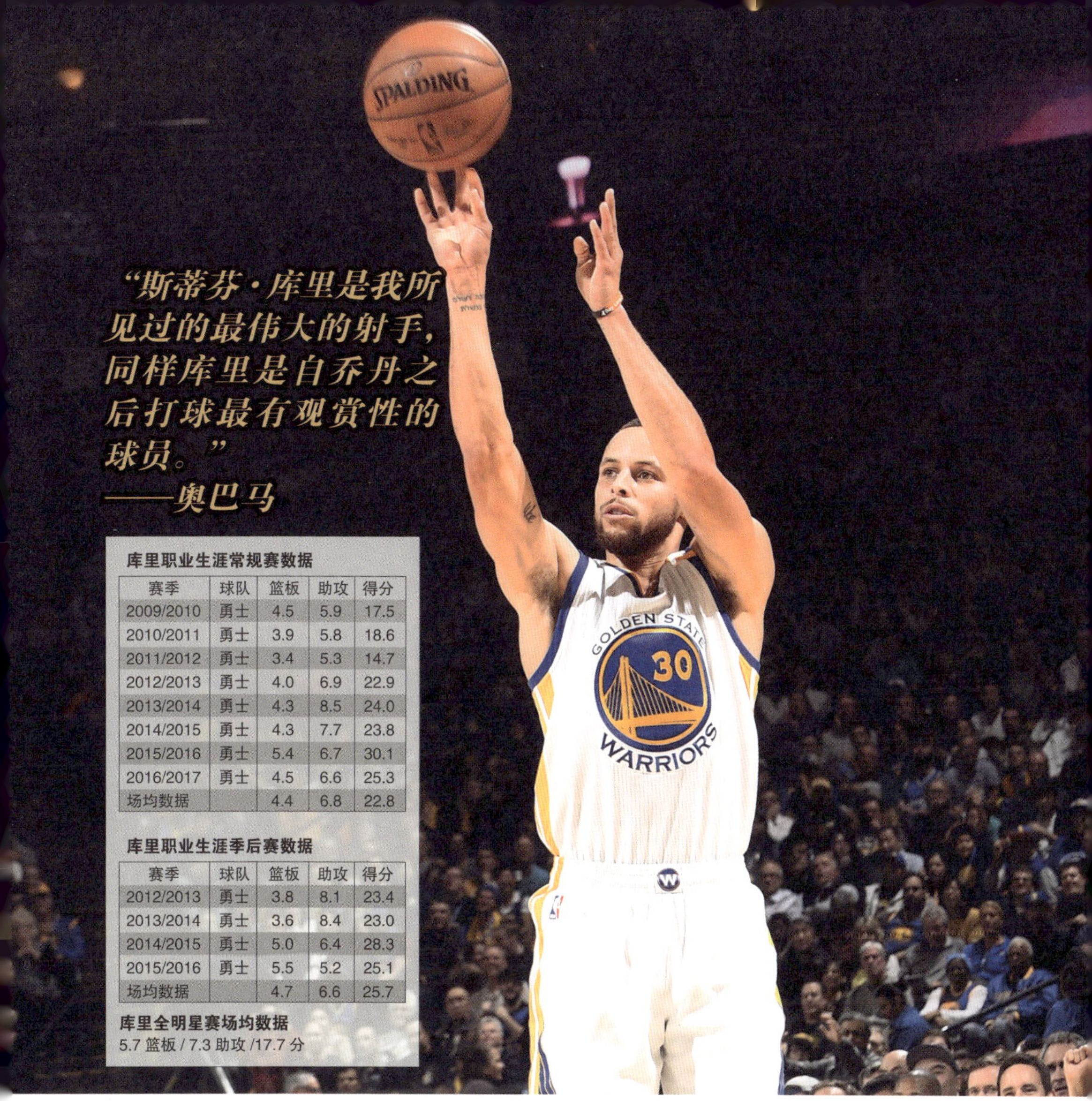

"斯蒂芬·库里是我所见过的最伟大的射手，同样库里是自乔丹之后打球最有观赏性的球员。"
——奥巴马

库里职业生涯常规赛数据

赛季	球队	篮板	助攻	得分
2009/2010	勇士	4.5	5.9	17.5
2010/2011	勇士	3.9	5.8	18.6
2011/2012	勇士	3.4	5.3	14.7
2012/2013	勇士	4.0	6.9	22.9
2013/2014	勇士	4.3	8.5	24.0
2014/2015	勇士	4.3	7.7	23.8
2015/2016	勇士	5.4	6.7	30.1
2016/2017	勇士	4.5	6.6	25.3
场均数据		4.4	6.8	22.8

库里职业生涯季后赛数据

赛季	球队	篮板	助攻	得分
2012/2013	勇士	3.8	8.1	23.4
2013/2014	勇士	3.6	8.4	23.0
2014/2015	勇士	5.0	6.4	28.3
2015/2016	勇士	5.5	5.2	25.1
场均数据		4.7	6.6	25.7

库里全明星赛场均数据

5.7 篮板 / 7.3 助攻 /17.7 分

2011 年 2 月 20 日，在全明星周末技巧挑战赛中，斯蒂芬·库里用时 28.2 秒，战胜威斯布鲁克等对手，最终夺冠。

2011/2012 赛季，库里持续受到伤病困扰，仅出战了 26 场比赛，场均只有 14.7 分、5.3 次助攻和 3.4 个篮板。在常规赛还未结束之前，即宣布赛季报销。

2012/2013 赛季，库里伤愈归来，11 月 1 日，续约勇士。4 年价值 4400 万美元，2013 夏生效，2017 夏到期。从此，库里开启了一条神奇瑰丽的勇士之路。在此赛季，库里以突然的蜕变成为联盟顶级巨星，单赛季命中 272 个，超越雷·阿伦（2005/2006 赛季 269 个）成为联盟历史单赛季三分王。季后赛中库里更是大发神威，半决赛第一场对阵马刺，砍下 44 分、11 次助攻。

2014/2015 赛季，是库里真正问鼎天下的王者登基一季，他成为全明星票王，荣膺常规赛 MVP，拿下总冠军。

金州勇士以库里和格林的高位挡拆为核心，混合三角进攻式阵型和走位，外加一大批实力、天赋、经验兼备的球员，成功打造出史上最流畅、最完备的挡切、远射攻防体系，将库里在开阔空间下、攻防转换中的灵动与精准发挥到了极致。于是有了史诗般的2015/2016 赛季常规赛 73 胜，库里神话般的单赛季 402 记三分球，连续刷新他自己的纪录，以及他那不可方物的、足以排进历史前三的个人演出。

但遇上以极大的意志力和决心进行无限换防、压缩库里活动空间的雷霆和骑士，他们一次陷入绝境，一次最终遗憾败北。

这不仅仅是库里，而是大多数一号位的局限：他们需要开阔的空间，需要对内线进行错位进攻，需要快速转换，唯有如此，他们才能指东打西、翻云覆雨，在对手立足未稳之前彻底摧毁对手的阵型。但如果让他们正面攻击对手的完整阵型，在半场阵地战中与对手的摇摆人防守悍将一对一强行单挑，无论是艾弗森、保罗还是库里，事实上都会非常吃力。这也是 2015 年的总决赛 MVP 评选无视数据，把奖杯颁给伊戈达拉的原因：在窒息的阵地战中，库里吸引了防守，制造了混乱，但大多数时间里并没有表现出解决问题的能力（除了 37 分的天王山之战）。真正将防守摧毁的，是伊戈达拉。

到了 2016 年总决赛，库里的表现因为伤病不进反退，再加上伤病因素风水轮流转，于是金州终于无法再一次依靠整体登上王座了。

谁也不会抹杀库里的神奇乃至伟大，但金州的管理层显然比我们更清楚库里的局限，所以杜兰特来了。杜兰特最大的意义和作用，就是可以让勇士有一个在生死时刻出阵单挑，一对一解决问题的超级巨星。毕竟过去两年总决赛，无论胜败，库里在这一点上的表现，实在难以令人满意。

但这同时也意味着，金州勇士开始了变革，那个集全队之力，成全库里精灵炫舞的时代结束了。今后的勇士，将是库里和杜兰特共同主导的球队——你没法否认杜兰特巨大的实力和存在感，他在哪里，哪里就一定会打上他的印记。

杜兰特是一个百搭型射手，融入勇士的战术体系没有任何问题，唯一的疑惑在于，怎么把这一群人捏合起来，以及怎么在替补球员大量流失的情况下确保阵容厚度。

虽然库里的个人空间也许会受到抑制，但他同时也拥有了更强大的队友，以及史诗般的阵容。再者，我们应该知道库里是一个什么样的球员：2013 年半决赛输给马刺，他泪光莹然，向球迷许诺会打出更好的表现回报球迷；2014 年首轮出局，他却声称勇士正在接近总冠军；2016 年西部决赛 1 比 3 落后，他在第五场大喊“我们不会出局”。我们不但低估了他纤细的身体里的恐怖能量，还低估了他可怕的骄傲和好胜心。

而我们也可以看到，这些人中只有并非传统一号位的魔术师在万神殿中修成了正果，斯蒂芬·库里则只差一步，他有了一个总冠军，但没拿到那尊 FMVP。然后第二年带着 73 胜功亏一篑——我们有理由相信，限制他的，只是他不够强壮、健康的身体。

但是，凡事无绝对。面对一位历史上前所未见的旷世天才，我们不应以往待之。

他得分不仅如探囊取物，还有着拈叶飞花般雅致的风格，库里外表文静弱小，内里却强大无比。他的出现充满着无数未知，能让每一个爱篮球的人产生共鸣，原来不需要长很多肌肉，也能统治球场，原来也可以“羽扇纶巾，谈笑间，樯橹灰飞烟灭”。

是的，向前看，库里的一切仍然是云垂海立、瑰丽无伦。

〈生涯高光闪回 / 单场 13 记三分〉

高光之耀：2016/2017 赛季伊始，人们还沉浸在单季 402 记三分、73 胜的梦幻赛季中，而库里似乎也神奇不再，三分命中率一度跌破 40%，那个无法阻挡的三分杀手不复往日的风采，而 10 投 0 中的一场三分梦魇似乎印证着库里神话的终结，而在此刻，“萌神”用一场神乎其技的表演昭示天下，他依旧是无以伦比的远射之王。

2016 年 11 月 8 日，勇士主场迎战鹈鹕，库里本场三分球达到 13 个，超越他与科比、马绍尔共同保持的单场命中 12 记三分的 NBA 纪录，勇士主场 116 比 106 击败鹈鹕。此战库里全场 26 投 16 中，其中三分球 17 中 13 狂砍 46 分，那个我们熟悉的杀手再次向世人展示了他那恐怖的“核武器”，而之前一战，库里在斯台普斯中心三分球 10 投 0 中，终结了连续 157 场有三分进账的纪录，当时全世界的傲慢和偏见一齐向他袭来。

大梦是NBA最独特奇绝的中锋，优雅灵动，气象万千：早期如烈火无坚不摧，后期如水银无孔不入。
在他最巅峰的时代，他在两年里把其他三大中锋轮流羞辱了一遍，就此登泰山而小天下。

●档案

哈基姆·奥拉朱旺 / Hakeem Olajuwon
绰号：大梦 / 位置：中锋
出生日期：1963 年 1 月 21 日
身高：213cm / 体重：115.8kg
效力球队：火箭、猛龙
球衣号码：34

●荣耀

2 届总冠军：1994、1995
2 届总决赛 MVP：1994、1995
1 届常规赛 MVP：1993/1994
2 届最佳防守球员：1992/1993、1993/1994
12 届全明星：1985~1990、1992~1997
2 届盖帽王：1989/1990、1990/1991、1992/1993
3 届篮板王：1988/1989、1989/1990
NBA50 大巨星
奈·史密斯名人堂

K ♦

哈基姆·奥拉朱旺
HAKEEM OLAJUWON

他曾迈着梦一样飘忽神秘的步伐夺得了乔丹时代唯一旁落的两座总冠军奖杯，有时候他的存在对于现在的球迷如梦一样虚无缥缈，但当某位球员在场上炫出华丽步伐时，我们还是会情不自禁地说出他的招牌动作——大梦舞步，来致敬那个如梦如幻的艺术中锋。

他具有巨人们所不具备的灵活性、运动能力和投篮手感；他的到来开创了火箭队历史上最光辉的时代；他在 1993/1994 赛季成为 NBA 首位在单赛季集常规赛 MVP、最佳防守队员、总决赛 MVP 为一身的球员；他曾砍下 18 分、16 个篮板、10 次助攻、11 次盖帽的四双神迹；他拥有科比、詹姆斯等顶级球员竞相学习的内线脚步。

1980 年，17 岁的奥拉朱旺参加了全非运动会篮球比赛。在一场比赛中，他一人夺得 60 分和 15 个篮板，被美国球探庞德发现，便把奥拉朱旺推荐给休斯敦大学的著名教练刘易斯。17 岁的奥拉朱旺在刘易斯的严格训练下，进步神速。因为他的脚步动作灵活敏捷，假动作逼真多变，教练不由得惊叹："看上去像一场梦。"奥拉朱旺"大梦"的绰号便不知不觉地传开了。

1984 年夏季的某一天，火箭和开拓者的制服组都紧紧盯着那枚在空中不断翻滚的硬币。在选秀制度尚未完善的年代，两支成绩最烂的球队需要用猜硬币这种古老方式争夺状元签。硬币升起又落下，一年前的剧情再度上演，休斯敦又一次得到上帝垂青。那枚幸运的硬币让休斯敦提前预订了奥拉朱旺。

就读休斯敦大学的奥拉朱旺早已将卫星城视为第二故乡："有多少球员不希望留在

大学所在的城市呢？我认为根本没必要换地方，在休斯敦意味着我可以在熟悉的环境里继续成长。”奥拉朱旺的梦想照进了现实，火箭队拿到了状元签，选秀当天毫不犹豫地在第一顺位选中了他。

在 NCAA 奥拉朱旺早已扬名立万，著名大学篮球评论员迪克·维塔尔给他起了一个响亮的绰号——The Dream。“大梦”人如其名，背景切换到 NBA，他的开局依然梦幻。新秀赛季，奥拉朱旺场均贡献 20.6 分、11.9 个篮板，火箭旧貌换新颜，从前一季 29 胜的超级鱼腩，一跃成为 48 胜的季后赛球队。迈克尔·乔丹依然是那届新秀中最闪亮的星，当选年度最佳新人毫无悬念，然而大梦是当年飞人之外唯一获得选票的候选人。

职业生涯第二个赛季，奥拉朱旺率领火箭以惊人的速度继续蹿升，打出 51 胜的队史最佳战绩，季后赛一路过关斩将，西部决赛以 4 比 1 的总比分击败卫冕冠军湖人，震惊联盟。被淘汰之后，湖人主帅帕特·莱利两手一摊：“我们竭尽全力，甚至采取四人合围的策略，想尽办法阻止奥拉朱旺，没办法，他是个伟大的球员。”

总决赛惜败凯尔特人并没有让休斯敦球迷太过失望，毕竟 1986 年的“绿衫军”被视作史上最伟大的球队之一。多年后谈及总决赛处子秀，奥拉朱旺依然目光如炬：“如果 1986 年能一鼓作气夺冠，或许会很高兴。然而追忆往昔，我才明白逆境中的挣扎和奋斗，对冠军的渴望和执着，会让胜利后的成就感更加强烈。”

奥拉朱旺带给休斯敦的不仅是战绩上的飞跃，还有颠覆过往经验的视觉盛宴，他继承了中锋在攻防两端的伟大传统，同时为这个位置重新定义。“推陈出新是我的目标，比如加入一些假动作和脚步变化。”“大梦”说，“提及中锋，人们总是先入为主地联想到机械的卡位。对我而言，面对防守者时，从没有把自己当作中锋，而是灵活的小前锋。”

从事足球和手球的丰富经历让奥拉朱旺具备常人罕见的机动性和速率，同为伊斯兰教信徒的拳王穆罕穆德·阿里在步法上给了他很大的启示，美国篮坛教父彼得·纽厄尔如此评价：“奥拉朱旺是我见过脚步最出色的大个子。”奥拉朱旺认为自己的招牌动作不仅仅是一项技术，还是一门科学，分享自己的秘诀时，他的语气像一个大学教授。“当后卫传球给我时，我会跳起接球，”“大梦”说，“这也是下一个脚步动作的预备阶段，我称之为‘落地选择’。此时任意一只脚都可以作为轴心脚，对手不知道你会从哪边突破，因此被冻结，这就是梦幻舞步。”

奥拉朱旺如日中天，他的球队却开始不断陷入麻烦。1986 年总决赛之后，卢卡斯、劳埃德和威金斯因滥用药物被禁赛，1987/1988 赛季，汤普森因为与主帅比尔·费奇不睦被清洗出队。1988 年季后赛首轮对阵小牛，奥拉朱旺有如神助，场均砍下 37.5 分、16.8 个篮板，却独木难支，火箭遗憾出局。

1989/1990 赛季，奥拉朱旺堪称内线球员中最闪耀的数据达人，成为 1973/1974 赛季以来首位场均贡献 14 个篮板和 4.5 个盖帽的球员，也是贾巴尔和沃顿之后又一位包揽

奥拉朱旺职业生涯常规赛数据

赛季	球队	篮板	盖帽	得分
1984/1985	火箭	11.9	2.7	20.6
1985/1986	火箭	11.5	3.4	23.5
1986/1987	火箭	11.4	3.4	23.4
1987/1988	火箭	12.1	2.7	22.8
1988/1989	火箭	13.5	3.4	24.8
1989/1990	火箭	14.0	4.6	24.3
1990/1991	火箭	13.8	3.9	21.2
1991/1992	火箭	12.1	4.3	21.6
1992/1993	火箭	13.0	4.2	26.1
1993/1994	火箭	11.9	3.7	27.3
1994/1995	火箭	10.8	3.4	27.8
1995/1996	火箭	10.9	2.9	26.9
1996/1997	火箭	9.2	2.2	23.2
1997/1998	火箭	9.8	2.0	16.4
1998/1999	火箭	9.6	2.5	18.9
1999/2000	火箭	6.2	1.6	10.3
2000/2001	火箭	7.4	1.5	11.9
2001/2002	猛龙	6.0	1.5	7.1
场均数据		11.1	3.1	21.8

奥拉朱旺职业生涯季后赛数据

赛季	球队	篮板	盖帽	得分
1984/1985	火箭	13.0	2.6	21.2
1985/1986	火箭	11.8	3.5	26.9
1986/1987	火箭	11.3	4.3	29.2
1987/1988	火箭	16.8	2.8	37.5
1988/1989	火箭	13.0	2.8	25.0
1989/1990	火箭	11.5	5.8	18.5
1990/1991	火箭	14.7	2.7	22.0
1992/1993	火箭	14.0	3.8	25.7
1993/1994	火箭	11.0	3.6	28.9
1994/1995	火箭	10.3	3.1	33.0
1995/1996	火箭	9.1	3.6	22.4
1996/1997	火箭	10.9	2.9	23.1
1997/1998	火箭	10.8	2.6	20.4
1998/1999	火箭	7.3	1.3	13.3
2001/2002	猛龙	3.8	1.2	5.6
场均数据		11.2	3.3	25.9

奥拉朱旺全明星赛场均数据

7.8 篮板 / 1.9 盖帽 /9.8 分

“奥拉朱旺是我唯一无法搞定的球员。他可以用自己的脚步，能够向左、向右、向里和向外，让你防不胜防。”
——沙奎尔·奥尼尔

篮板王和盖帽王的中锋，此外还打出一次惊世的四双。

奥拉朱旺光鲜亮丽的数据背后是球队尴尬的季后赛魔咒，火箭连续四年止步首轮，停滞不前的战绩多少让他失去了耐心，他开始质疑管理层的运作，指责球队只想走捷径，甚至公开咒骂老板查理·托马斯。火箭管理层也反唇相讥，控诉奥拉朱旺因为不满合同而假装受伤。休斯敦球迷应该暗自庆幸这段剪不断理还乱的肥皂剧最终戛然而止，汤姆贾诺维奇走马上任成为剧情的转折点，第一个完整执教的赛季就率队冲破首轮羁绊，他为火箭量身打造的内外结合逐渐显现出威力。

在乔丹归隐、四大中锋鼎足而立的时代背景下，内线对决不可避免，在冠军史诗中巨人之间的决斗恰恰是最动人的章节。1994 年总决赛，奥拉朱旺与尤因狭路相逢，他们在大学时的恩怨被媒体大肆渲染，两人彼此之间却满怀敬意。奥拉朱旺说：“我们从大学时代就纠缠不休，打球风格类似。当尤因站在球场另一端时，你就知道自己面对的是最难对付的敌人。”尤因如此回应：“毫无疑问，与奥拉朱旺对位时，我想打出最佳水准，他也如此。面对‘大梦’，你必须拿出 110% 的努力。”

在总决赛的前瞻中，美联社将火箭和尼克斯的对决比作赫克托耳和阿喀琉斯的巨人之战，比尔·拉塞尔如此总结1994年总决赛：“奥拉朱旺和尤因就像和镜子里的自己对打。”这是一轮势均力敌的较量，第六场奥拉朱旺最后时刻对斯塔克斯的封盖才为火箭赢得抢七的机会，前 6 场双方的分差都在 9 分以内。

决战前夕，空气都陷入凝固，奥拉朱旺回忆：“我就像等待审判，比赛前的几小时，可要比打比赛时煎熬一百倍。”抢七战的场面堪比斯大林格勒保卫战，双方寸土必争，《纽约时报》如此描述当时的状况：“每进一球，就像射出的一颗子弹，呼然作响。”比赛直到最后一刻才分出胜负，奥拉朱旺面对尤因一次成功单挑最终打破了胜负的平衡。

奥拉朱旺一战封神，不仅登上了冠军之巅，也成为历史上第一位单季包揽常规赛

MVP、年度最佳防守球员和总决赛 MVP 的球员。“我还记得第七场的最后时刻，”奥拉朱旺说，“我背靠着技术台，享受那个难忘的瞬间，看着队友，看着球迷，这就是我在场上挥汗如雨的原因，也是我来到休斯敦之后的终极目标。”

1994/1995 赛季，踏上卫冕征途的火箭出人意料地对阵容做出调整，送走大卫·索普，换来奥拉朱旺的老朋友德雷克斯勒，重新磨合阵容让火箭的战绩左右摇摆，常规赛结束仅列西部第六，奥拉朱旺在 MVP 的评选中输给大卫·罗宾逊，火箭的卫冕前景也被看衰。

火箭最终还是跌跌撞撞地杀进了西部决赛，第一场开始之前，大卫·罗宾逊领取了 MVP 的奖杯，他并不知道这是一个噩梦的开始。终场哨响，奥拉朱旺砍下了 41 分、16 个篮板、4 次助攻、3 个抢断、2 次盖帽，用梦幻舞步当众羞辱了新科 MVP——“海军上将”罗宾逊。

整个系列赛，奥拉朱旺全面压制了大卫·罗宾逊，后者被罗德曼迎头痛骂，不知所措，“阻挡哈基姆？根本做不到。”德雷克斯勒反复强调 MVP 评选的荒谬，“看看罗宾逊在奥拉朱旺面前都做了什么？”在总决赛中，将公牛零封出局的魔术仅仅收获了一个鸭蛋，面对奥拉朱旺出神入化的篮下迷踪步，年轻气盛的奥尼尔晕头转向：“他先移动 5 步，再反方向移动 4 步，看起来好像移动了 20 步。”

真正无敌的只有时光老人，奥拉朱旺也不例外，在与时间的对抗中他逐渐败下阵来，他没有复制贾巴尔返老还童的传奇戏码，从 35 岁开始慢慢走下神坛，在 39 岁的高龄完成职业生涯第一次转会，2001/2002 赛季为猛龙效力 39 场之后正式宣布退役。

对休斯敦而言，奥拉朱旺是可遇而不可求的造梦大师，这里也是他梦开始的地方。“如果这些故事汇成一本书，恐怕没有人会相信。”奥拉朱旺说，“从遥远的尼日利亚来到这里，进入大学，将整个职业生涯奉献给休斯敦。看看我的绰号多么恰如其分，我的经历跟这座城市交织在一起，它如实地概括了我在休斯敦的人生。是的，就像一个梦一样。”

〈生涯高光闪回 / 四双大梦〉

高光之耀：我们今天通过数据统计去分析球员的技术特点，如果他能够砍下“三双”，那么就会被贴上全能的标签，能在一个方面登峰造极，已经堪称奇才，然而 NBA 的历史上，却有无所不能的神人，只是凤毛麟角，无从寻觅！翻开史册，奥拉朱旺用一场四双的神奇数据印证自己，他就是无所不能的那位神人！

1990 年 3 月 30 日，休斯敦火箭以 120 比 94 大胜密尔沃基雄鹿。比赛中，奥拉朱旺在 40 分钟内 14 投 6 中得到 18 分，外加 16 个篮板、10 次助攻以及惊人的 11 个盖帽（雄鹿全队只有 5 个）。他在防守端和进攻组织上，展示了惊人的统治力，历史上能够完成四双壮举的，也只有四人而已。

Q-10

黑桃 Q 凯文·杜兰特 / **红桃 Q** 德怀恩·韦德 / **梅花 Q** 拉塞尔·威斯布鲁克 / **方片 Q** 伊塞亚·托马斯
KEVIN DURANT　DWYANE WADE　RUSSELL WESTBROOK　ISIAH THOMAS
黑桃 J 德克·诺维茨基 / **红桃 J** 特雷西·麦格雷迪 / **梅花 J** 克里斯·保罗 / **方片 J** 詹姆斯·哈登
DIRK NOWITZKI　TRACY MCGRADY　CHRIS PAUL　JAMES HARDEN
黑桃 10 凯里·欧文 / **红桃 10** 凯文·加内特 / **梅花 10** 史蒂夫·纳什 / **方片 10** 卡尔·马龙
KYRIE IRVING　KEVIN GARNETT　STEVE NASH　KARL MALONE

●档案

凯文·杜兰特 /Kevin Durant
绰号：KD、雷神 / 位置：小前锋
出生地：华盛顿哥伦比亚特区
出生日期：1988 年 9 月 29 日
身高：206cm/ 体重：106.6kg
效力球队：雷霆（超音速）、勇士
球衣号码：35

●荣耀

1 届常规赛 MVP：2013/2014
1 届全明星 MVP：2012
8 届全明星：2010~2017
4 届得分王：2009/2010、2010/2011、2011/2012、2013/2014
最佳新秀：2007/2008
2 届奥运会金牌：2012、2016
1 届世锦赛冠军：2010
1 届世锦赛 MVP：2010

Q♠

凯文·杜兰特
KEVIN DURANT

他是凌空踏虚、幽暗阴森的死神，拥有无与伦比的投射手感和技巧，漂移如风，再加上 2.06 米身高和 2.88 米逆天臂展带来的出手点几乎无法封盖，于是"大鸟"和诺维茨基之后最可怕的高个射手诞生了。

1988 年 9 月 30 日，凯文·杜兰特出生在马里兰州的苏特兰。父亲韦恩·普莱特在杜兰特 8 个月时离开了家庭，杜兰特由他的母亲完达·普莱特和外祖母芭芭拉·戴维斯抚养长大。

杜兰特从小就比别的孩子高，这给他带来不少困扰，但这身高在祖母芭芭拉看来，是上帝的赐福。果然，这副鹤立鸡群的身板给他带来了好运，8 岁那年，在华盛顿 SeatPleasant 活动中心玩篮球的凯文·杜兰特，被查尔斯·克雷格教练相中，这位和蔼可亲的中年人问："孩子，你愿意加入青年联盟队吗？"小杜兰特用清亮的嗓音回答："是的，我要打篮球！"

于是从 8 岁起，杜兰特每天都会步行 15 分钟来到这块最喜欢的球场练球，有时甚至在这里吃饭、过夜。11 岁那年，他在这个场馆里，第一场打正式比赛，小杜兰特第一次上场便轰下 25 分，其中下半场砍下了 18 分。这一场最初的比赛，如一道闪电，在他心中点起了篮球梦的火苗。一个路过的陌生阿姨看了他的比赛，对他说："你应该把 24 号换成 23 号，因为你打球就像迈克尔·乔丹。"童稚的杜兰特抬头问："真的吗？"这一刻，梦想如星火燎原。

少年时代，他每天要投 1000 个球，不是出手 1000 次，而是投中 1000 个。夜深人静时，他还得在一座小山上进行体能训练——50 个上山下山的冲刺跑，直到筋疲力竭。

小时候，他的世界里只有篮球。他像一个清教徒一样封闭了自己的社交空间，他不再跟朋友们一起出去混，也不去看电影，甚至从来没去逛过商场，他的童年只在篮球场那个四方空间里，只有篮球才能让他忘记生活中的窘迫和贫困。

读高一时，人们都觉得他这样瘦弱的孩子应该在学堂里握着笔杆子写诗作画，而不是在篮球场同比他重 30 磅的大个子肉搏。但上帝开眼了，高二的杜兰特猛长了十五六厘米，身高从 1.85 米变成 2.01 米。随着身高猛增，杜兰特的篮球之路开始如他的投篮般顺滑，他的无球跑动和接球投篮不可阻挡。那年，国家基督学校的战绩是 27 胜 3 负。此后，属于他的时代到来了，高四那年，杜兰特场均得到 23.6 分、10.2 个篮板、3.0 次助攻以及 3.0 次抢断和 2.6 个盖帽，他已经是全美第二的高中生。

高中毕业后，杜兰特加盟了德克萨斯大学。在 NCAA，这是属于他的时代，在一共只有 35 场比赛的赛季中，他有 4 次砍下单场 37 分，有 11 场比赛超过了 30 分。

2007 年 3 月，杜兰特被选为 NABC 赛区年度最佳球员，荣获奥斯卡·罗伯特森奖和阿道夫·F·鲁普奖，要知道此前这些奖从来没有垂青过任何一名一年级生。3 月 30 号，他被美联社选为年度最佳大学生运动员。4 月 1 号，他成为有史以来第一位获得奈·史密斯奖的新生，4 月 7 日，又获得了约翰·伍登奖。

2007 年 NBA 选秀大会，杜兰特被超音速第二顺位摘走，成为 2007 年的榜眼秀。菜鸟赛季的杜兰特场均得到 20.3 分，在所有新秀中得分排名第一。他的得分、盖帽、抢断、罚球命中数和命中率在超音速队同样排名第一，此后当选了最佳新秀。

第二个赛季，超音速改名雷霆，搬到了俄克拉荷马。蛰伏期很快过去，2009/2010 赛季成了雷霆和杜兰特爆发的起点，雷霆在常规赛得到 50 场胜利，杜兰特创造了连续 29 场比赛得到 25+，成为史上 25+ 先生第二人，并以史上最年轻得分王的身份入选了第一阵容。

2010 年夏天，杜兰特参加了伦敦世锦赛，他的身体天赋和技术特点使他成为 FIBA 赛场上绝无仅有的奇才怪杰，只要他在 FIBA 三分线外面筐得到球，就根本不可阻挡了。半决赛中，杜兰特砍下 38 分，打破了 2006 年世锦赛上安东尼创造的 35 分得分纪录，成为美国队在世锦赛历史上的单场最高得分。决赛中，杜兰特砍下 28 分，率领美国队战胜土耳其队，16 年后重夺世锦赛冠军。杜兰特荣获世锦赛 MVP。

2010/2011 赛季，杜兰特场均得到 27.7 分，蝉联得分王，并入选全明星首发。季后赛他们走得更远，一路高歌猛进杀到西部决赛，却败给了当年的总冠军小牛队。一年之后，杜兰特和雷霆卷土重来，一路击败了湖人、小牛、马刺这三大豪强，却在总决赛中 1 比 4 不敌拥有三巨头的迈阿密热火。那个夏天，好兄弟哈登在这个赛季结束后离开了球队，雷霆三少时代结束。

杜兰特职业生涯常规赛数据

赛季	球队	篮板	助攻	得分
2007/2008	超音速	4.4	2.4	20.3
2008/2009	雷霆	6.5	2.8	25.3
2009/2010	雷霆	7.6	2.8	30.1
2010/2011	雷霆	6.8	2.7	27.7
2011/2012	雷霆	8.0	3.5	28.0
2012/2013	雷霆	7.9	4.6	28.1
2013/2014	雷霆	7.4	5.5	32.0
2014/2015	雷霆	6.6	4.1	25.4
2015/2016	雷霆	8.2	5.0	28.2
2016/2017	勇士	8.3	4.8	25.1
场均数据		7.2	3.8	27.2

杜兰特职业生涯季后赛数据

赛季	球队	篮板	助攻	得分
2009/2010	雷霆	7.7	2.3	25.0
2010/2011	雷霆	8.2	2.8	28.6
2011/2012	雷霆	7.4	3.7	28.5
2012/2013	雷霆	9.0	6.3	30.8
2013/2014	雷霆	8.9	3.9	29.6
2015/2016	雷霆	7.1	3.3	28.4
场均数据		8.0	3.7	28.8

杜兰特全明星赛场均数据

5.6 篮板 / 2.9 助攻 /25.6 分

2013/2014 赛季，杜兰特场均得到 31.5 分、7.8 个篮板、5.5 次助攻，命中率 51%，其中得分、助攻和命中率均是生涯最高，得分整整高出第二名 4 分，并以场均出手 20.84 次成为 NBA 历史上唯一一个出手低于 21 得到 32 分的球员。他连续 41 场 25+ 打破了乔丹的连续 40 场 25+ 的记录！并且拿下了个人职业生涯第四个得分王。这个赛季，他终于捧起了 MVP 的奖杯。虽然雷霆在西部决赛中六场不敌马刺，但谁都能看出来，这是一个堪比巅峰科比和詹姆斯的巨星，青山遮不住，毕竟东流去，未来是他的。

这个赛季的杜兰特受困于零零碎碎的小伤病，很多时候，他只能坐在场下看着兄弟威斯布鲁克为了季后赛而拼搏。这个赛季，得分王、MVP 都和杜兰特无关了。他不是金刚狼，他会失败，他会受伤，他也会失落，他有血有肉，分分明明，就像我们身边的朋友和兄弟。他说过：“我只是一个职业球员，并不是超级英雄。”

人生起落无常，早已不是新鲜事，他从贫困和艰难中走到今日，早已学会了耐心和

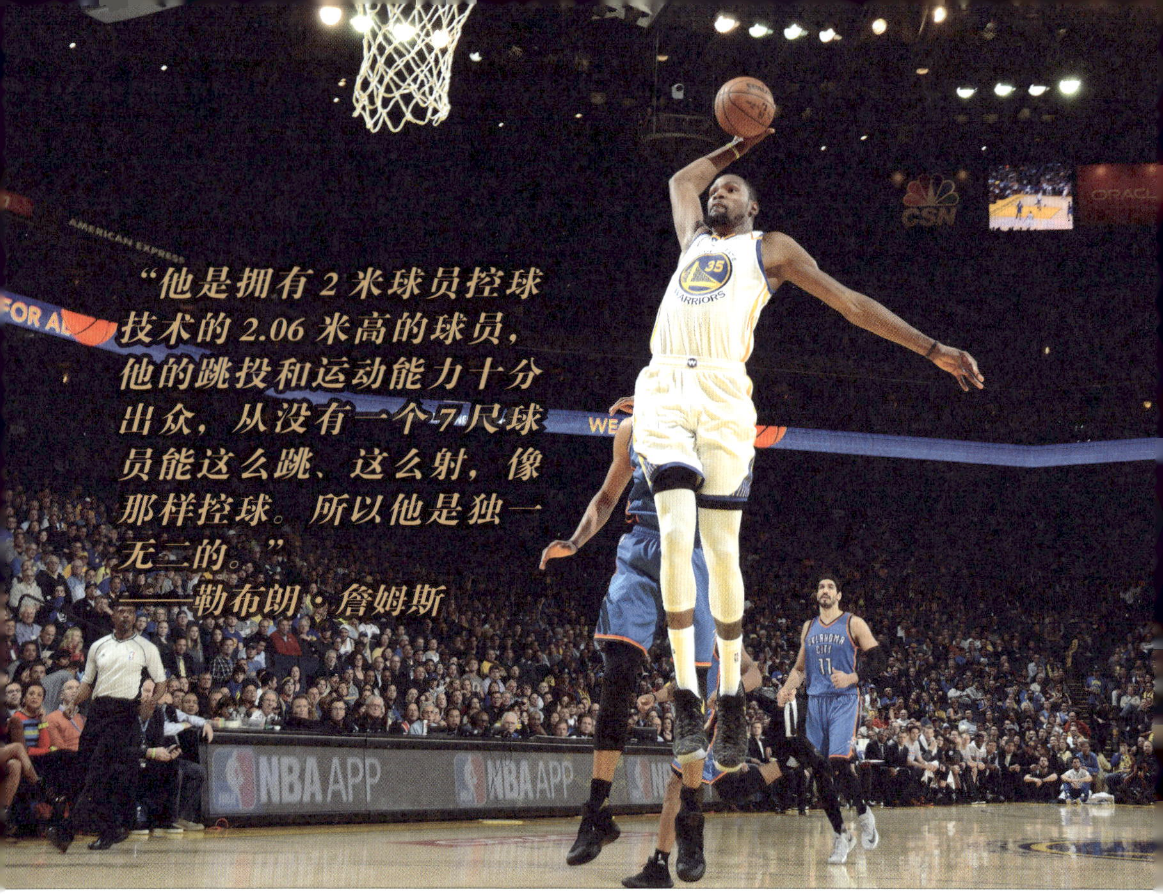

斗志，重回巅峰，只不过是时间问题。

2015/2016赛季，那个无所不能的犀利得分手杜兰特，那个MVP级别的超级巨星杜兰特，终于在隔了一年后杀回来了。可惜的是，当杜兰特卷土重来之际，联盟已经风云变色，山河迥异了，这已经不再是杜兰特和詹姆斯双雄争霸的场面，而是斯蒂芬·库里异军突起独领风骚的赛季了。

2016年了，四届得分王、前MVP杜兰特已经27岁，他比唐斯、奥卡福这些孩子多打了10年篮球，在这个残酷而又荣耀的联盟中，他竟然已经是一名老兵。

2015/2016赛季杜兰特场均得到27.7分、8.1个篮板和4.5次助攻，投篮命中率为51.7%，三分命中率为40.4%，罚球命中率为89.5%，他的得分表演非常稳定。

然而2016西部决赛，雷霆3比1领先后被勇士逆转，杜兰特似乎陷入无限的失落中。

2016年夏天，最大牌的自由球员非凯文·杜兰特莫属，他们在上个赛季力克马刺，杀到西部决赛，并在西部决赛中和73胜的勇士大战七场，还曾经取得过3比1的领先，这是个了不起的赛季，如果冲着兄弟情谊，冲着雷霆的勃勃生机，杜兰特确实没有必要离开俄克拉荷马。

但雷霆管理层草率而匆忙的决定摧毁了杜兰特留下来的信心，他们交易了球队曾经的内线防守核心赛尔吉·伊巴卡，而伊巴卡状态的下滑，可能与2014年西部决赛奋勇带伤出战，与马刺恶战四场有关，而普雷斯蒂却没有留下刚果人，而是用他去换了魔术后卫奥拉迪波，这对杜兰特的离开，或许也是一剂催化剂。少了内线屏障，多了一个持球手，杜兰特是非走不可了。

杜兰特选择以两年接近 5430 万美元的合同签约勇士，金州惊现旷世无匹的四巨头！过去三年，联盟常规赛 MVP 分别被杜兰特和库里包揽。

杜兰特仰慕的是勇士人动球动团结无私的战术体系，欣赏的是勇士领袖史蒂芬·库里超强的个人能力和出类拔萃的团队精神。杜兰特是为了总冠军来的，这里也确实是最适合他的团队，他打出了职业生涯以来，最轻松最高效的赛场表现。不但如此，杜兰特还为勇士做出了巨大的改变，除了场均 26 分领跑全队外，杜兰特场均还能抢下 8.6 个篮板并送出 1.7 个盖帽，两项数据都是职业生涯新高。

事实上在勇士，阿杜不仅是得分机器，同时也扮演护框者的角色。比赛中经常可以看到，杜兰特挥舞着自己的一双长臂，去努力盯防对方内线长人的情景，单场送出 6 个封盖，这就是杜兰特为了勇士所作出的改变。如今，NBA 联盟最可怕的三个射手在同一支球队里，金州对掩护、牵扯、空切、转移球技巧的运用能力，两年前就已独步联盟，他们还拥有联盟第一的团队转换进攻。

杜兰特离开雷霆，被冠以“懦夫、叛徒”的标签，一时间口诛笔伐，甚至被推到道德审判的边缘，但沉默如金的“KD”从没有辩解，他不屑于这样做。因为他的世界里只有篮球，为了追求篮球的真谛、更深的境界、更高的突破，实现自我更极致的价值。

从篮球的角度看，杜兰特还真是个“天生勇士”，他的能力和特点注定能与这支球队无缝对接，这里有着不占球权却有着超强攻击力控球后卫，有着全联盟最低调最亲和的球队领袖，也有着全联盟最好的团队篮球氛围。

〈生涯高光闪回 / 连续 41 场 25+〉

高光之耀：纵观 NBA 历史，在连续得分 25+ 的成就上，只有两人比杜兰特高。在威尔特·张伯伦得分视如草芥的年代，“大北斗”曾连续 106 场 25+，另外奥斯卡·罗伯特森曾连续 46 场 25+。得分持久力强如乔丹，在该领域的表现为连续 40 场，同样以砍分著称的科比不过区区 19 场。杜兰特完成起了超越前辈的壮举。

从 2014 年 1 月 8 日面对爵士砍下 48 分，到同年 4 月 7 日不敌太阳得到 38 分，期间连续 41 场比赛，凯文·杜兰特的个人得分场场 25+。在这段疯狂的飙分秀中，杜兰特有 28 场比赛得分突破 30，11 场比赛 40+，更有两场 50+ 的劲爆演出。在杜兰特启动无解得分模式的这 41 场比赛中，雷霆战绩为 28 胜 13 负。

奥尼尔给我起了这个绰号，也许想让我拥有闪电侠那样的超能力，自从有了这个绰号，我发现突破真有些闪电的味道。

●档案

德怀恩·韦德 /Dwyane Wade

绰号：闪电侠 / 位置：得分后卫

出生地：伊利诺伊州芝加哥

出生日期：1982 年 1 月 17 日

身高：193cm/ 体重：99.8kg

效力球队：热火、公牛

球衣号码：3

●荣耀

3 届总冠军：2006、2012、2013

1 届总决赛 MVP：2006

1 届全明星 MVP：2010

12 届全明星：2005~2016

1 届得分王：2008/2009

1 届奥运会金牌：2008

Q♥

德怀恩·韦德
DWYANE WADE

速度是他冲锋陷阵的最好利器，当第一步跨出后，也许联盟近八成的对手已经被他远远甩在身后，强壮的身体让他在与内线队员碰撞时完全不处于下风。急速追飞燕，破敌首当先。身轻体敏健，闪电永往前。纵横捭阖、身经百战，不愧“闪电侠”的封号。

3 号们的江湖就是这样：如烈焰天风般夭矫不群，炽热闪耀，纵情挥洒，痛恨平庸甚于痛恨失败；永远充满才气和张力，韦德尤其如此。科比说过，韦德是来自地狱的球员。

2006 年总决赛的后四场，韦德完成了足以成为传说的演出，场均 39 分连续席卷 4 场胜利，逆转夺冠。有人信誓旦旦地表示，如果不考虑迈克尔·乔丹的历史地位，这就是一个后卫所能打出的最伟大的总决赛。在此之前的两年也足够美好：新秀赛季，他就在季后赛最后时刻投中绝杀，帮助球队挺进第二轮；2005 年，他就体验了东部决赛，然后因为受伤输给活塞。总而言之，韦德度过了职业球员可以幻想的完美的前三年。

在书写史册时，你将会记住他 2006 年场均 34 分的总决赛，记住那个夏天，他可以被认为是联盟历史上，面筐进攻的头三位选手。直到 2007 年那次重伤之前，他依然在扮演篮球史上屈指可数的切入大师之一。2005/2006 赛季，他以 49% 的命中率场均 27 分、7.5 次助攻；2006/2007 赛季全明星前，他有着场均 29 分、49.5% 命中率的佳绩。他冷静睿智，不做自私的选择，永远寻找空挡队友。胯下运球、双重胯下运球、停顿、控制节奏、晃动、爆发切入、连续胯下运球、接球跳步假动作连突破，诸如此类。所有你可以幻想的突破招式，都在他的移动间流畅行进。他的球感像爵士小号的轻柔颤音一样柔和，收发自如。至于进入了禁区之后，他和年轻时的乔丹一样，鲁莽却有着近乎天真的勇气。惊人的弹跳速率、奇妙的协调性，在空中控制自己的身体，从容不迫地做动作。而且，他的每次上篮姿势，似乎都是预先为着被对手碰撞而摆好。

如果故事到 2006 年夏为止，这就是一个完美的职业生涯。24 岁，完美无缺的形象，灿烂的微笑；他出演的广告，姑娘们狂热地要求他的签名而无视巴克利；他有戒指，打出了史上最耀眼的总决赛系列个人表演之一，以及能随时把观众热情掀起来的华丽球风。

很可惜不是。即便在他夺冠的年份，他依然是一件不完全的杀伐之器。他缤纷、锋锐、犀利又光芒灿烂，但原型毕竟是一条长蛇，就像德国一些不适合孩子阅读的童话里，少年用自己的寿命与死神做交易。

韦德亦然。如烈焰般炽热闪耀，如灰烬般冰冷寂寞。

他的不要命切入打法，注定他走的是一条遍布荆棘的诡邪之路。25 岁，他全身的护具已经足够把他裹成一个木乃伊，冠军的代价是伤病的魔障。但是，很显然，他非常了解自己想要什么，以及如何得到。2008 年 3 月 8 日，他打了 2007/2008 季第 51 场常规赛，然后，高挂免战牌。

幸好他还年轻。当韦德参加 2008 年奥运会的时候，世界已经忘了 2006 年那道劈碎达拉斯的闪电是怎样的惊心动魄。因为在他以舍生取义的方式赢下了那次总决赛后，他的血气和能量受到了致命的损耗，那两年里，他只能和伤病战斗。当他回来的时候，27 岁，正当盛年，巅峰的“闪电侠”自然拥有超越一切的速度和能量。人们发现，韦德几乎是骑着摩托车在比赛，他最主要的得分方式如下：加速，超越场上所有人，然后灌篮。因为科比的存在，以及梦之队的整体身高问题，韦德只能作为第六人上场。但这无疑会成为对手的噩梦。当比赛进入轮换阵容，放眼世界，哪里有人能和这位 NBA 总决赛 MVP 相抗衡呢？于是一切水到渠成，一直在快攻的韦德，场均 18 分，以替补成为“梦八”得分王。决赛上半场，科比、詹姆斯早早两犯，韦德提前出场，两分球 4 中 4，三分球 5 中 3，半场剁了西班牙 21 分，马布里的得分纪录瞬间岌岌可危。韦德没有打破马布里的纪录，但这场表演有个完美的收尾：最后两分钟，西班牙落后 4 分，然后韦德用个人最后一记三分球消灭了决赛的悬念。

于是，之后的凤凰涅槃顺理成章。NBA 上一次类似的“看你伤后复出更胜往昔，我都想受一次伤了”的例子，是 1986 年乔丹脚伤缺阵 64 场常规赛后，在凯尔特人队面前上演“上帝穿了 23 号球衣”的单场 63 分，以及次年场均 37 分的得分王表现。他的中投已淬火出炉，切入得分能力冠绝联盟，年轻队友很傻很天真，于是独扛球队：迈阿密几乎 2/3 的进攻由他发动，得分王外加场均 7.5 次助攻，与当初的乔丹一样，一对一的场合，无论攻防都不愿输人。对位防守时的缠人劲头如偏执狂，同时与勒布朗一样，热爱游弋协助管闲事，他是乔丹以来单季助攻、抢断数据最可怕的后场球员。

韦德职业生涯常规赛数据

赛季	球队	篮板	助攻	得分
2003/2004	热火	4.0	4.5	16.2
2004/2005	热火	5.2	6.8	24.1
2005/2006	热火	5.7	6.7	27.2
2006/2007	热火	4.7	7.5	27.4
2007/2008	热火	4.2	6.9	24.6
2008/2009	热火	5.0	7.5	30.2
2009/2010	热火	4.8	6.5	26.6
2010/2011	热火	6.4	4.6	25.5
2011/2012	热火	4.8	4.6	22.1
2012/2013	热火	5.0	5.1	21.2
2013/2014	热火	4.5	4.7	19.0
2014/2015	热火	3.5	4.8	21.5
2015/2016	热火	4.1	4.6	19.0
2016/2017	公牛	4.5	3.8	18.3
场均数据		4.8	5.7	23.3

韦德职业生涯季后赛数据

赛季	球队	篮板	助攻	得分
2003/2004	热火	4.0	5.6	18.0
2004/2005	热火	5.7	6.6	27.4
2005/2006	热火	5.9	5.7	28.4
2006/2007	热火	4.8	6.3	23.5
2008/2009	热火	5.0	5.3	29.1
2009/2010	热火	5.6	6.8	33.2
2010/2011	热火	7.1	4.4	24.5
2011/2012	热火	5.2	4.3	22.8
2012/2013	热火	4.6	4.8	15.9
2013/2014	热火	3.9	3.9	17.8
2015/2016	热火	5.6	4.3	21.4
场均数据		5.3	5.0	22.8

韦德全明星赛场均数据

3.7 篮板 / 4.9 助攻 /16.5 分

真正将他扶到与詹姆斯、科比相近的位置的，是他全明星之后的爆发：37 分 12 次助攻、25 分 9 个篮板 2 次抢断 3 次盖帽、50 分 5 次助攻、31 分 16 次助攻、21 分 10 次助攻、46 分 10 次助攻、41 分 7 次篮板 9 次助攻 7 抢断、35 分 16 次助攻、42 分 8 次助攻，这一连串眼花缭乱、令人惊诧的表现成就了他全新的江湖地位。他成为了艾弗森、科比、勒布朗之外最伟大的孤胆英雄。

韦德永远清楚怎样做一个胜利者。2010 年夏天输给凯尔特人，他说：“这是我最后一次首轮出局。”之后的故事我们就都知道了。迈阿密迎来了三巨头时代，而从中调节分配，自我牺牲最大，从而成全迈阿密连冠大业的最重要的人物，正是韦德。他让出了

球权和热火头号人物的位置，一再重申詹姆斯的核心位置，让冠军之师秩序分明。

2011 年总决赛，他场均 27 分、7 个篮板、5 次助攻和 55% 命中率，依然处在世界之巅。但 2012 年后，他再次显出老态。那时他年过而立，世界又开始觉得他不太行了：他的膝盖在连累他的速度。而全世界都觉得，他是个依靠速度、没有远射的得分后卫。一旦他快不起来，那怎么办呢？

2014 年夏天，迈阿密三连冠梦碎，一心追逐神的荣光的詹姆斯转身远走，韦德和波什继续留守——于是质疑的声音更大了：韦德同时失去了爆发力和詹姆斯，怎么办呢？

但我们从来都不需要担心还能站在赛场上的韦德，即使他的身体已经只是凡人的身体。经历了赛季初期的低迷之后，韦德强势反弹，场均 23.3 分 +5.5 次助攻，命中率依然是惊人的 51.3%！连他一向为人诟病的三分球，也来到了职业生涯最高的 38%！ 但伤病随即袭来，而迈阿密热火终究缺了血气方刚的攻击力，于是只能在季后赛边缘徘徊。

这就是韦德奇妙的命运旅途了：他华丽摇摆的变向如同金蛇蜿蜒，如同他命运的轨迹，让人无从捉摸，亦如他那记招牌杀招的名字——迷踪步。但我们可以确信的是，他是这个城市的王子和战神，是这个城市的篮球灵魂和气质。他垄断了一系列队史纪录，而且刚刚将总得分推过了一万八——他肯定会在美航球馆的大门前留下一尊跳步绕球上篮的铜像。至于其他的，已经不那么重要了。毕竟，现在已经不是 2009 年了。

但迈阿密的形势并不乐观。韦德依然可以得分，但却不再是那个可以随意撕裂防守的创造者了——热火没有什么靠谱的创造者，合同总额超过两亿的波什和德拉季奇，一个诡异地患上肺部血栓，一个似乎和太阳时期的小纳什完全是两个人。

在这个过程中，韦德同样是悲情的人物。热火的出局，也是韦德职业生涯 12 年来第二次无缘季后赛。他从 2003 年加盟开始，就被视作是热火的救世主。无论是奥尼尔的加盟还是詹姆斯的加盟，都没有影响韦德在这座城市的影响力。

来到 2016 年，作为热火队史第一人，韦德 2015/2016 赛季的表现相较于前两赛季的低迷有所复苏，在常规赛中，韦德更是多次在关键时刻拯救球队，我们仿佛又看到昔日那个迈阿密无所不能的“闪电侠”的风采。一路坎坎坷坷，最终韦德还是率领热火重返季后赛，在 2016 年，“闪电侠”更是打出了自己生涯又一个史诗级的季后赛。

整个系列赛，甚至包括和黄蜂的系列赛中，韦德都有着殿堂级的表演，在季后赛最后 5 分钟内相差 5 分的得分榜，韦德全联盟第一；单打得分，全联盟第一；关键 2 分钟内抢断和封盖，全联盟第一。韦德堪称迈阿密的不死战神，一个人带领热火走到东部决赛。

2016 年夏天，莱利做出了让所以球迷失望而又气愤的决定：没有给韦德提供一份他应拿到的顶薪合同。为了这一口气，韦德结束了在迈阿密热火 13 个赛季的职业生涯，“闪电侠”终于选择离开这个让他幸福又伤心的城市。而公牛两年 4700 万的报价和诚意也打动了韦德，他决定回到自己的家乡芝加哥打球。

在当代篮球大潮下，每支球队都越来越轻盈，连芝加哥也不例外。他们两年 2800 万签下隆多，随后签约韦德，芝加哥的一到三号位分别是隆多、韦德、巴特勒。首先，这是三个强悍的防守者；隆多是上赛季的助攻王，巴特勒延续了 2014/2015 赛季的飞跃，保持场均得分 20+，俨然已是公牛王牌。至于韦德，刚刚过去的季后赛，还不足以说明问题吗？这样的组合，在东部，除了骑士再无可媲美者。

韦德是幸运的，他不至于在一个烂队养老，以至于不死的烈焰雄心被失败和琐碎消磨掉。如今一切仍大有可为，在这种情况下，我们从来不需要担心韦德。别忘了，他说过 2010 年是他最后一次首轮出局。别忘了，篮球之神的 23 号球衣和光耀史册的赫赫霸业会在联合中心与他同在！我们都知道，韦德是矮了五公分的乔丹。

所以，这也许正是命运最奇妙的一次安排。

〈生涯高光闪回 / 致命闪电〉

高光之耀：双加时、独砍 48 分，在乔丹曾经纵横的地面上，在自己的家乡，纵贯全场，超远三分绝杀。

2009 年 3 月 10 日，芝加哥联合中心，面对公牛肆虐的铁蹄，热火在韦德的带领下经过 3 小时 17 分钟的鏖战坚持到了最后一刻！第四节还剩 11 秒，韦德用一记干拔三分将比赛拖入加时。而在第二个加时还剩最后 3 秒时，热火与公牛战成 127 比 127 平，韦德又从萨尔蒙斯手中成功抢断，纵贯全场，骑马射箭命中三分。

启动、抢断、推进、三分出手、命中，红灯亮起，皮球直穿篮筐中心，一气呵成！三位裁判几乎用了 2 分钟时间来看回放录像，最终认定进球有效，绝杀实现！一切如精心策划的剧本，热火终于艰难地以 130 比 127 赢下比赛。韦德全场豪取 48 分、12 次助攻、4 次抢断和 3 次盖帽，并用关键绝杀为巅峰之战划上完美的结局。

“他是我见过的身体素质最佳，最强壮，运动天赋最好的控球后卫，我在此之前没有见过。”
——泰伦·卢

档案

拉塞尔·威斯布鲁克 /Russell Westbrook
绰号：威少、大西布 / 位置：控球后卫
出生地：加利福尼亚州长滩市
出生日期：1988 年 11 月 12 日
身高：191cm/ 体重：91kg
效力球队：雷霆
球衣号码：0

荣耀

2 届全明星 MVP：2015、2016
6 届全明星：2011~2013、2015~2017
1 届得分王：2014/2015
2010 土耳其篮球世锦赛冠军
2012 年伦敦奥运会男篮冠军

Q ♣

拉塞尔·威斯布鲁克
RUSSELL WESTBROOK

在浩瀚的 NBA 历史长河中，各类控卫层出不穷，他们用不同的方式诠释着控卫的意义——恪尽职守、球商出众、领袖群伦。但从身体天赋而言，唯有威少！他开启了一段暴力控卫新划时代——身体劲爆、天赋绝伦。他至快、至勇、至刚、至猛，将速度、力量、弹跳、弹速完美融为一身！

威斯布鲁克出生于洛杉矶中南部的康普顿，这是一座足以还原《侠盗猎车》场景的危险城市。老威斯布鲁克因为沾染毒品被指控入狱，目睹好友被枪杀后决定洗心革面。为了避免儿子重蹈覆辙，他让威斯布鲁克栖身篮球场，因为那里是康普顿最安全的地方。这是一个改变威斯布鲁克命运的决定。

巨人未必是篮球场上的主宰，但小个子注定备受冷落。威斯布鲁克加入卢金格高中时只有 1.83 米，体重 63.5 公斤，直到 18 岁才完成第一次扣篮，大部分时间里他是球队的吉祥物。在主教练雷吉·莫里斯的记忆里，威斯布鲁克以迟钝著称，当他带着这个弟子参加 ABCD 训练营时，甚至被当面拒绝。

高中队友多雷尔·莱特如此评价威斯布鲁克：“他的球商很高，打球很强硬，但是实在太矮小了。”高三时，威斯布鲁克场均贡献 25.1 分、8.7 个篮板，却无法进入高中生 TOP100 的榜单，执着的威斯布鲁克反复在名单上寻找自己的名字，甚至坚信第 115 位肯定写错了名字，那个叫劳伦斯·威斯布鲁克的家伙本来应该是拉塞尔。

当年杜兰特已经成为高中篮球界的超级明星，在那份榜单中位列第二位，雄踞榜首的就是威斯布鲁克的高中队友兼死党凯尔西·巴尔斯。彼时巴尔斯赢得了全美名校的关注，威斯布鲁克希望能和小伙伴在大学并肩作战，但事与愿违，当时只有马力蒙特、克莱顿以及科特州立等几所小学校在默默关注他。斯坦福的主教练特伦特·约翰逊当时给他的建议是改练田径。

一颗流星的陨落就能改变整个星空，巴尔斯在一场业余比赛中休克猝死，好友的离世对威斯布鲁克产生了巨大的影响，ESPN 曾给威斯布鲁克高中时的一张图片注释："这个 15 岁穿 14 码球鞋的男孩一下变成了男人。"威斯布鲁克在篮球上投入的时间和精力成倍增长，因为他代表着两个人打球。"某种程度上，我感觉在为他打球，"威斯布鲁克说，"我一直觉得，我们始终在一起打球。"

威斯布鲁克拒绝了亚利桑那的召唤，义无返顾地选择了 UCLA，即使这所大学直到大三那年才为他提供奖学金，尽管这支球队的后卫线人满为患，仅仅因为他要完成好友未完成的理想，带着好兄弟的灵魂在那里打球。

初入 UCLA 的威斯布鲁克只能给达伦·科林森和阿弗拉罗打下手，大一仅仅出场 325 分钟，场均贡献 3.4 分。人们批评他不会投篮，讽刺他压根不是打控卫的料。除了苦练之外，威斯布鲁克没有其他秘诀，在他看来，训练是最有意义的事："通过练习，我想自己获得了长足的进步，不断成长，不再被忽视。"

每次登场之前，威斯布鲁克都会戴上两个腕带，一个印有巴尔斯的名字简写"KB3"，另一个印着他的座右铭"Why Not？"2008 年，雷霆出乎意料以第四顺位选中威斯布鲁克，面对记者的长枪短炮，他再度吼出了那句经典台词："Why Not？"

2007 年，用榜眼签选中杜兰特以及 2008 年首轮第四位选择威斯布鲁克，让普雷斯蒂饱受质疑，俄城球迷纷纷质疑球队找了一个球盲做总经理，毕竟他们有机会选择凯文·乐福和布鲁克·洛佩斯这样的优质内线。球探们担心威斯布鲁克无法成为合格的控卫，UCLA 主帅霍兰德拍胸脯保证弟子会像卡塞尔一样打球，没人料到威斯布鲁克的横空出世颠覆了一号位的定义。

退役之后"白巧克力"威廉姆斯忍不住谈论起控卫潮流的改变："过去谈论控卫，第一反应是为队友输送炮弹，现在世道不一样了，控卫必须要去得分。"

作为劲爆型控卫的代言人，威斯布鲁克和罗斯像摇滚歌星一样，用更前卫的方式掌控比赛，当球迷们还在讨论斯托克顿和基德能不能扣篮时，他们早已将空中作业变成习以为常的游戏，他们的集锦中充斥着攻击篮筐的暴力镜头，对手更忌惮他们的切入和突破，而不是传球，与前辈相比，他们的攻击属性更鲜明。2010/2011 赛季两人合力提高了控卫的攻击上限，罗斯场均 25 分、6.9 次罚球，威斯布鲁克场均 21.9 分、7.7 次罚球，堪称控卫序列中的超级武器。

然而与独撑大局的罗斯不同，在得分杀器杜兰特身边依然保持强烈的进攻欲望让威斯布鲁克的属性更为鲜明，罗斯受伤之后他更是成为此门派唯一的代言人。

威斯布鲁克职业生涯常规赛数据

赛季	球队	篮板	助攻	得分
2008/2009	雷霆	4.9	5.3	15.3
2009/2010	雷霆	4.9	8.0	16.1
2010/2011	雷霆	4.6	8.2	21.9
2011/2012	雷霆	4.6	5.5	23.6
2012/2013	雷霆	5.2	7.4	23.2
2013/2014	雷霆	5.7	6.9	21.8
2014/2015	雷霆	7.3	8.6	28.1
2015/2016	雷霆	7.8	10.4	23.5
2016/2017	雷霆	10.7	10.4	31.6
场均数据		6.2	7.9	22.7

威斯布鲁克职业生涯季后赛数据

赛季	球队	篮板	助攻	得分
2009/2010	雷霆	6.0	6.0	20.5
2010/2011	雷霆	5.4	6.4	23.8
2011/2012	雷霆	5.5	5.9	23.1
2012/2013	雷霆	6.5	7.0	24.0
2013/2014	雷霆	7.3	8.1	26.7
2015/2016	雷霆	6.9	11.0	26.0
2016/2017	雷霆	11.8	10.8	37.4
场均数据		6.6	7.8	25.3

威斯布鲁克全明星赛场均数据

5.3 篮板 / 3.3 助攻 /26.7 分

“如今的威斯布鲁克是30年前的我，那种对篮球的热情，你可以在他的表现里看出来，他是带着活力和天分在打球。”

——迈克尔·乔丹

2012年2月19日，威斯布鲁克奉献了一场好莱坞式的飚分大戏，与杜兰特合砍91分，成为NBA历史上第一位拿下50分之后亦能砍下40分的控卫。

在南加州长大的威斯布鲁克一直以“魔术师”为偶像，他承认自己与湖人历史上最伟大的球员存在很大的差异，然而两位风格迥异的控卫却在不同的时代将比赛的观赏性提升了一个档次。20世纪80年代，“魔术师”用美妙传球将比赛编织起来，每一次精妙的传递都是想象力的爆破。威斯布鲁克的杀手锏则是惊人的速度和爆发力，大多数控卫只有在快攻时才风驰电掣，唯有威斯布鲁克可以在阵地战中猝然启动，演绎速度与激情。

过去几年里类似的批评甚嚣尘上，人们认为他太过黏球，贪恋球权，出手糟糕，不是冠军控卫，被戏谑为杜兰特的最佳防守者。杜兰特早已厌倦了媒体对兄弟的嘲讽：“如果没有他，球队不可能走到今天，但人们总是无法意识到这一点。每个人都希望他成为一个像斯托克顿那样的传统型控卫，可是大多数人却无法达到拉塞尔的境界。”

失去才会懂得珍惜，2016年季后赛，雷霆失去威斯布鲁克后步履维艰，被问及损失威斯布鲁克后有何感想时，杜兰特的回答言简意赅：“我们需要他，我们想念他。”

2014/2015赛季，杜兰特由于伤病频繁进出球队阵容，威斯布鲁克下定决心要独自征服一切，攻城拔寨之势如摧枯拉朽，势不可当，对手的防线一次次被他凌厉地撕裂，个人英雄主义从来没有如此时此刻般显著过。无数个尘封多年的纪录一次次被打破，无数个雷厉风行的突破、石破天惊的暴扣让人击节叫好。

2015年2月的全明星赛，威斯布鲁克轰下41分，险些打破张伯伦保持的全明星单场得分纪录。全明星赛后，威斯布鲁克继续保持火爆的攻击力。2015年3月5日，雷霆主场迎战76人，刚刚做完颧弓骨折修复手术，威斯布鲁克戴上面具，火线复出，砍下49分、16个篮板、10次助攻，连续第四场得到三双，率雷霆123比118艰难取胜76人。

2014/2015赛季在杜兰特伤停期间，威少承担了大部分的进攻重担，以场均28.1分当选得分王，同时仅出战67场的他，却拥有NBA最高的总出手数(1471次)。难怪传奇巨星科比对他赞不绝口，声称：“威斯布鲁克是联盟中最像我的球员！”

连续4场三双，8场比赛6砍三双。当威少火力全开时，无法阻挡，我们唯有屏气凝神来迎接——由他亲手开启的空前绝后的大数据时代。

2015/2016赛季，最火爆的表现当属雷霆的威斯布鲁克。雷霆在常规赛揭幕战112比106战胜马刺，威少上场37分钟，23投12中得到33分2个篮板10次助攻2次抢断。紧接着第二场面对魔术又轻松写意地砍下48分11个篮板8次助攻。

2016年全明星周末，威斯布鲁克继续拿到西部最高的31分，继去年得到全明星MVP奖杯后，今年成功卫冕，他也成为1959年之后，首个卫冕NBA全明星MVP的球员。

2015/2016赛季常规赛，威少凭历史纪录的18次三双冠绝联盟。对阵马刺的系列赛中，威少更是完成华丽蜕变，化身理智且有冲击力、得分且有助攻的超级控卫。得益于威少的提升，雷霆杀入西部决赛，并一度把勇士（创造了常规赛 73 胜神话的卫冕冠军）逼上绝路。但 3 比 1 之后，惨遭逆转，让雷霆大伤元气，从此引发交易地震。

2016 年夏天，当杜兰特远赴他乡，昔日雷霆“双少”只剩孤独一人，威斯布鲁克只能竭尽全力，他变成了“三双王”，看似风光无限，实则无奈之举。

雷霆主场对阵老鹰，威少如天神下凡般砍下 46 分 11 个篮板和 7 次助攻，但最后一击却没有抓住绝杀的机会。最终雷霆队以 108 比 110 不敌对手。

2016/2017 赛季 5 次绝杀机会却没能抓住一次，或许是因为威少太累了，在终场前已没有体能再去完成致命一击。他已成为本赛季雷霆（甚至全联盟）最累的一个名球员。

尽管如此，威少三双却成为雷霆获胜的风向标。

本赛季，当威斯布鲁克在比赛中得到三双时，雷霆队的战绩是 10 胜 3 负，而当没有得到三双时，雷霆队只有 6 胜 9 负。两相比较，差距明显。换言之，只有威斯布鲁克打出三双数据来，雷霆队的赢球把握性才更高。

连续 7 场三双的纪录终结，威斯布鲁克已经比肩了伟大的迈克尔·乔丹和奥斯卡·罗伯特森，并列排在了美职篮历史连续三双榜的第二位。而威少目前的数据也达到了惊人的场均三双——31.1 分、10.9 个篮板和 11 次助攻，是当之无愧的联盟第一人。

2016/2017 赛季之前，人们还将三双视作 NBA 王冠上的“珍珠”，和足球场上的“帽子戏法”、斯诺克球台上的“单杆 147”同等重量，但本赛季威斯布鲁克已完成 15 次三双，似乎将这 “神迹”变成了和吃饭、睡觉一样寻常的事情。

对于三双如麻，分分钟都在刷新历史的威少而言，似乎更在乎球队的胜利。

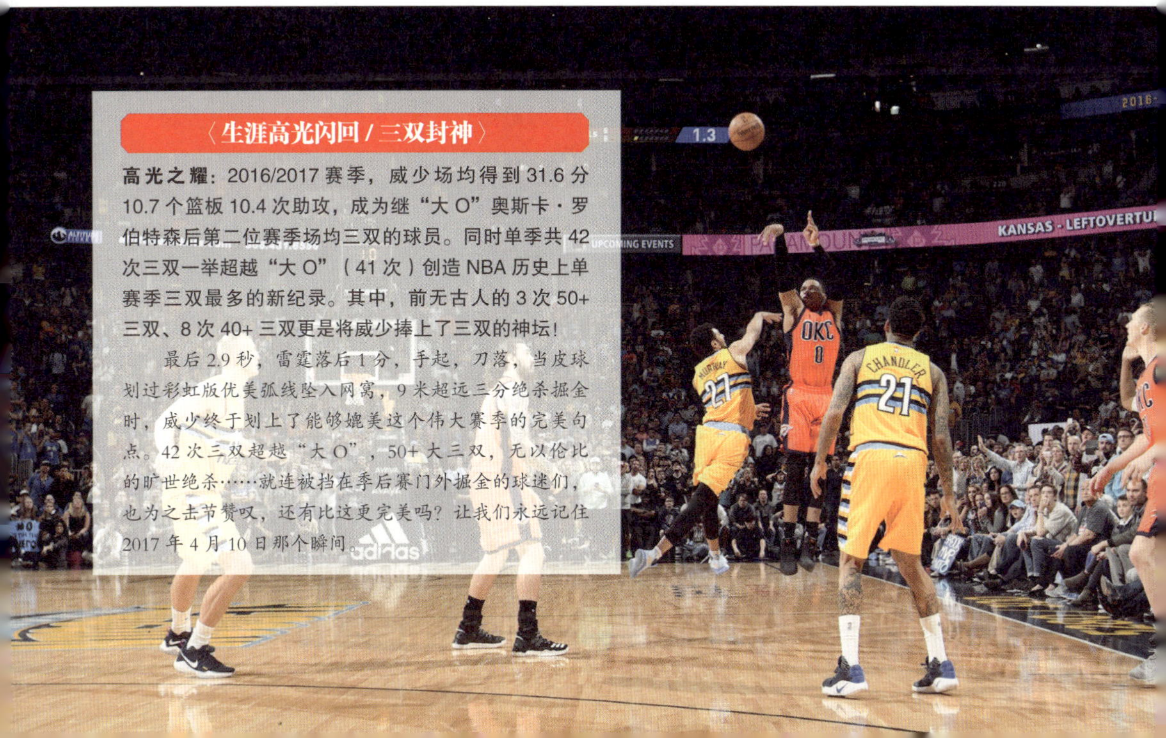

〈生涯高光闪回 / 三双封神〉

高光之耀：2016/2017 赛季，威少场均得到 31.6 分 10.7 个篮板 10.4 次助攻，成为继“大 O”奥斯卡·罗伯特森后第二位赛季场均三双的球员。同时单季共 42 次三双一举超越“大 O”（41 次）创造 NBA 历史上单赛季三双最多的新纪录。其中，前无古人的 3 次 50+ 三双、8 次 40+ 三双更是将威少捧上了三双的神坛！

最后 2.9 秒，雷霆落后 1 分，手起，刀落，当皮球划过彩虹版优美弧线坠入网窝，9 米超远三分绝杀掘金时，威少终于划上了能够媲美这个伟大赛季的完美句点。42 次三双超越“大 O”，50+ 大三双，无以伦比的旷世绝杀……就连被挡在季后赛门外掘金的球迷们，也为之击节赞叹，还有比这更完美吗？让我们永远记住 2017 年 4 月 10 日那个瞬间。

人们常常说托马斯能够再长高10厘米，他将比乔丹更优秀。

阿泰的怒视可以让人直接感受到杀机，而托马斯的微笑总能让人落入陷阱。但当你觉得这个杀手不太冷时，就中了他的圈套，你只能引颈就戮，等待他的致命一击。因为他是微笑的刺客。

档案

伊赛亚·托马斯 / Isiah Thomas
绰号：微笑刺客 / 位置：控球后卫
出生日期：1961 年 4 月 30 日
身高：185cm / 体重：84kg
效力球队：活塞
球衣号码：11

荣耀

2 届总冠军：1989、1990
1 届总决赛 MVP：1990
2 届全明星 MVP：1984、1986
12 届全明星：1982/1993
1 届助攻王：1984/1985
NBA50 大巨星
奈·史密斯名人堂

Q♦

伊塞亚·托马斯

ISIAH THOMAS

“微笑刺客”伊塞亚·托马斯是 NBA 最伟大的小个子球员之一。在 20 世纪 80 年代，能够与他相提并论的控卫唯有“魔术师”约翰逊，但托马斯只有 1.85 米。小个子能够成为伟大球员，必须有坚忍不拔的意志力。很显然，托马斯拥有随心所欲接管比赛的技术和意志。

他的微笑能融化冰雪，而他的杀气令人噤若寒蝉。

他是乔丹痛恨一生的对手，有资格与飞人分庭抗礼的人绝非是等闲之辈。

场上的托马斯如同一个永不停歇的陀螺，他在得分、助攻、抢断上至今名列活塞队榜首。他微笑着扼杀敌人的咽喉，然后潇洒地拂袖而去。刺客那眼花缭乱的娴熟运球技术、那让人出其不意的各种投篮姿势、杂技般的切入和闪电般的速度让球迷十分欣赏。

托马斯被誉为 NBA 历史上控球技术最精湛的人，他球风硬朗，越到关键时刻越来劲儿，他是活塞队在场上说一不二的领军人物。活塞队在托马斯的带领下，1989 年和 1990 年，实现了两连冠，并令人发指地 3 次挡住乔丹公牛的夺冠之路。

伊塞亚在长人如林的 NBA 取得的荣誉，除最后一年外，12 次入选全明星，并在 1984 年和 1986 年两次拿到全明星 MVP，1984 至 1986 年，连续 3 次入选 NBA 最佳阵容，1990 总决赛 MVP，而取得这些非凡荣誉的只是一个 1.85 米的小个子。

在伊赛亚·托马斯还不是“刺客”的时候，他就已经有了那标志性的微笑。

他的家在芝加哥最危险的西部地区，充斥着犯罪、暴力和毒品。他家里有九个孩子，他是最小的一个。在他3岁的时候，父亲永远离开了他，但他还有一个伟大的母亲，玛丽·托马斯。在一个月黑风高的夜晚，玛丽用自制的霰弹枪对着闯入家中的一帮暴徒吼道：“滚出去，这是老娘的地盘！”

为了保护伊赛亚，整个夏天，玛丽都不让他出门。

芝加哥的风永不止息，在风里长大的伊赛亚·托马斯如岩石般坚强，如猎鹰般好战——这似乎是芝加哥系后卫的通用基因：后来的德文·韦德、德里克·罗斯，一个个突袭如电，杀人如麻，顺带还能掌控全局，每场送出 8 个助攻。

在高中打进州冠军决赛的托马斯渐渐引人注目，马奎特大学的一位助教试图将他收入门下。当他推开托马斯家的大门时，他看到了被篮球史记录下来的表情：大大的微笑。他当然知道这里的生存环境，所以他惊诧，但那时他还不知道，眼前这位微笑着的，身高 1.85 米的小个子，将在篮球史上留下怎样的神迹。

大学第二年，伊赛亚·托马斯成为 NCAA 冠军。大学时代的最大梦想提前成真，为了庞大却贫寒的家庭，是时候去 NBA 了。作为 1981 年的榜眼，他被底特律活塞队选中。这支 1958 年从韦恩堡搬迁而来的老牌球队此时正在水深火热之中，前一个赛季只拿到 17 胜 65 负的战绩——否则他们也得不到伊赛亚·托马斯。

第一个赛季，托马斯场均 17 分 7 次助攻，合计 150 个抢断，活塞这只“咸鱼”完成了第一次翻身：比前一个赛季多赢了 18 场。刺客诡谲精湛的身手被联盟瞩目，就此开始了连续十二年的全明星之旅。但活塞的复兴之路依旧漫长，后来著名的“大混蛋”兰比尔在，统帅“梦一队”出征巴塞罗那的戴利老爹 1984 年也来了。但此时的时代王座被“魔术师”和“大鸟”轮流占据，紫金绿衫牢牢地统治着各自的分区。每年的季后赛都会有如下固定节目：纽约尼克斯、密尔沃基雄鹿、亚特兰大老鹰们输给“大鸟”和他的波士顿“绿衫军团”，而刚刚回到季后赛的活塞则输给尼克斯、雄鹿、老鹰，在艰苦的通关之路上，他们还未遇到终极 BOSS 就已经血尽而亡，然后从头再来。

而这段时间恰恰是刺客的个人荣誉最为鼎盛的时期：他连续三年入选最佳阵容一队，连续四年实现得分助攻 20+10 的超级控卫数据。他从“魔术师”手中抢下了一个助攻王，在全明星赛上三年里两次成为最有价值球员，并导演了 1984 年那次全明星史上最传奇的逆转。顺便一提的是，他让世界见识了他制造奇迹的能量可以爆发到什么程度：载入史册的最后 2 分钟逆转 16 分。

时间走到 1987 年，底特律和波士顿终于在东区决赛面对面决战。这本应是紫金绿衫时代终结之路的开始，但拉里·伯德的逆天却使得总决赛再度成为黑白双雄的对手戏。天王山之战最后 2 秒，拥有球权的活塞领先 2 分，几乎胜券在握，但伊赛亚·托马斯的边线发球被伯德抢断——即使你看 20 次回放，你也无法理解那次传球有什么不对，更无法理解伯德未卜先知的移动和截击——那本是篮球史上最传奇的两次抢断之一，堪称千年等一回。伯德的妖异之处不仅在于他抢断了传球，他断球、回头，立刻就发现了跟进

1.85米的伊塞亚没有让身高成为劣势。他在场上的任何位置都是一个杀机无限的致命射手，一个优雅睿智的进攻之帅。

伊赛亚·托马斯职业生涯常规赛数据

赛季	球队	篮板	助攻	得分
1981/1982	活塞	2.9	7.8	17.0
1982/1983	活塞	4.0	7.8	22.9
1983/1984	活塞	4.0	11.1	21.3
1984/1985	活塞	4.5	13.9	21.2
1985/1986	活塞	3.6	10.8	20.9
1986/1987	活塞	3.9	10.0	20.6
1987/1988	活塞	3.4	8.4	19.5
1988/1989	活塞	3.4	8.3	18.2
1989/1990	活塞	3.8	9.4	18.4
1990/1991	活塞	3.3	9.3	16.2
1991/1992	活塞	3.2	7.2	18.5
1992/1993	活塞	2.9	8.5	17.6
1993/1994	活塞	2.7	6.9	14.8
场均数据		3.6	9.3	19.2

伊赛亚·托马斯职业生涯季后赛数据

赛季	球队	篮板	助攻	得分
1983/1984	活塞	3.8	11.0	21.4
1984/1985	活塞	5.2	11.2	24.3
1985/1986	活塞	5.5	12.0	26.5
1986/1987	活塞	4.5	8.7	24.1
1987/1988	活塞	4.7	8.7	21.9
1988/1989	活塞	4.3	8.3	18.2
1989/1990	活塞	5.5	8.2	20.5
1990/1991	活塞	4.2	8.5	13.5
1991/1992	活塞	5.2	7.4	14.0
场均数据		4.7	7.6	20.4

伊赛亚·托马斯全明星赛场均数据

2.5 篮板 / 8.8 助攻 /16.8 分

的亨德森，于是一记妙传助攻后者上篮打平比分——这太神奇了，你永远无法理解伯德和亨德森为什么能在 2 秒钟里做这么多正确的事情。117 比 114，波士顿在第七场再度一如既往地生存下来，去到总决赛迎战湖人。然而波士顿终于在 1988 年死去，六场战斗之后，伯德搂住伊赛亚·托马斯："请替我们干掉湖人，谢谢。"

伊赛亚·托马斯没能完成伯德的嘱托。面对好友兼对手的"魔术师"，两人在赛前交换了 NBA 赛场上的第一个亲吻，但在比赛中依旧毫不手软。非但"刺客"如此，一向温文有礼的"魔术师"也毫无顾忌地对好友肘子伺候。湖人在前三场 2 比 1 领先之后，活塞在主场连胜两局，当第 5 场比赛结束时，兰比尔预感改朝换代之期不远，仰天长啸，壮怀激烈：好好享受这一刻吧，没有什么比这一刻更销魂了！

然后是悲壮的第六场，伊赛亚·托马斯整个职业生涯的标志性演出：上半场湖人顺风顺水，刺客拔剑出手，只在第三节前 7 分钟，托马斯便 8 投 6 中席卷了 14 分；在一次快速反击中崴脚之后托马斯只在场下待了 1 分多钟就重新上场，当时湖人 74 比 66 领先。但托马斯一瘸一拐地面对迈克尔·库珀运球过全场，一个过渡之后他连续晃过斯科特和 AC. 格林的双人补防投篮得分，随后面对迈克尔·库珀单脚后仰，再中；湖人加强逼迫，但是没用，托马斯直接一记三分得手，之后他再度晃过库珀，面对高大的补防者单手打板，2+1 得手；第三节最后 10 秒，他接过丹特利分球在底线面对双人夹击扔进大号 2 分。至此，他在受伤之后的三分半钟 5 投 5 中连得 11 分，成就了带伤单节 25 分的总决赛壮举，至今仍是最高纪录。活塞以 81 比 79 迅速反超比分。

第四节最后时刻，时间迫近最后 1 分钟，托马斯一记跳投得到个人第 43 分，助活塞 100 比 99 重夺领先，随后杜马斯突击篮下造成犯规，两罚全中，102 比 99。解说员激动了："距离戴利老爹的第一个总冠军只剩下 40 秒！"但拜伦·斯科特 4.2 米外射中，然后贾巴尔面对兰比尔使出了"天勾"，那球没进，兰比尔被判犯规，贾巴尔两罚全中，湖人在悬崖边上逃过一劫。刺客在第七场无力再战，大场面先生詹姆斯·沃西大爆发，36 分、16 个篮板、10 次助攻，湖人成功卫冕。

当洛杉矶在为 20 年中的唯一蝉联而满城狂欢时，伊赛亚·托马斯和兰比尔从湖人的更衣室顺走一瓶香槟，共同留下了"男人的约定"："我们明年一定是冠军！"一如他们和波士顿的故事，1989 年总决赛，湖人活塞再相逢。此前湖人 11 战全胜进入总决赛，但此刻突然好运用尽，斯科特、"魔术师"先后受伤，詹姆斯·沃西六犯离场，贾巴尔则正式进入退役倒计时。活塞的复仇波澜不惊，直落四局击灭湖人，就此结束了紫金绿衫对一个时代的统治。第二年已然是 90 年代，面对西部的新贵开拓者，刺客场均 27 分 7 次助攻，“坏孩子”军团 4 比 1 轻取总冠军，顺便，刺客在第一场再度上演了总决赛单节 20+ 的表演。

他们也实现了蝉联！他们从 76 人、尼克斯、雄鹿、老鹰等豪强的围堵中突围，然后先后灭掉波士顿和洛杉矶两大豪门，托马斯、兰比尔、罗德曼、萨利、维尼·约翰逊、杜马斯、爱德华兹、马洪，他们以粗野彪悍的球风让一个时代遍体鳞伤，他们将 80 年代的圆月清风打进了故纸堆，如古惑仔般提着砍刀成为世界冠军，成为天下厌之惧之的“坏孩子”军团。他们不但掀翻了统治者，也镇压着崛起者，迈克尔·乔丹天下无双，德雷克斯勒惊才绝艳，号称东西部两大飞人，但他们连续三年禁锢着即将鹏抟九霄的乔丹，并在总决赛击败了德雷克斯勒。底特律的丰功伟业，至此达于巅峰。

1991 年，托马斯开始在伤病中老去，新老交替的兴衰戏码再度上演，迈克尔·乔丹在东部决赛横扫活塞，伊赛亚·托马斯则将他对公牛和乔丹的仇恨保留到了最后，他和队友们提前离场，留给即将君临天下的飞人一个永不屈服的背影。他自己也知道，已经快到结束的时候了。1994 年 5 月 11 日，活塞的又一个赛季结束了，托马斯的小腿、足弓、膝盖满是伤病，又新添了跟腱撕裂，于是他的职业生涯也就此终结。

第一代坏孩子军团就此风吹云散，但在底特律体育史上，他们永远留了名号。时至今日，他们仍是被“汽车城”疯狂崇拜的英雄，其中最受欢迎的，当然是那位永远微笑着的刺客。他的杀气、他的斗志、他音乐般流畅的控球，他神鬼莫测的投篮，都将和他的微笑一起，被史书和记忆封存，然后不朽。

〈生涯高光闪回 / “刺客”独行〉

高光之耀：1988 年总决赛 G6，让人充分意识到，这个永远一脸诡笑，长着一副娃娃脸的“微笑刺客”是多么的可怕。一道蹒跚踉跄的黑影，在洛杉矶大西部论坛球馆驰骋，让湖人防线形同虚设。那年跛腿驰骋，单节力砍 25 分的纪录，也成为他功名簿上永不褪色的亮点。

1988 年总决赛第 6 场，活塞“坏孩子”军团的经典战役之一，但主角只有一个——“微笑刺客”伊塞亚·托马斯。

第六战之前，活塞以总比分 3 比 2 领先湖人，第六场，他们只要战胜对手就将捧起队史第一座冠军奖杯。全队唯有拼命，方可捧起金杯，所以托马斯从一开始就全力以赴，即便是右脚踝严重扭伤，刺客也依然控制着皮球，向湖人的篮筐发起一波波扫射。最终，他拿下了 43 分，其中第三节砍下 25 分，创造了总决赛史上单节最高得分。不过遗憾的是，活塞最终 102 比 103 憾负湖人。

"恭喜德克·诺维茨基！恭喜他得到职业生涯第30000分！这真是个特殊的时刻！希望有一天我也能做到，恭喜，致敬！"
——勒布朗·詹姆斯

档案

德克·诺维茨基 /Dirk Nowitzki
绰号：德国战车、诺天王 / 位置：大前锋
出生地：德国维尔茨堡
出生日期：1978 年 6 月 19 日
身高：213cm/ 体重：108kg
效力球队：小牛
球衣号码：41

荣耀

1 届总冠军：2011
1 届总决赛 MVP：2011
1 届常规赛 MVP：2006/2007
13 届全明星：2002~2012、2014、2015
2002 年世锦赛冠军 &MVP
2005 年欧锦赛冠军 &MVP

J♠

德克·诺维茨基

DIRK NOWITZKI

稳定、高效、精准、严谨，无法阻挡，诺维茨基手感柔和、独特的“金鸡独立”投篮与优美的投篮弧线令其在 NBA 赛场独树一帜，夺得总决赛 MVP、生涯总得分超越 30000 分，足以让诺天王成为 NBA 外籍球员中取得成就最高的一位。

诺维茨基生于运动世家，父亲是玩手球的，自然，诺维茨基总是被老爹拉到手球场玩一项既不篮球也不足球的运动。小德克个子在不断飙高，慢慢对篮球产生了兴趣。父亲也放弃了家庭霸主地位，不再强求诺维茨基玩手球。德克对于篮球上手很快，遗传的优秀基因、天生的运动底子、以及手球的经历都让诺维茨基在篮球圈里早早闻名。当然，这个“闻名”并非是我们所想的闻名。他在篮球圈里大放光芒，却出生在一个足球氛围过于浓烈的国度。

千里马常有，伯乐不常有，但诺维茨基属于一匹幸运的千里马，他遇到了一个不错的伯乐霍尔格·格希维德纳。他是前德国男篮球员，看到诺维茨基，又征得德克父母的同意后，他把诺维斯基纳入了 DJK 球队，那年他刚刚 15 岁。小荷已露尖尖角的诺维茨基也征服了当时德国国家队的教练。在观看了 DJK 一场比赛之后，时任德国国家队教练的迪尔克·鲍尔曼对全场砍下 24 分的诺维茨基赞不绝口。他说：“诺维茨基是德国未来十年到十五年最优秀的人才！”

渐渐地，这个来自沃尔兹堡的大个子受到了万众的瞩目，最先投来橄榄枝的是巴塞罗那俱乐部。1997 年，嫩嫩的德克被邀请参加与 NBA 全明星队的一场名为“Hoop Heroes Tour”的表演赛，不知天高地厚的诺维茨基竟然在表演赛里颜扣了查尔斯·巴克利。

如果说这只是一个垫场赛，那么真正让德克一举成名的是 1998 年他奔赴圣安东尼奥参加的 NIKE hoop Summit 比赛。这个黄头发小子在面对哈林顿和拉沙德·刘易斯时，以 12 投 6 中 50% 的命中率拿下 33 分、14 个篮板、3 次抢断的成绩，彻彻底底迷倒了在场的那些拿着小本本记录的球探们。

诺维茨基 1998 年加入 NBA，以第一轮第九顺位被 NBA 密尔沃基雄鹿队选中，之后立刻被交换到达拉斯小牛队，效力至今，他就是这样来到达拉斯的。在这里，诺维茨基开始了他 NBA 的逐梦之旅，而后来事实证明，这是小牛队史上最成功的交易。

新秀赛季，他交出了场均 20.4 分钟、8.2 分、3.4 个篮板、8 次两双的成绩。

小牛队主教练唐·尼尔森观察到诺维茨基是一个有潜质、值得期待的 20 岁小伙，但是新秀赛季的诺维茨基在比赛最后时刻显得有点茫然不知所措，这也理所当然地引起了小牛队球迷的不悦。为了在美国有更好的表现，1999 年赛季结束后，诺维茨基回到了德国，在所有的训练和比赛中显得非常刻苦努力。一个夏天的训练大大地帮助了他，到了 1999/2000 赛季时，德克已经展现出了先发球员以及成长为未来巨星的实力，在赛季中他得到了场均 17.5 分、6.5 个篮板和 2.5 次助攻，在联盟的 NBA 最佳进步球员票选中名列第二，并进入最佳阵容三队。

在诺维茨基的第三个赛季，他打出了全明星的表现，场均 21.8 分、9.2 个篮板，效率值也到达了 22.8。对小牛队来说，2000/2001 赛季是一个突飞猛进的赛季，他们结束了近 10 年的乐透之旅，重返季后赛，并且在第一轮淘汰爵士挺进次轮。诺维茨基在季后赛里场均 23.4 分，在与马刺的最后一场比赛中，更是疯狂轰下了 42 分、18 个篮板。迈克尔·芬利说出了耐人寻味的台词：“我认为他很享受成为顶级得分手的感觉。他努力每场比赛都成为得分王，这可能是我最糟糕的一场比赛，同时也是他表现最好的比赛。”

在 2002 年的季后赛首轮中，诺维茨基场均 33.3 分、15.7 个篮板，横扫了拥有加内特的森林狼队，在这之后，小牛的管理层也不再怀疑诺维茨基是否能成为一名真正的球队领袖。疯狂的科学家老尼尔森说道：“我还记得当我们选中诺维茨基的时候，加内特还是大前锋的标准，我们知道德克会成为一个和‘KG’很不一样的球员。加内特的运动天赋太好了，他能从一号位防到五号位，我们则期待诺维茨基用他自己的防守来对这个位置产生影响。当我们看到他能在比赛中打出这样的成绩时，就明白小牛拥有一名非常特别的球员。”

在诺维茨基的职业生涯初期，他是小牛三巨头（德克、纳什以及芬利）的一员。但是，小牛在 2004 年让纳什加盟太阳，并且在 2005 年特赦了芬利后，他不得不挺身而出。从此誉满其身，谤满其身。

诺维茨基职业生涯常规赛数据

赛季	球队	篮板	助攻	得分
1998/1999	小牛	3.4	1.0	8.2
1999/2000	小牛	6.5	2.5	17.5
2000/2001	小牛	9.2	2.1	21.8
2001/2002	小牛	9.9	2.4	23.4
2002/2003	小牛	9.9	3.0	25.1
2003/2004	小牛	8.7	2.7	21.8
2004/2005	小牛	9.7	3.1	26.1
2005/2006	小牛	9.0	2.8	26.6
2006/2007	小牛	8.9	3.4	24.6
2007/2008	小牛	8.6	3.5	23.6
2008/2009	小牛	8.4	2.4	25.9
2009/2010	小牛	7.7	2.7	25.0
2010/2011	小牛	7.0	2.6	23.0
2011/2012	小牛	6.7	2.2	21.6
2012/2013	小牛	6.8	2.5	17.3
2013/2014	小牛	6.2	2.7	21.7
2014/2015	小牛	5.9	1.9	17.3
2015/2016	小牛	6.5	1.8	18.3
2016/2017	小牛	6.5	1.5	14.2
场均数据		7.8	2.5	21.7

诺维茨基职业生涯季后赛数据

赛季	球队	篮板	助攻	得分
2000/2001	小牛	8.1	1.4	23.4
2001/2002	小牛	13.1	2.3	28.4
2002/2003	小牛	11.5	2.2	25.3
2003/2004	小牛	11.8	1.4	26.6
2004/2005	小牛	10.1	3.3	23.7
2005/2006	小牛	11.7	2.9	27.0
2006/2007	小牛	11.3	2.3	19.7
2007/2008	小牛	12.0	4.0	26.8
2008/2009	小牛	10.1	3.1	26.8
2009/2010	小牛	8.2	3.0	26.7
2010/2011	小牛	8.1	2.5	27.7
2011/2012	小牛	6.3	1.8	26.8
2013/2014	小牛	8.0	1.6	19.1
2014/2015	小牛	10.4	2.4	21.2
2015/2016	小牛	4.8	1.6	20.4
场均数据		10.0	2.5	25.3

诺维茨基全明星赛场均数据

3.9 篮板 /0.4 助攻 /8.7 分

2006 年西部半决赛，经典的牛马大战。哈里斯和托尼·帕克闪电对击，神光竞走，快到风驰电掣，令观众头晕目眩。诺维茨基则从容地展示着自己淬炼至巅峰的面筐技艺，晃动，瞄准，迈开长腿强行突破，然后用 90% 的罚球命中率令对手欲哭无泪。

第七场的最后时刻，德克接下吉诺比利不痛不痒的犯规，怒吼着将球砸进篮筐，加罚，加时赛。已经站在对面的老大哥芬利在加时赛最后时刻扔出了一记绝望的三分，小牛昂首进入西部决赛，六战之后杀入了总决赛。但随后却是 NBA 历史上罕见的剧情：总决赛，大比分 2 比 0 领先，但是他们最终败给了韦德、裁判和迈阿密热火。在更为惨痛的 2007 年黑八之后，小牛开始了新一轮的涅槃，在这期间，是德克无数个日夜的坚守和煎熬。

不论诺维茨基入选了多少次全明星赛，不论他取得了怎么样的数据，在 2011 年获得总决赛前，他从未得到过全面的认可。人们把他描绘成一个欧洲的软蛋，无视他多少次带伤上场，无视他季后赛场均 25+10 的表现。他们将他视作一个在总决赛 2 比 0 领先却惨遭翻盘的球队的老大——直到 5 年后才令人惊讶地捧起奥布莱恩杯。直到诺维茨基赢得了自己的总冠军戒指，任何理智的人不会再否认这个德国人的历史地位。

2011 年季后赛，小牛送给开拓者一个 4 比 2。半决赛对手是卫冕冠军湖人，然后小牛 4 比 0 爆出超级冷门，自 2006 年之后再度越过半决赛。德克整个职业生涯的能量在这一年爆发出来，他的身体、技术、意志、队友无一不完美。西部决赛对雷霆，第一场 48 分，第四场又是一个 40 分，小牛 15 分大逆转，随即 4 比 1 干掉天赋无限的雷霆。

人们仍然无视小牛的强大，说总决赛将是史上最无悬念的决战，因为对面是热火三巨头。第一场热火击溃小牛似乎印证了人们的猜测，第二场最后 6 分钟小牛落后 15 分——然后德克开始攻击，最后一记三分追魂，一记左手上篮绝杀，逆转！第四场，德克又是一记上篮，敲定局面。六场总决赛，小牛 4 比 2 爆冷夺冠。六个第四节，德克合计得到 66 分，超越乔丹成为总决赛史上最强第四节先生，于是所有人都闭嘴了。大家都承认，这一年的德克是战车、领袖、杀手、战神。戴了很久的“软蛋”帽子，此时早已被扔进大西洋。

2011 年的故事是时代的绝响，然后小牛在停摆中拆散了冠军阵容，随即在次年首轮被横扫出局。若是故事就此结束，也没有什么遗憾了，但故事显然不会就这样结束：2013/2014 赛季，36 岁的诺维茨基度过了一个难得的健康赛季。他不再是 2007 年以前那个全能攻击前锋，也不再是 2012 年以前那个神射天王，他的小牛也早已退出了冠军行列，他那充满激情的老板和朋友库班的唯一愿望就是让他尽可能多打几年，然后成为达拉斯的图腾。他无法随侍左右比赛了，小牛的比赛也因此起伏不定，大胜大败，逆转或被逆转都是家常便饭。但德克和小牛依然让人惊喜了一把，卡特在首轮第三场扔进时光轮回般的绝杀，然后在天王山三分如神砍下 28 分，直到马刺突然间峥嵘毕露，打出首轮最佳上半场之后，倔强的小牛才和岁月一同远去。在 2014 年，牛马大战还能有如此震撼的桥段，真是令人叹为观止。

2016 年夏天，小牛两年 5000 万续约诺维茨基。德克和库班的默契已经完全超越了商业，库班也为征战 19 年的功勋核心提供了一份诚意满满的薪水。作为一名好战的绅士，诺维茨基的血液还没有冷却，他还想着再和这个世界大战一场呢！

2017 年 3 月 8 日，“德国老战车”诺维茨基职业终于加入 30000 分先生俱乐部。转身、试探步、起跳、后仰、出手。面对比自己小了 14 岁的拉里·南斯，38 岁的诺维茨基用标志性的“金鸡独立”拿到了职业生涯的 30000 分。他成为了 NBA 历史上第六位 30000 分先生，第三位在一支球队拿到 30000 分的球员，唯一的 30000 分国际球员。

达拉斯的美航中心球馆里，数万名球迷山呼海啸般的喝彩声，全是献给诺维茨基一人的。那一刻，他缓缓走向场中央，向球迷挥手致意，电视转播的特写镜头里，他的眼眶湿了，不知道是泪水还是汗水。在诺维茨基效力小牛队的 19 个赛季里，德克使自己成为了一位模范球员、一位了不起的比赛形象大使，他 30000 分的这一成就，进一步巩固了他 NBA 历史最佳球员之一的地位。

〈生涯高光闪回 / 战车前行〉

高光之耀：2011 年之前，诺维茨基被很多人批评无法在关键时刻担当重任，但在 2011 年季后赛中，诺维茨基用行动证明了自己。那一年的诺天王真正是遇神杀神的无解状态。

2011 年 6 月 3 日，小牛 VS 热火总决赛第二战，“德国战车”再次扮演了关键先生的角色。第四节最后时刻诺维茨基带领小牛打出一波 20 比 2 的攻击波，从而以 95 比 93 逆转取胜。首战诺维茨基左手手指韧带撕裂，然而他并没有受到伤病的影响，次战他的发挥趋于稳定，颇有“大鸟”伯德的风范。决战时刻最后 28 秒，诺天王先是顶弧命中三分将比分扳平，而后在比赛还剩 3.6 秒结束时，突破波什后面对哈斯勒姆上篮绝杀得手，锁定胜局。最终小牛 4 比 2 拿下 2011 年总冠军，诺维茨基当选总决赛 MVP，成为第一位获得常规赛 MVP 及总决赛 MVP 的国际球员。

我叫 T-mac，这不仅仅是一个名字，我希望有朝一日它也能成为 NBA 的一个标志，一段传奇。

档案

特雷西·麦格雷迪 /Tracy McGrady

绰号：T-mac/ 位置：得分后卫

出生地：佛罗里达州巴托

出生日期：1979 年 5 月 24 日

身高：203cm/ 体重 101kg

效力球队：猛龙、魔术、火箭、尼克斯、活塞、老鹰、马刺

球衣号码：1、3

荣耀

7 届全明星：2001~2007

2 届得分王：2002/2003、2003/2004

进步最快球员：2000/2001

J♥

特雷西·麦格雷迪

TRACY MCGRADY

麦迪有着傲视同侪的盖世才华，但高处不胜寒，俯瞰众生的他倍感孤独。在魔术，孤独是 T-MAC 成就梦想的原动力；在火箭，拐角处，麦迪用深邃迷离的双眼，静观着波诡云谲的现实。麦迪的惊才绝艳没有带来与之匹配的荣耀，华丽过后，落寞成殇，十五年跌宕起伏的 NBA 岁月，在他转身离去的一刻，却发现一切皆成传奇。

2000 年代，新生代锋卫摇摆人最愿意模仿的不是 Kobe，而是 T-mac！这就是 T-mac 这超级冲锋枪的独特魅力。身高臂长、灵动飘逸、无与伦比的启动速度，卓然不群的创造力，麦迪拥有傲人的天赋，巅峰时期他的得分如同性能优良的冲锋枪，可以在一串音色清脆的扫射后，伴随着记分牌上的数字欢快地跳动，还有对手那瑟瑟发抖的神情。

麦迪就像上帝的杰作般为篮球而生，然而，上帝又嫉妒自己的作品如此完美，邪恶地埋下阿喀琉斯之踵。伤病成为了麦迪唯一的羁绊、生涯挥之不去的梦魇。

即便在职业生涯的最后时刻，他丢掉了所有的爆发力、速度和灵巧，但是总有那么一瞬间，他的洞察力，他行云流水的协调，他骨子里闲庭信步的随意和从容，总会让大家忽然发现，那个穿黑白球衣、懒洋洋、睡眼惺忪的胖子是从前的麦迪。

1996 年阿迪达斯训练营，麦迪只是个瘦削青涩的毛头小子高中生，名不见经传，默默无闻。当时的训练营中，有着被称为未来之星的天才少年拉马尔·奥多姆和詹姆斯·费尔顿。那时候的 T-mac 是个无所顾忌的愣头青，一次防守反击中，T-mac 抢下篮球单人快下，费尔顿回防准备封盖，麦迪特意等了费尔顿一下，然后几个大步跨进罚球线高高跃起，在费尔顿头上重重地用左手将球扣进，力道之狠几乎要把地板砸穿，全场一片死寂，场上的球员都惊呆了，费尔顿无奈地摇了摇头，努力让自己看上去不像一个受害者，但是伤害已经造成了。奥多姆说道：“那是我生命中最美妙的篮球回忆之一。”

追忆 2000 年那一次已经成为绝唱的扣篮大赛，人们也许只记得卡特那一连串如梦如幻的表演，360 度大风车、挂臂扣篮、接表弟麦迪传球胯下扣篮，却难以想起瘦削的麦迪 99 分进决赛，那一记转身双手大风车，几乎让时间静止，像极了巅峰时期的人类电影精华。观众席的奥尼尔张大了嘴巴，凯文·加内特躺倒在座位上，瞪大眼睛摇着头。

在猛龙的岁月，麦迪静静地藏在表哥卡特的光环之下，他有着更好的防守，更好的组织传球，惊人的弹速、超长的臂展、迅猛的第一步、与生俱来的嗅觉和协调性。在皮蓬之后，在詹姆斯之前，他就是天生的侧翼小前锋。

他在猛龙的时候，大家都觉得他会变成卡特大人的皮蓬爵士，因为他出众的身体素质和强悍的防守。在猛龙的最后一年，他场均 15.4 分、6.4 个篮板、1.9 次盖帽。

然而他转会到了奥兰多 3 年，却完全换了一个人，打出了如下数据：

场均 26.8 分，7.5 个篮板，4.6 次助攻，出场 40.1 分钟；

场均 25.6 分，7.9 个篮板，5.3 次助攻，出场 38.3 分钟；

场均 32.1 分，6.5 个篮板，5.5 次助攻，出场 39.4 分钟。

连庄得分王！那个时候，麦迪身体轻盈，步履迅捷，充满着年轻的斗志和力量，除了最后的腰伤，他是一个无懈可击的完美运动员。他一对一单防的时候，令所有人头疼，出色的身高、臂展和弹速令得分手们出手艰难，时刻防备他轻而易举的盖帽和抢断。

那时候他灵气四溢，那些看起来疯狂的事情，他居然能信手拈来、随心所欲地完成。我们常常感觉，那些匪夷所思的一步突破、篮板后大拉杆、雷霆万钧的劈扣、大幅 CROSSOVER 后举重若轻的干拔跳投，似乎不是来自训练，而是他随随便便的灵感突发、赏赐给我们的一点只鳞片爪，“文章本天成，妙手偶得之”，古人诚不欺我！

2001 年入选全明星，他对科比如影随形地封锁，封盖了飞侠的后仰跳投。2002 年全明星第二节，他一个人全场运球杀向篮筐，面前挡着青春的德克·诺维茨基和史蒂夫·纳什，他像挥毫泼墨一样把皮球从纳什和德克中间抛起，身体如一缕清风一般腾起到空中，打板自抛自扣，这被 NBA 官网誉为“全明星历史上最精彩的扣篮之一”，而他依旧一副事了拂衣去的神情。2004 年，他又穿上了一红一蓝颜色不同的球鞋。

2004 年麦迪驾临火箭时，姚明 24 岁，麦迪 25 岁，一个是联盟状元中锋，一个是联盟连庄得分王，两人联手第一年就帮助火箭获得 51 场胜利，上一回获此佳绩还要追溯到奥拉助防时代。35 秒 13 分的旷世之杀成功暖场后，麦迪将神奇演绎到极致！骑扣布拉德利的豪迈和绝杀小牛的凛冽让麦迪登上了生涯的巅峰，然而这竟是转角。麦迪的天分过于出色，以至于对训练并不热衷，这令他极少如乔丹、科比、勒布朗一样，经历一

T-mac！谢谢你，正是因为从小一直看你的比赛才能让我取得今天的成就。
——凯文·杜兰特

麦迪职业生涯常规赛数据

赛季	球队	篮板	助攻	得分
1997/1998	猛龙	4.2	1.5	7.0
1998/1999	猛龙	5.7	2.3	9.3
1999/2000	猛龙	6.3	3.3	15.4
2000/2001	魔术	7.5	4.6	26.8
2001/2002	魔术	7.9	5.3	25.6
2002/2003	魔术	6.5	5.5	32.1
2003/2004	魔术	6.0	5.5	28.0
2004/2005	火箭	6.2	5.7	25.7
2005/2006	火箭	6.5	4.8	24.4
2006/2007	火箭	5.3	6.5	24.6
2007/2008	火箭	5.1	5.9	21.6
2008/2009	火箭	4.4	5.0	15.6
2009/2010	火箭	0.8	1.0	3.2
2009/2010	尼克斯	3.7	3.9	9.4
2010/2011	活塞	3.5	3.5	8.0
2011/2012	老鹰	3.0	2.1	5.3
场均数据		5.6	4.4	21.8

麦迪职业生涯季后赛数据

赛季	球队	篮板	助攻	得分
1999/2000	猛龙	7.0	3.0	16.7
2000/2001	魔术	6.5	8.3	33.8
2001/2002	魔术	6.3	5.5	30.8
2002/2003	魔术	6.7	4.7	31.7
2004/2005	火箭	7.4	6.7	30.7
2006/2007	火箭	5.9	7.3	25.3
2007/2008	火箭	8.2	6.8	27.0
2011/2012	老鹰	2.8	1.0	4.2
2012/2013	马刺	1.3	1.2	0.0
场均数据		5.7	5.0	22.2

麦迪全明星赛场均数据

3.0 篮板 / 3.9 助攻 /17.1 分

些残暴自虐式夏天。

在火箭的5年时光本应是麦迪证明自己的最好机会，休赛期没有系统训练的后果是没有足够的体能和状态来应付接下来的赛季，而且在比赛中频繁地受伤。伤病就这样毁掉了这位天赋异禀的奇才。

从2005年开始饱受伤病困扰的麦迪状态开始起伏，每次赛季开始，他都会经历这样一段低潮、不稳定的时期。赛季深入，他才会逐渐进入状态，每年进入到春天都会火力全开。然后是季后赛第一轮，期间，他偶尔令人惊艳，但是似乎仅此而已。

2004年来到休斯敦后，四季中的三季，麦迪都进入了联盟前三阵容，常规赛MVP选票前8。2007年1月姚明缺阵时，他用自己的卷切、分球和跳投，使火箭维持在西部前四之列，单月场均29分7次助攻；2008年2月，当姚明受伤后，他带领着球队完成了22连胜的后10场，场均6.4次助攻。他是球队的实际组织者，这时你才发现，他的大局观，在联盟摇摆人中同样出类拔萃。

第五个赛季，麦迪整整缺阵了47场比赛，并不得不在赛季末作壁上观，姚明独自率队杀入了西部半决赛。迄今，麦迪仍在为季后赛第二轮奋斗，他也是当年第一阵容5人组中唯一从未入选最佳防守阵容的球员，常规赛MVP票选中，亦从未跻身前三。

2010年初被交易至尼克斯之后，渐渐沦为配角的他在纽约、底特律依然发挥自己的一切作用：不能得分了，他会传球；不能突破了，他能无球切入；他在老鹰的时候，居然能在季后赛中封盖勒布朗，打出关键表现。

2013年麦迪在经历一个CBA赛季后，火线加盟马刺，但圣安东尼奥人总决赛的意外败北，让麦迪的命运又多了一重悲怆，他依然能如16年前一样柔顺地运球，但脚步看起来拖沓笨重，他的膝盖经历过微创手术，大概是失去了所有的爆发力。

2013年8月27日，麦迪在做客ESPN的《First Talk》节目时宣布，自己的NBA生涯正式结束。麦迪退役了，一切是那么地出人意料，却又在情理之中。

他轻轻挥一挥手，不带走一片云彩。云淡风轻的初秋，适合离别。

麦迪辗转尼克斯、活塞、老鹰那几年，即使是沦为边缘替补，也偶露峥嵘，让我们依稀看到那个神采飞扬的巅峰T-mac，然后他很快沉寂，甚至没有谢幕的表演。

我们也许还在纠结麦迪为何过早宣布退役，让开篇炫美无比的T-mac华章，没有一个响亮的句点。可如今，一切都不再重要，也无需纠结。

因为我们见证过青涩质朴的雏龙少年，见证过睥睨群雄的魔术王子，见证过挥斥方遒的驭箭之帅，见证过仗剑天涯的落拓游侠，以及他那无数精彩绝伦的激情瞬间。

英雄迟早会白发，没有不老的战神，但他们留下的记忆之花却永不凋落。那些记忆伴随一代人的少年时光、青春岁月，成为永恒的印迹。

〈生涯高光闪回 /35 秒 13 分〉

在当代篮球世界里，麦迪的 35 秒 13 分是奇迹的最佳注脚：那一瞬间的浓烈迸发与绽放，比得上最绚丽的烟花。

开端，发展，高潮，结束，都只在 35 秒之间，这是最壮丽、最心跳的微电影，一眼万年，永生难忘。

2004 年 12 月 10 日，火箭在新主场丰田中心迎来本赛季第一场对马刺的比赛。最后 1 分钟落后 10 分，火箭的连续两记扣篮也依然无法让人看到希望，然后麦迪命中了第一记三分球——当时看来，也不过是聊尽人事。还剩 35 秒，分差却足足有 7 分——但麦迪回头只用一次进攻就砍掉了一大半分差，他穿过挡拆，持球引诱邓肯起跳，然后撞着邓肯的手臂命中了第二记三分球，全场沸腾，加罚！波波维奇坐不住了，于是布鲁斯·鲍文出动，贴防麦迪。

麦迪艰难地从双人夹击墙后面接到边线球，然后运球推进：如果麦迪要在行进间强投三分，谁也没有办法，鲍文控制了麦迪的下盘，但麦迪直入云端，第三记三分球！

马刺如钢铁般坚硬的冠军防御堡垒，在 T-mac 强大火力的持续攻击下，有些无计可施，但他们竭力做好自己，罚进犯规战术罚球。

他们相信，上帝会眷顾不犯错误的人。然而那一刻，麦迪才是上帝。

马刺没有机会继续罚球了，德文·布朗遭到了麦迪的抢断！在全场狂热的欢呼声中，麦迪运球直取前场。马刺的退防迅捷有序，麦迪在左翼陷入三人围攻。但你知道，那一刻他飞在云端，地面上的抵抗丝毫不影响他的动作。于是急停、起跳、漂移；马刺球员如同浮云，被他飞翔着掠过。然后，他在最高点射出了最后一颗子弹。

投进最后的一记干拔三分！火箭最终 81 比 80 成功反超，绝杀！

麦迪在马刺面前完成了史上最伟大、最不可思议的逆转，35 秒 13 分，临危救主，永载史册！

终场前 35 秒	麦迪右翼命中三分，火箭 71 比76 马刺
终场前 31.9 秒	火箭对德文·布朗犯规，后者两罚全中，71 比 78
终场前 24.3 秒	麦迪在邓肯头顶打四分成功，75 比 78
终场前 16.2 秒	邓肯两罚命中，75 比 80
终场前 11.2 秒	麦迪面对鲍文再中三分，78 比 80
终场前 7 秒	麦迪抢断德文·布朗向前场推进
终场前 1.7 秒	麦迪在命中最后最后一记三分，火箭 81 比 80

●档案

克里斯·保罗 /Chris Paul
绰号：CP3/ 位置：控球后卫
出生地：北卡罗来纳州温斯顿·塞勒姆
出生日期：1985 年 5 月 6 日
身高：183cm/ 体重：79.4kg
效力球队：黄蜂（现名鹈鹕）、快船
球衣号码：3

●荣耀

1 届全明星 MVP：2013
8 届全明星：2008~2016
4 届助攻王：2007/2008、2008/2009、2013/2014、2014/2015
6 届抢断王：2007/2008、2008/2009、2010/2011、2011/2012、2012/2013、2013/2014
最佳新秀：2005/2006
2 届奥运会金牌：2008、2012

J ♣

克里斯·保罗

CHRIS PAUL

在控制比赛节奏和情势上，现役控卫中无人能出其右，保罗球风灵巧而聪慧，早早洞悉一切玄机。作为公认的控卫标杆，保罗拥有审时度势、运筹帷幄的大将风范，也有鬼神莫测、令人击节的绝妙传球。稳健、睿智，无比出色的大局观，以及阅读比赛的杰出能力让CP3成为任何一支球队都梦寐以求的核心基石。“宇宙第一控卫”这个名头，对于保罗而言，实至名归。

1985年5月6日，克里斯·保罗出生于美国北卡罗莱纳州的温斯顿·塞勒姆。他从母亲一系继承了优良的运动基因——这可以追溯到他的外祖父：纳撒尼尔·琼斯。在孩童时代，橄榄球才是保罗最关心的体育项目。虽然他不够强壮，但速度快，聪明，而且充满领袖魅力。

在刚进入维克森林高中时，他对进入校篮球队没敢有什么幻想。他的身高刚过1.7米，完全没法对抗那些高大强壮的对手。那段时间里，保罗几乎天天祈祷：上帝啊，请多给我10厘米的身高吧。到了高三，奇迹出现了，他有了1.8米的身高，而且保持着惊人的速度和灵敏。他率领维克森林队以26胜4负的战绩进入北卡罗来纳州“4–A冠军赛”四强，场均25分、5.3次助攻、4.4次抢断，最佳球员、北卡州先生、麦当劳全明星赛等荣誉纷至沓来。顺便，他用一场61分的比赛表达了对祖父的尊敬和怀念。

两年的大学生涯足以让他脱颖而出，他打破了前辈“白巧克力”贾森·威廉姆斯的抢断纪录，成为了维克森林大学历史上最强的大一生，而且你要知道，他有位前辈叫作蒂姆·邓肯。于是水到渠成，2005年，他成为第四号新秀。保罗的球探报告里写道：“场均 15 分掩盖了他超卓的得分天赋，他通晓一切关于胜利的秘密。”

他统治着他那一年的新秀们，连续五个月霸占着当赛季最佳新秀排行榜的头名，最终毫无悬念地当选。在沃尔出现之前，他保持着新秀赛的助攻纪录。在他的新秀赛季，他以 1.83 米的身高，两次拿到三双。

2008 年初，保罗用 16 场比赛送出 215 次助攻，同年 4 月，他从斯蒂夫・纳什这个大师级组织后卫手中，接过了助攻王的荣誉。他以 23 岁的年纪，完成 20 分 10 次助攻的赛季成绩，手握助攻王和抢断王两个头衔，向着人生中第一座 MVP 奖杯发足狂奔。如果不是科比的表现过于完美，他已经是昂赛尔德之后最年轻的常规赛 MVP。

保罗在那一季带来的震撼和冲击确实是无法估量的。仅仅是那一个赛季，就诞生了无数保罗迷，就有了 CP3 这个在球迷间广为流传的昵称。

在同行们狂歌纵酒的今日，保罗静静地思考，思考着领导一支球队，思考着胜利的秘诀。他老练而早熟，镜头前的 POSE 丝毫不显青涩。他拥有音乐般的运球节奏，他的传球精确而熟练，轻松把握任何可以让球通过的缝隙，让球在第一时间到达最合适的地方。他游弋于人群，却始终保持着冷静的观察和判断，做出最正确的决定。

看一下当时的黄蜂，这里有一度无名的韦斯特、早就开始滑落的佩贾、从巅峰跌落的莫里斯・皮特森，加上后来和保罗心有灵犀的钱德勒。但直到常规赛结束，他们都在和湖人争夺西部头名，最后也仅仅以一个胜场差屈居第二。这就是保罗的妙手天心，飞针走线间随意织就鸳鸯锦。

在场外，他的微笑迷人而甜美，俘虏的女球迷数量比一个加强连还要多，他的性格过于恬静斯文，以至于很多人都会忘了他的存在。韦德直言保罗“就像芬芳的花朵”，勒布朗则是“人人都爱克里斯”的典型代表。

真正让保罗名扬天下的，是他 2007/2008 赛季那神奇的 12 场季后赛。第一场就是黄钟大吕，面对老迈的的基德，保罗风驰电掣，穿梭自如，10 次助攻意料之中，但与此同时砍下 35 分则令观者动容，因为上一次在季后赛的处子秀如此砍分的人叫作贾巴尔。与此相比，神出鬼没的 4 次抢断就只能算是锦上添花了。保罗赢得了职业生涯首场季后赛的胜利：黄蜂半场逆转，后来居上，104 比 92 解决掉达拉斯小牛。

但演出并未停止。在达拉斯偷走一场胜利之后，黄蜂回到主场顺利晋级。保罗极尽绚丽，24 分、15 次助攻、11 个篮板的大号三双。最后时刻，保罗抢下前场篮板，佩贾两罚全中，黄蜂在终场前 5 秒领先 5 分，诺维茨基三分不中，小牛再次首轮出局。从那时起，人们相信，黄蜂注定是那年最大的惊喜，只因他们拥有克里斯・保罗。

西部半决赛黄蜂对卫冕冠军马刺前两战，黄蜂大比分 2 比 0 领先，场均净胜 18.5 分。第一场，保罗轻松 17 分、13 次助攻，第二场 30 分、12 次助攻。主教练拜伦・斯托特说道：“放轻松，静静看保罗表演就可以了。”

虽然马刺在主场连扳两场，保罗却继续神奇表演，在第三场又一次得到 35 分，同时送出 9 次助攻。回到主场之后，保罗的 14 次助攻让大卫・韦斯特如鱼得水，连投连中砍下 38 分。在第四节马刺追近比分时保罗鬼魅穿梭，连续上篮得手，在终场前 1 分 21 秒将比分再次拉开到令人绝望的数目。虽然马刺最终凭借老辣的经验和强大的耐力赢下了系列赛的最后两场，但保罗和黄蜂赢得了那一年他们能赢得的一切。

黄蜂赢得了那一年的一切，却并没有赢得未来。这支绚丽多姿的小球队如同昙花流星，迅速度过了它最绚丽的时光。及至碰上风格克星掘金，立刻就风流雨打风吹去。唯有保罗自己，在灰飞烟灭，满目凄凉中将早已珠圆玉润的自己继续雕琢。

短暂的沉寂之后，是 2011 年的季后赛。一个更加惊艳众生的少年控卫出现在人们面前。首轮第一场比赛结束，黄蜂客场爆冷击败卫冕冠军湖人，保罗 30 分、17 次助攻。末节 17 分，无数个关键进球。这次不是当年那些穿梭如电的上篮，而是跳投，准到不可思议的跳投。他的中远投稳定性发生了质变。

保罗已经是一个更完美的后卫了，控球、投篮、传球、球场控制，他无不驾轻就熟。只是黄蜂已经到了分崩离析的边缘。这已是他最后的演出。他将前往洛杉矶，不是湖人，而是快船，那里有个叫作格里芬的超级新秀。

当一支球队拥有了克里斯・保罗、比卢普斯、格里芬、安德烈・乔丹时，所有人对他们的期待都不再是每场比赛 10 次空接扣篮那么简单了。人们更期待他们能改变洛杉矶 50 年来的恒定格局，进而逐鹿西部，让看腻了湖人的繁华和邪恶的球迷惊喜一把。

于是，格里芬不那么令人满意了，尽管前一年他拯救了人们的视觉和想象，但当他被期许为一支强队的进攻核心时，他就无法胜任了。保罗做到了矮个控卫能做到的一切，甚至有所超越。快船刚刚启动，而他已是最具经验的大航海家，他引领着这里所有人，去开拓广袤无垠的海外世界，去开创新的时代。

2009/2010 赛季大伤之后，保罗的冲击力被削弱，但他的跳投日渐精进，臻于完美。他有着单场 40 分的得分能力，手握 3 个助攻王，历史第一的 6 个抢断王。即使是矮个控卫们的防守短板，在保罗这里也有惊人之作，连续三年第一防守阵容，并在半决赛对雷霆时，用自己对杜兰特的防守为球队带来一场惊人的胜利。

在星光闪耀的“天使之城”，保罗一次次向着总冠军发起冲击，然而结果却是一次次的倒下，甚至那个“西决梦”都变得遥不可及。2012 年，快船在首轮艰难淘汰灰熊，然后被当年老辣的马刺横扫出局，或许那时的他们还没有准备好。2013 年，在灰熊的复仇之战中，尽管保罗发挥出色，但面对灰熊逼他投篮得分的策略，他常常无法做出回应，由此陷入了单打独斗的窘境，快船也最终败北。

2014 年，在对阵雷霆的那轮紧张而激烈的系列赛中，保罗在关键的场次犯了很多错误。可是他场均 22.5 分，11.8 个助攻，命中率也有 50%。他在场上时，快船每 100 回合

保罗职业生涯常规赛数据

赛季	球队	篮板	助攻	得分
2005/2006	鹈鹕	5.1	7.8	16.1
2006/2007	黄蜂	4.4	8.9	17.3
2007/2008	黄蜂	4.0	11.6	21.1
2008/2009	黄蜂	5.5	11.0	22.8
2009/2010	黄蜂	4.2	10.7	18.7
2010/2011	黄蜂	4.1	9.8	15.9
2011/2012	快船	3.6	9.1	19.8
2012/2013	快船	3.7	9.7	16.9
2013/2014	快船	4.3	10.7	19.1
2014/2015	快船	4.6	10.2	19.1
2015/2016	快船	4.2	10.0	19.5
2016/2017	快船	5.0	9.2	18.1
场均数据		4.4	9.9	18.7

保罗职业生涯季后赛数据

赛季	球队	篮板	助攻	得分
2007/2008	黄蜂	4.9	11.3	24.1
2008/2009	黄蜂	4.4	10.4	16.6
2010/2011	黄蜂	6.7	11.5	22.0
2011/2012	快船	5.1	7.9	17.6
2012/2013	快船	4.0	6.3	22.8
2013/2014	快船	4.2	10.3	19.8
2014/2015	快船	4.4	8.8	22.1
2015/2016	快船	4.0	7.3	23.8
场均数据		4.7	9.4	21.0

保罗全明星赛场均数据

4.1 篮板 / 13.3 助攻 /13.1 分

能领先雷霆 10 分。而那场系列赛也出现了极具争议的吹罚——保罗再一次倒在了西部决赛的门口。

于是更戏剧性的情节在 2015 年发生了，西部半决赛快船在 3 比 1 大比分领先火箭的情况下，保罗全面溃败，快船再次陷入泥潭。在那场系列赛中，他场均 21 分、10 次助攻、1.6 次抢断，命中率 47%，三分命中率 40%。有他在场的五场比赛中，快船都能够比火箭多得 19 分。那么他为何只打了五场比赛？请不要忘记，他在首轮对阵马刺的时候就饱受跟腱伤病的困扰，在次轮对阵火箭的时候，前两场他没有上场。保罗拖着受伤的腿与马刺抢七，并且迎着邓肯的防守投入了那制胜的一球。如果那场系列赛是西决的话，保罗就会成为传奇了。然而，保罗和他的快船还是成为了火箭完成 1 比 3 大逆转的背景，成为了休城人晋级西部决赛的垫脚石！

悲情的故事依然在保罗身上延续，2016 年季后赛首轮，库里膝盖扭伤，将缺席两周的时间。此时，形势大好的快船让保罗看到了击败卫冕冠军，登顶西部之巅的希望。可就在同一天，保罗的手骨骨折，格里芬的腿伤再度恶化，二人几乎同时赛季报销。快船的希望之窗在打开了 24 小时后，就彻底关上了。

2016/2017 赛季，无数疯狂的表演令人目不暇接，而保罗似乎远离了舞台的中央，不争名、不夺利，独自一人带着洛城的那艘巨轮向前航行，向着最初的梦想继续进发。

不可否认的是，保罗又老了一岁，这位快船的掌舵人，从未臣服于命运的安排。众多巨星的光芒会被时代的统治者所掩盖，只能在阴影中散发着昏暗的残辉。保罗正站在这座宽广、幽暗而又深不可测的历史的峡谷边缘。他唯一的选择就是在 32 岁之时，竭尽全力，整装待发，去跨过那座壁立万仞的巅峰。

〈生涯高光闪回 / 绝杀马刺〉

高光之耀：命运拐点，全系此战，而横亘在他面前的依旧是强大的马刺。最险恶的境地，最老辣的对手，最危急的关头，迸发出最恐怖的能量！所以，在快船的地盘，我们看到面沉如水、杀气弥天的保罗；那个带伤上阵，弹无虚发，以终极之杀摧毁强大的黑铁军团！

2015 年 5 月 3 日，马刺和快船的第七场大战：CP3 在首节左腿大腿肌肉拉伤，不得不回到更衣室治疗。第二节还剩下 6 分 19 秒，保罗带伤归来，一瘸一拐再度登场，不仅令快船重燃斗志，更身先士卒、冲锋陷阵。他连续命中 6 球并在第三节命中一记匪夷所思的压哨三分，令老辣的马刺方寸大乱。

终场前 13.3 秒，保罗两罚全中几乎绝杀马刺，但邓肯立刻回敬两记罚球。109 比 109 平。

决定胜负的最后一秒，保罗从弧顶起速，突破禁区抛射，篮球绕过丹尼·格林和蒂姆·邓肯的封盖命中，绝杀！快船 111 比 109 险胜马刺，又以 4 比 3 淘汰圣安东尼奥人，挺进季后赛第二轮。

保罗此役 13 投 9 中命中 5 记三分，全场 27 分 6 次助攻，上演了王者受伤归来的戏码。

此战双方 16 次战平，交替领先达 31 次，快船 111 比 109 险胜，最终晋级。快船与马刺的首轮七战，两队总得分之差仅为 3 分！其中的跌宕起伏、峰回路转、云谲波诡、奇谋险兵都堪称总决赛级别，被誉为“史上最佳首轮对决”，必将载入史册。

保罗主宰关键战、命中生死球，为“史上最佳首轮对决”写下光辉的句点。

“如果在现役球员中挑选一位作为核心重建的话，我会选择哈登。”
——科比·布莱恩特

档案

詹姆斯·哈登 /James Harden
绰号：大胡子 / 位置：得分后卫
出生地：加利福尼亚州洛杉矶
出生日期：1989 年 8 月 26 日
身高：196cm/ 体重：99.8kg
效力球队：雷霆、火箭
球衣号码：13

荣耀

5 届全明星
1 届最佳第六人：2011/2012
2012 年伦敦奥运金牌
2014 年西班牙男篮世界杯冠军

J ♦

詹姆斯·哈登
JAMES HARDEN

他似乎比勒布朗·詹姆斯还全能，比威斯布鲁克得分能力更强，三分球更稳定。而他的传球，在德·安东尼的魔法点化下，在七秒进攻的体系加成下，已经隐隐有了史蒂夫·纳什的感觉，蝴蝶穿花一般地突破分球，疾风闪电一般地快攻引导，随心所欲地挡拆传球。

哈登的母亲蒙贾·威利斯给她的宝贝儿子起了个昵称叫“Lucky”。因为她两次流产之后，在生下她这个最小的孩子之前，她就认为，即便是刚出世，詹姆斯·哈登也会带来好运的。19 年后，威利斯很自豪地看着自己的探花秀儿子以雷霆队得分后卫的身份第一次穿上了 NBA 的球衣。

“我为他高兴，”威利斯笑得合不拢嘴，“他很幸运能来到这里。”当然，这也是哈登过去认为自己能达到的高度，但是要达到这个高度永远是不确定的。“但是努力和献身精神、在球馆里所花的漫长时间、许多的祈祷和大量的动力让我一直待在球馆里，”哈登说，“而现在我在这里了。”

上初中的时候哈登就坚定了要成为一名职业球员的决心。他的母亲，过去 28 年在 AT&T 做维护管理员，也会提醒他要有个后备的计划，去参加一些课程，以便将来可以有一份职业。但是威利斯每次得到的都是儿子相同的回复：“妈妈，我想打篮球。”最终，母亲允许并开始为儿子的梦想加油鼓劲。“好吧，”她说，“做那些你需要做的。”

不间断的训练中，哈登的婴儿肥很快消失了。他长得更高，提高了更多去完善那些高弧度的三分投射的技术。他在高二的时候已经展示出他的天赋，当时他场均 13.2 分，并帮助阿蒂西亚（Aretesia）取得了一个 28 比 5 的战绩。在第三年获得州赛季冠军的那个赛季期间，他的贡献增至场均 18.8 分、7.7 个篮板以及 3.5 次助攻。

高四赛季之前的夏天，在 AAU 巡回赛的出色表现使他声名鹊起。然后，在高中的最后一年，他卫冕了州冠军。“我只是想进入大学，努力打球，并用尽我的全力。”哈登说，“大一时我就开始听到一些声音和人们的谈论，认为我有一个乐透区新秀的潜力。我当时认为我还没准备好，所以我在大学第二年继续回到学校，而那样会让我更好。”

大二，他成为了 Pac-10 的年度最佳球员，以场均 20.1 分成为联盟得分王。然后，探花秀的尊荣也就水到渠成。

高中时，教练和队友对他的印象是“一个胖小伙，可以在内线打，也可以投三分”。他始终坚持认为自己并不胜任控球后卫一职，但在最初两个星期的 NBA 生涯里，他却以控球后卫的姿态让 NBA 记住了他。2009 年 11 月中旬雷霆对快船，哈登贡献了 8 次助攻，并帮助雷霆 83 比 79 击败了洛杉矶快船。8 场比赛，他已经拿到了 28 次助攻，同时仅仅有 5 次失误，拿到了惊艳的 5.6 的助攻失误比。

“他有控球后卫的天赋，”杜兰特说道，“同时他也能胜任小前锋或者得分后卫。他是一个出色的全能球员。他的到来很大程度上加深了我们的板凳深度。”

20 岁的哈登，在亚利桑那州立大学从未打过控球后卫，但是他帮助母队赢得了很多艰难的比赛。雷霆总经理萨姆·普莱斯蒂在选择他时，看中的是他对球的处理，而并非他的投射能力。“哈登的投篮还算不错。他的投篮命中率是 36.7%，不过三分球命中率为 43.8%。”他如是说。

即使他还有些不成熟，即使他偶尔在场上会勉强投篮，专家们还是对哈登充满自信，因为他在自己的第一个 NBA 赛季就表现出了难能可贵的少年老成。他良好的视野、侵略性、团队协作能力、手感不好时的底线突破。你能够想象这是怎样的球员吗？哈登已经具备这些天赋和能力，接下来要做的就是如何将它们有机地结合在一起，把自己的效率最大化。

2011 年季后赛，哈登第一次在季后赛中让人看到了自己的特质。在季后赛中，他逐渐从年轻的板凳领袖变为雷霆球场上至关重要的球员。他吞并了杰夫·格林在进攻端的股份。得到的时间越多，他的产出就越高。他很少有被迫投篮。他每场比赛投篮要少于 11 个，尽管他已经获得了 30 分钟以上的比赛时间。哈登继续在罚球线上赚取更多的分数，季后赛里罚球线上他有超过 80% 的命中率。他知道如何不浪费攻击机会。

或许对哈登最大的褒奖不是哈登做了什么，而是哈登没做什么。在西部决赛和小牛的比赛中，哈登是那个在最后几分钟能够在压力之下合理地处理球的人，是唯一能破解小牛防守的人。当哈登被罚出去后，进攻瞬间就停止了。球迷们知道哈登在最后时刻必

哈登职业生涯常规赛数据

赛季	球队	篮板	助攻	得分
2009/2010	雷霆	3.2	1.8	9.9
2010/2011	雷霆	3.1	2.1	12.2
2011/2012	雷霆	4.1	3.7	16.8
2012/2013	火箭	4.9	5.8	25.9
2013/2014	火箭	4.7	6.1	25.4
2014/2015	火箭	5.7	7.0	27.4
2015/2016	火箭	6.1	7.5	29.0
2016/2017	火箭	8.1	11.2	29.1
场均数据		5.0	5.7	22.1

哈登职业生涯季后赛数据

赛季	球队	篮板	助攻	得分
2009/2010	雷霆	2.5	1.8	7.7
2010/2011	雷霆	5.4	3.6	13.0
2011/2012	雷霆	5.1	3.4	16.3
2012/2013	火箭	6.7	4.5	26.3
2013/2014	火箭	4.7	5.8	26.8
2014/2015	火箭	5.7	7.5	27.2
2015/2016	火箭	5.2	7.6	26.6
场均数据		4.7	4.8	19.6

哈登全明星赛场均数据

4.8 篮板 / 4.8 助攻 /18.8 分

“哈登可能是全联盟在一对一时最难防的球员，而且可以在正确的时间将球传到正确的队友手中。如果让我选联盟中最难防的人，那我绝对投哈登一票。”

——道格·里弗斯

须在场。当别的球员看起来迷失的时候，哈登知道赢球的方式。

第五场雷霆被逆转出局了。但哈登全部的能力得到了展现：客串组织后卫，布置队友，在必要时候投篮，在大部分时间都能很好地促进队友。威斯布鲁克尝试接管进攻端，得到 31 分和 4 个进攻篮板。同时哈登以 11 投 7 中拿到了 23 分，外加 5 个篮板和 6 次助攻。这两个年轻人的组合让小牛队没有了解决办法。

停摆之后进入缩水赛季，青春无敌的雷霆波翻浪涌，奔腾妖娆如同天神行法。杜兰特精准如死神，威斯布鲁克跑跳如惊雷，而哈登，则是最完美的黏合剂，长袖善舞，协调组织。既是进入轮换阵容后的抢分能手，又是雷霆充满骑士精神的大脑和思考者。于是，场均接近 15+5+5 的数据，最佳第六人毫无悬念，彼时，他还只是一个 22 岁的三年级球员。那个赛季的结局虽然不甚完美，但年轻的他们一路击灭小牛、湖人、马刺三大西区老牌豪强，最终闯入总决赛的壮举，无疑让人对雷霆三少充满信心。

但这却已是哈登俄城生涯的终点。

在他加盟火箭的第一个赛季里，火箭的球迷们对他表达了热烈的欢迎，而哈登也没有让人们失望。他在休斯敦前两场比赛里的表现远远超过了人们的预期，第一场拿到 37 分，紧接着又砍下华丽的 45 分。人们更愿意相信，哈登很可能只是短暂的惊艳，因为联盟其他球队到时肯定会加强防守去限制哈登得分。然而他的表现没有被放缓，甚至一点儿都没减退。哈登在 11 月份的场均得分是 23.6 分，12 月份场均 27.7 分，可谓达到了峰值。在他作为先发登场的第一个赛季里，他能在场均贡献 25.9 分的同时，送出 5.8 次助攻。他作为东道主球队的当家球星入选了休斯敦全明星赛，带领火箭重返季后赛球队行列，还让人们看到了火箭在这个休赛期以及未来的光明前景。

然后，“超人”霍华德来了。人们对火箭的期望骤然升级，哈登身上的压力也瞬间飙升。这还不是最重要的，24 岁、前一个赛季在得分榜高居第五的哈登，被媒体捧成了第一得分后卫——这大约不能不算一个事实，但问题是其中的反差实在太过强烈：因为曾经拥有或角逐过这顶冠冕的伟大球员们实在太多了。不说乔丹、科比这两尊大神，就是排在他们之后的韦德、艾弗森、麦迪，又有哪一个是哈登在这个年龄所能挑战的？

哈登很出色，但以得分后卫的历史级标准来衡量时就是另外一回事了。于是苛刻的指责铺天盖地：他进攻手段太少，不适合做第一得分点，他打球缺乏观赏性，他太依赖裁判的哨子，顶着第一得分后卫的名号，他的防守实在是太烂了。

伴随着利拉德终场前 0.9 秒的绝命三分，阵容颇为豪华的火箭首轮出局。哈登随即被推到更严酷的风口浪尖，被人翻了黑历史：他一到季后赛，效率就会直线下跌。

如前所述，他不是一个完美的王牌，进攻手段偏科，防守端体力不济。杀进西部决赛也好，和梦之队拿下冠军也好，这一点评价都不曾改变。但这一切都在证明，他有能力担当王牌。

2016 年夏天，火箭给了哈登一份 4 年 1.18 亿的合同——这在火箭队史上是空前的。然后就是麦克·德安东尼的到来，这个旋风进攻狂魔一登场就宣布，他要让哈登打控卫。这种改变让哈登在赛场上的地位和境界提升到了绝对无法想象的地步。

哈登最大的价值在于持球时的创造力——而对于一个最擅长在开阔空间下变魔术的球员，遇到了最会用战术制造空间、最鼓励球员随机应变，大打机遇战的疯魔教练。如此，最妖孽的时间系魔法师和空间系魔法师联手，构建起了一个稳固的小宇宙。哈登需要的一切，德安东尼为他创造，德安东尼一直缺少王牌单打手的尴尬，哈登正好帮他抹平。

2016/2017 赛季，哈登减少了从前的个人单打，而是把自己融入到了火箭的战术体系之中，人随着整个体系运转，他个人的进攻如鱼得水，众多队友也因此而水涨船高。正是因为有哈登掌控节奏，火箭队才能人能尽其才，打出了不输与金州勇士的流畅战术配合：阿里扎空切上篮，戈登三分冷箭，哈雷尔、卡佩拉空接暴扣。

限于整体配置，火箭还无法和那支太阳的凤舞天翔相提并论，但哈登强悍的个人表演反而因此更加壮丽：两次空前的 50 分大号三双，得分榜第三，助攻榜第一，场均能够拿下 28.8 分 11.3 次助攻 8 个篮板，这是最顶级的得分手和传球大师合体才能打出来的神级表现。很显然，一个与纳什风格迥异，但足以相提并论的进攻创造者横空出世了。

〈生涯高光闪回 /50+ 大三双〉

高光之耀：53 分刷新了哈登职业生涯单场得分纪录，17 次助攻追平生涯助攻纪录。同时，无比豪华的数据也让他成为了 NBA 历史上首位在单场拿到至少 50 分、15 个篮板、15 次助攻的球员。

2017 年 1 月 1 日（美国时间 2016 年 12 月 31 日），火箭坐镇丰田中心迎战尼克斯。这是哈登 2016 年最后一场比赛，大胡子打出生涯最经典的一战，他命中个人生涯单场新高的 9 记三分，疯狂砍下 53 分、16 个篮板、17 次助攻的超级三双，率领火箭以 129 比 122 击败尼克斯。

任何位置，任何角度都能完成进攻，或许你可以把他看成富人版的托尼·帕克，他是一个极富效率的得分手。

档案

凯里·欧文 /Kyrie Irving

绰号：德鲁大叔 / 位置：控球后卫

出生地：澳大利亚墨尔本

出生日期：1992 年 3 月 23 日

身高：191cm/ 体重：88kg

效力球队：骑士

球衣号码：2

荣耀

1 届总冠军：2016

1 届全明星 MVP：2014

4 届全明星 :2013~2015、2017

最佳新秀：2011/2012

2016 年奥运会金牌

2014 年世界杯冠军

10♠

凯里·欧文

KYRIE IRVING

天生的篮球表演艺术家，一个华丽无比的突破天才，一对一终结能力最强的单挑之王，欧文是继艾弗森之后最华丽的脚踝终结者。繁复华丽的体前、胯下、背后变向，几种动作的随机结合，加上无处不在的投射威胁，足以将任何防守者晃成路痴。

1992年3月23日，欧文降生在澳大利亚墨尔本市。在欧文成长的道路上的每个夜晚，父亲德雷德里克开着车灯，让欧文一个人在球场里练习运球。安静的球场，传来的是一阵阵有节奏感的运球声，忽快忽慢，有时候德雷德里克会让欧文和他单挑，他从不会谦让他的儿子，直到欧文在中学的某一天，亲自将他打败。

欧文的天赋加上每个夜晚的刻苦训练，终于被杜克大学的“老K”赏识，之后2011年的选秀夜，大卫·斯特恩站上台，说：“克利夫兰骑士第一顺位，选中了来自杜克大学的——凯里·欧文。”那天夜晚，欧文取出那张写着“我以后要打NBA”的泛黄小纸条，亲手交给了他的父亲，那是7年前的愿望记录，7年后成为了现实。

欧文登上NBA的舞台，就向世界展现了他华丽的球风。他可以变向过掉任何人，然后以一个急停的后仰跳投或者是篮下的拉杆上篮终结进攻，他的大心脏是与生俱来的。

他来到克利夫兰的时候，正好是勒布朗·詹姆斯离开的一个赛季，克城的人们对于欧文寄予厚望，他被当作了下一个拯救这座城市的人。最佳新秀、新秀挑战赛MVP、三分球大赛冠军、全明星正赛MVP，荣耀纷至沓来，欧文成为了联盟里的新星，他的球风吸引了许多球迷，也兼备绝杀和关键球的优秀表现。

欧文进入联盟的第三年，看上去与往日那些以高中生身份进入联盟的球员并无二致。这位来自新泽西的孩子，19 岁时便以选秀状元身份加入骑士，之前他仍在杜克学习心理学、戏剧学以及非裔黑人历史。参加职业联赛之前，他只参加过 11 场 NCAA 比赛，而 2011 年那次联盟停摆，让这位一号新秀失去了在夏季联赛中提前适应联盟节奏的机会。当欧文参加自己的第一场 NBA 比赛时，我们能够发现他不断把右手食指指向天空，那意味着他当时还只能策动一种战术。当时的骑士队教练拜伦·斯科特认为欧文与克里斯·保罗十分相似，甚至连微笑中透露出的优雅都如出一辙。第二场职业比赛中，欧文开始尝试发起各种战术。而到了第三场比赛，欧文执行了球队的最后一攻，在失掉球队最后一击之后他明白了自己应当主动承担失败的责任。

如今联盟中满是令人着迷的优秀控卫，欧文是其中最特别的一个。他身高不过 2.1 米，体重也只有 86.6 公斤，他没有罗斯身材上的优势，也没有威斯布鲁克与沃尔那样的爆发力，甚至没有卢比奥般妖冶的天赋。欧文以精纯而全面的篮球技术将自己与其他控卫区分开来。作为一个掌控者，他具备精湛的投篮能力；作为一个得分手，他又有着出众的传球能力。欧文在持球进攻方面的优势与早期的纳什有几分类似，他会在运球中不断变换方向与节奏，随时做出转身动作，最后用任意一只手来完成上篮或者抛投。

2013 年全明星新秀赛上，他用变奏运球晃倒布兰登·奈特的那一幕成为球迷们津津乐道的谈资。而在 2014 年全明星赛上，他凭借第四节的连续关键三分帮助东部获胜，全场拿下了 31 分、14 次助攻，夺得全明星 MVP，成为年度全明星赛“星中之星”。即便如此，没人能够取代詹姆斯在克利夫兰人心中的地位，事实上，球迷们也并不强求欧文这么做。然而，欧文新秀赛季的平均每 36 分钟得分达到了 21.1 分，詹姆斯在新秀赛季尚未达到这种效率。同样是新秀赛季，欧文的效率值为 20.7，甚至超越了菜鸟赛季的“魔术师”约翰逊。

骑士队早已准备好向这位状元秀倾泻宠爱，但欧文表现出的谦卑与低调则让骑士队欣喜。新人入队的介绍仪式上，欧文和老爸一起出席。他一直租住在克利夫兰市中心的一间公寓内，而非选择住在郊外的豪宅中。他拿到第一笔工资时，买的第一件东西是一双球袜。他与队中的特雷斯坦·汤普森私交甚好，两人时常结伴吃晚饭，他们不会选择 VIP 包房，而是选择与市民们一起在大堂里用餐。

“我们没有什么特别的。”欧文说。欧文依然保持着在各地野球场试试身手的习惯。这位曾在大学里学习戏剧的篮球手，在自己生涯的第二个赛季与某饮料厂商合作拍摄了“德鲁大叔”系列广告。我们能够感觉到，他对那些街球场非常熟悉。骑士队某位队员谈到欧文时说道：“你甚至没法猜到他是状元秀。他身上毫无自大、乖戾这类毛病，我想这也是骑士队管理层最欣赏他的一点。”正是这些，使得克利夫兰人能够将欧文与那位“天之骄子”区分开来。

骑士队当年在仅有 2.2% 的概率拿下一号签的情况下，抽中上上签，并且选择了欧文。在得到欧文之前，骑士队经历了长达两个半月的 26 连败。詹姆斯的离去使得这支球队以及这座城市陷入了无尽的沮丧之中。

事实上，在 2K 系列篮球游戏之外，詹姆斯的离去对欧文个人的心理层面并没太多影响。但欧文的父亲明白这些的意义：“我觉得，克利夫兰有着全美最可爱的球迷，他们为球员献上由衷的赞叹，以英雄般的崇敬献给每一个为这座城市带来胜利的人。同样，在被深深伤害之后，他们也希望找到另一位英雄来替代前任。”

欧文的名字“凯里”在希腊语中意为“主”，但骑士并不希望将他视为下一个救世主，尤其他们被一个“皇帝”背叛之后。当球队打造宣传牌时，不会再像过去那样打造一副某些人的巨幅肖像，而是将微笑着的欧文以及其他球员一起放在展示牌上。骑士决心建立自己的球队文化，而不再像过去那样由个人来代表球队，骑士会将欧文视为未来的重要组成部分，而不会“围绕”他来建队。

2013/2014 赛季，骑士队继续添砖加瓦，并在季中交易得到了卢尔·邓——一名全面的团队型小前锋，但骑士战绩依然不温不火。仍显幼稚的欧文没能完成领袖的重任，维特斯指责欧文与汤普森在打“兄弟篮球”，蓄意不将球权分享。骑士管理层换来卢尔·邓正是希望这位老成持重的球员能够帮助欧文成为一名真正的领袖，然而又是一个庸庸碌碌的赛季（30 胜 52 负），骑士最终决定开启大手笔，迎来他们昔日的国王——勒布朗·詹姆斯。

2014/2015 赛季，皇帝回家了，在詹姆斯身边，欧文过得很“低调”，这是他职业生涯第一次在一支不断赢球的球队中打球。但是还有另一个第一次，在克利夫兰，他再也不是骑士的头条制造者了，这一名号落在了欧文的未来名人堂队友——勒布朗·詹姆斯身上。尽管如此，无论人们怎么认为，欧文还是打出了他的生涯最佳赛季。

在经历了痛苦的前两个月的磨合期后，欧文 + 詹姆斯的组合终于被无限激发，虽然詹姆斯是队内当仁不让的第一选择，且享有着大部分球权支配，但欧文依旧能适时抓住时机，闪耀全场。2015 年 1 月 29 日，骑士主场迎战开拓者，詹姆斯因伤缺阵，欧文压抑已久的能量彻底爆发，36 投 17 中，三分 19 投 11 中，砍下职业生涯新高 55 分。

44 天后，3 月 14 日，骑士挑战卫冕冠军马刺，欧文再次以一己之力将胜利生生从马刺手中夺走。欧文先是在常规时间最后一分钟独得 9 分，并命中搬入加时的超级三分，加时赛里又砍下 11 分，打得马刺无可奈何。57 分，三分 7 中 7，个人生涯新高，赛季第二次 50+，并且超越詹姆斯的 56 分成为骑士队史个人单场最高分。

2014/2015 赛季，骑士高居东部第二，欧文依旧在场上光芒四射。毫无疑问，这是他迎来生涯的最好时光，一直不断胜利的骑士令他逐渐有了王者的荣光。

2015/2016 赛季末，当骑士最终以东部第一的成绩进入季后赛，欧文和詹姆斯一起带领球队，用连续的横扫和创纪录的三分球轻松迈过首轮和次轮，一波季后赛的 10 比 0，让之前对其有所偏见的世人，再度正视他的表现。

东部决赛，转战加拿大寒冷的多伦多，骑士并没有陷入猛龙的铜墙铁壁，4 比 2 挺进决赛，迎来 1 比 3 落后雷霆、完成不可思议的翻盘的勇士（那支常规赛季取得 73 胜历史最佳战绩的超级强队）。

2016 年总决赛第一二场，骑士再度重复常规赛被勇士双杀的故事，三巨头齐心打铁，两场两场狂输 48 分，创历史之最。

或者，背水一战才能迸发无穷气势！第三场，欧文开始疯狂表演，他开始化身一个没有死角的超级射手，出色的投射表演为他的持球切入提供了完美的契机。他几乎在勇士腹地予取予求，全场砍下 30 分 8 次助攻，带领球队以 120 比 90 屠杀勇士。

第四场，勇士再下一城，3 比 1，拿到赛点。第五战，被逼入绝境的欧文，再次发飙，和詹姆斯两人各自豪取 41 分，将勇士的主城夷为平地。

接下来的第六战，欧文依旧稳定发挥，里突外投，再次砍下 20 分。最终，骑士以 115 比 101 大胜勇士，将总决赛拖入抢七。在最后 50 秒，欧文更是迎着库里的严密防守投中关键三分，瞬间打破僵局，让骑士以 3 分领先，把握战机。关键时刻，欧文杀到篮下，传球给跟进的詹姆斯，后者被格林凶狠犯规，并命中锁定胜局的一个罚球。欧文最终在抢七中豪取 26 分，总决赛整体表现力压库里，他也如愿夺取总冠军，完成了克利夫兰人长达 52 年的夙愿！

经历了上赛季的磨砺，拥有了总冠军的加成，欧文完成了个人的升华。2016/2017 新赛季他的数据达到 23.6 分 3.5 个篮板 5.8 次助攻，命中率 47.3%，三分球命中率 42%，各项数据比上赛季都有提升，而他的成长比数据显然更加可喜。没有人怀疑欧文的得分能力，他能用任何你想象不到的手段，轻轻松松洞穿对手的防线。欧文可以杀入篮下，面对封上来的防守人，扭转身躯背筐完成上篮；也可以在三分线外妙手穿针，连续假动作晃开防守球员，再迎着篮下的大个将球打进，这是他最拿手的绝活。

如果说得分能力让欧文跻身全明星的行列，那么关键时刻大心脏的表现则让他成为一位巨星。总决赛 G7 的强硬三分和 2016 年圣诞大战的绝命后仰都是他的经典之作。

在冠军的游行典礼上，欧文第一个出现，他跳上了汽车，双手拥抱克利夫兰的球迷，享受着冠军所带给他的一切。

“我从没想过自己能在 24 岁就赢得 NBA 总冠军。”欧文说道。

13 年前，11 岁的欧文，写下了一张纸条——“我以后要打 NBA。”然后放到了抽屉里。

13 年后，24 岁的欧文，不仅如愿打了 NBA，而且还成为未来联盟最有潜力的一代王者。

未来之王，期待加冕，欧文已做好一切准备。

欧文职业生涯常规赛数据

赛季	球队	篮板	助攻	得分
2011/2012	骑士	3.4	5.4	18.5
2012/2013	骑士	3.0	5.9	22.5
2013/2014	骑士	3.2	6.1	20.8
2014/2015	骑士	3.6	5.2	21.7
2015/2016	骑士	3.7	4.7	19.6
2016/2017	骑士	3.2	5.8	25.2
场均数据		3.4	5.6	21.6

欧文职业生涯季后赛数据

赛季	球队	篮板	助攻	得分
2014/2015	骑士	3.6	3.8	19.0
2015/2016	骑士	3.0	4.7	25.2
场均数据		3.2	4.4	22.9

欧文全明星赛场均数据

4.7 篮板 / 7.7 助攻 /19.0 分

〈生涯高光闪回 / 圣诞绝杀〉

高光之耀：这是一场必将载入史册的比赛，勇士与骑士的这场圣诞大战，一开始就陷入殊死对搏，节奏与强度达到了总决赛的级别。两队已经连续两年总决赛上相遇，对杀了 13 场，彼此间已经没有任何秘密，而且双方似乎认定，彼此依旧要会师在总决赛，成为终极的对手。

骑士与勇士，仿佛用上毕生功力，杀得天昏地暗、鬼神皆惊。然而这样一场风云际会、群雄毕至的巅峰对决，一个闪亮的结尾必不可少。欧文在第四节接管比赛，最后 1 分钟内连得 4 分，包括那扭转乾坤的制胜绝杀。

2016 年 12 月 26 日，NBA 上演圣诞大战，在最受关注的一场强强对话中，勇士一直掌控着比赛主动权，他们在第四节的领先优势一度拉大到 14 分。但最后时刻欧文的连续两次强攻，再加上杜兰特最后一攻时接球出现失误，彻底葬送了勇士队一整场的领先优势。

比赛结束前 3.4 秒，欧文的翻身后仰命中准绝杀犹如天神附体，更是复制了上赛季总决赛的神奇，骑士 109 比 108 险胜勇士。欧文全场 27 投 11 中得到 25 分，另外 7 次抢断刷新了他职业生涯的新高，其中在第四节独得 14 分，继上次总决赛 G7 之后再度成为骑士的关键先生。

加内特是联盟有史以来最有激情的球员之一。在其卓越的21个赛季里，他一直对自己保持着最高的训练和比赛的标准。

——亚当·萧华

档案

凯文·加内特 /Kevin Garnett
绰号：狼王 / 位置：大前锋
出生地：南卡罗来纳州莫尔丁
出生日期：1976 年 5 月 19 日
身高：211cm/ 体重：115kg
效力球队：森林狼、凯尔特人、篮网
球衣号码：21、5、2

荣耀

1 届总冠军：2008
1 届常规赛 MVP：2003/2004
1 届全明星 MVP：2002/2003
15 届全明星：1997~1998、2000~2011、2013
4 届篮板王：2003/2004、2004/2005、2005/2006、2006/2007
1 届最佳防守球员：2007/2008
2000 年悉尼奥运会金牌

10

凯文·加内特

KEVIN GARNETT

加内特是他那个时代最全能、最富激情、最令人难忘的传奇球员之一。当然，傲骨嶙峋的他也是我们青春岁月里那最狂野奔放的野狼舞曲，如今，曲已终，人未散，依然有狼王咆哮之音响彻在你我的生命里。

2016 年 9 月 24 日，森林狼传奇球星凯文・加内特在 Instagram 上正式宣布退役。KG 带给球迷的最深印象，莫过于他那近乎疯狂的竞争心和他对比赛偏执热爱。作为 NBA 历史上最成功的高中生球员之一，加内特堪称一道独特桀骜的风景。

他是明尼苏达旷野上肆意咆哮的绝世“狼王”，是 TD 北岸花园球馆里捶胸怒目的擎天斗魂。他眼中喷火、命里带风、纵横捭阖、激情无限，21 载职业生涯，他留下了荣誉、辉煌、传奇，还留下了霸气、铁血、垃圾话。

1976 年 5 月 19 日，加内特出生于南卡罗来纳。他的生身父亲是格林威尔地区小有名气的篮球手，有 1.93 米的身高。三年高中生涯，他代表墨尔丁高中横扫附近的所有学校，然后还长高了接近 30 厘米。等他高中毕业时，他已经 2.11 米了。当他的对手们以为来了一个可以欺负的瘦柴杆时，他会不声不响地扣一个惊天动地让铁丝网外的行人站住脚的篮，或者用一个 6 米的远射让对面的人头疼。然后他就没法去上大学了——事实上，他也不怎么想去大学。

1995 年夏天之前，明尼苏达在六年时间里输掉接近 400 场比赛，输到黑云罩顶灰头土脸。他们在第五位选了凯文・加内特，给了他一份三年 560 万美元的合同。那个时代选高中生球员并不流行。人们是有理由怀疑的：这小子报名身高是足以打中锋的 2.11 米，体重却还不如皮蓬。在这样一支烂队，凯文·加内特就像色拉盘里混杂于一堆过期水果里的新鲜蔬菜。他不会改变这盘色拉的恶劣品质，但可以让人少皱一些眉头。

1996 年，20 岁的加内特成为队里实际的防空屏障，依靠着臂长和惊人的弹跳，使狼队上空不再任人翱翔。他让狼队经历了伟大的赛季，伟大到获得 40 胜，杀入了季后赛。当然，再往前进就未免过于神奇了些，他们理所当然地被火箭横扫出局——按照宿命论来说，这似乎也是命运的伏笔。

1997 年夏天，加内特已经成为 NBA 的焦点之一，并非他场均 17 分 8 个篮板和联盟第九的成绩，而是他本身那令人诧异的风格。NBA 风云变幻，流派之争议变迁数十年扰扰不休，但大前锋位置却一向不变。从 50 年代的佩蒂，到 80 年代的麦克海尔再到 90 年代的马龙，一脉相承。而凯文·加内特实际早已超过 2.11 米的身高、瘦弱却拥有不可思议的运动能力的身躯、修长的四肢、娴熟已成规模的小前锋技巧、能够在各个角度寻求外围攻击的习惯让他在 NBA 独树一帜。拥有中锋身高、前锋运动能力和后卫式技巧的大卫·罗宾逊都足以令 NBA 惊诧，加内特却比罗宾逊更为另类。20 岁时，他就已经作为一种风格的代表出现了。

狼队如人们所想象的一样呈现上升趋势，继续踏入季后赛。1998 年是加内特真正作为球队核心的开始。他内外兼顾，到处救火，这一年他首次达到了场均 20 分、10 个篮板和 4 次助攻的平均成绩。这在 90 年代仅有拉里·约翰逊、马龙、巴克利等人偶尔染指的壮丽数据，对 22 岁的加内特而言只是开始。

1999 年到 2003 年的这四个赛季里，他证明了他得到的史无前例的六年巨约绝非浪费。他打出了壮丽的成绩，连续六年呈现恐怖的 20+10+5+2+1 的全能战士数据。年复一年与邓肯在全明星首发、第一阵容中碰面。他的风格独一无二。由于队伍的人手总是不足，加内特被迫游走于各个位置，于是在 26 岁时，他已经拥有了可以打任何位置的身手。狼队每年都可以打入季后赛，但每年的赛季都不会延续到 6 月——首轮之后，“KG”就会头蒙毛巾，结束赛季。

如此直到 2003 年：他拿到了全明星赛 MVP，然后签了一个新的五年合同。

森林狼为他们的“狼王”做出过最大的努力，在 2004 年，他们找来了斯普雷维尔和卡塞尔，组成了名噪一时的“三头怪”。森林狼在最初的低迷之后打出一波 17 连胜，直奔西部前列，“KG”的职业生涯首次拿下篮板王之余又加冕常规赛 MVP。在那个赛季，加内特在西部半决赛对国王第七场砍下 32 分、21 个篮板并射中最后一投，森林狼杀入西部决赛狰狞了一回，在卡塞尔开局受伤的情况下和湖人大战了六场。之后的森林狼开始了新一轮沉沦，甚至不如 2004 年以前，三头怪风吹云散，球队结构就此散架无可收拾，加内特连续 4 届篮板王的背后是森林狼连季后赛的门票都拿不到了。

加内特职业生涯常规赛数据

赛季	球队	篮板	盖帽	得分
1995/1996	森林狼	6.3	1.6	10.4
1996/1997	森林狼	8.0	2.1	17.0
1997/1998	森林狼	9.6	1.8	18.5
1998/1999	森林狼	10.4	1.8	20.8
1999/2000	森林狼	11.8	1.6	22.9
2000/2001	森林狼	11.4	1.8	22.0
2001/2002	森林狼	12.1	1.6	21.2
2002/2003	森林狼	13.4	1.6	23.0
2003/2004	森林狼	13.9	2.2	24.2
2004/2005	森林狼	13.5	1.4	22.2
2005/2006	森林狼	12.7	1.4	21.8
2006/2007	森林狼	12.8	1.7	22.4
2007/2008	凯尔特人	9.2	1.3	18.8
2008/2009	凯尔特人	8.5	1.2	15.8
2009/2010	凯尔特人	7.3	0.8	14.3
2010/2011	凯尔特人	8.9	0.8	14.9
2011/2012	凯尔特人	8.2	1.0	15.8
2012/2013	凯尔特人	7.8	0.9	14.8
2013/2014	篮网	6.6	0.7	6.5
2014/2015	篮网	6.8	0.3	6.8
2014/2015	森林狼	5.2	0.8	7.6
2015/2016	森林狼	3.9	0.3	3.2
场均数据		10.0	1.4	17.8

加内特职业生涯季后赛数据

赛季	球队	篮板	盖帽	得分
1996/1997	森林狼	9.3	1.0	17.3
1997/1998	森林狼	9.6	2.4	15.8
1998/1999	森林狼	12.0	2.0	21.8
1999/2000	森林狼	10.8	0.8	18.8
2000/2001	森林狼	12.0	1.5	21.0
2001/2002	森林狼	18.7	1.7	24.0
2002/2003	森林狼	15.7	1.7	27.0
2003/2004	森林狼	14.6	2.3	24.3
2007/2008	凯尔特人	10.5	1.1	20.4
2009/2010	凯尔特人	7.4	0.9	15.0
2010/2011	凯尔特人	10.9	1.0	14.9
2011/2012	凯尔特人	10.3	1.5	19.2
2012/2013	凯尔特人	13.7	1.0	12.7
2013/2014	篮网	6.3	0.4	6.9
场均数据		10.7	1.3	18.2

加内特全明星赛场均数据

6.3 篮板 / 2.9 盖帽 /11.3 分

明尼苏达森林狼昙花一现，就此与权力宝座挥别。另一个 21 号依然年复一年在顶峰处决战，而“KG”则随着卡塞尔与斯普雷维尔的褪色而沉没。他相对偏窄的骨架使他增长不了体重，无法像“鲨鱼”、邓肯一样直接攻击篮下，他的防守在失去了意义后也在下降。时至 2007 年夏，他终于决定结束 12 年的漫长守候，前往波士顿寻找心底的梦想——但人生最美好的 12 年，已经足以让这座城市对他矢志不渝。

波士顿为他付出了半支球队也毫不皱眉。于是，我们终于看到了加内特的新角色：2007/2008 赛季，也就是“KG”在凯尔特人的首个赛季，他场均可以贡献 18.8 分、9.2 个篮板、1.4 次抢断、1.3 个盖帽。各项数据皆有下降，但他场均出场时间却减少到了 32.8 分钟，这让他可以蓄力冲击他梦寐以求的奥布莱恩杯。除此之外，他彻底改变了凯尔特人的防守风气，他是绿衫军防守端的领袖，并最终当选 2008 年的最佳防守球员。值得一提的是，这是此前波士顿凯尔特人球员唯一一个没有染指过的奖项。

正如人们预测的一样，凯尔特人把整个联盟染上了绿色，他们几乎把所有的客场都能变成主场，并最终在 2008 年总决赛中以 4 比 2 击败洛杉矶湖人队，为加内特带来了第一个 (可惜也是唯一一个) 总冠军。

在绿衫军效力六个赛季之后，核心阵容的老化使得凯尔特人的竞争力一年不比一年。在前三个赛季两进总决赛后，凯尔特人在后三个赛季最好的战绩也只是东部决赛 (虽然那个赛季的加内特似乎返老还童，并和年轻的热火三巨头大战七场)，但随着雷 · 阿伦在 2012 年加盟热火，凯尔特人三巨头时代就此宣告结束。

随后一年的夏天，安吉将加内特、皮尔斯和贾森 · 特里交易至布鲁克林篮网换取“未来”，但加内特也只在那里待了两年。

2015 年 2 月，明尼苏达森林狼做出一笔交易，他们将凯文·加内特带回了森林狼，想让他成为球队年轻球员的导师。“幼狼”们也曾谈论过，他们在加内特回归之后训练的紧张度增加了不少。

安德鲁·威金斯和卡尔·安东尼·唐斯或多或少有所受益，他们在加内特回归的两年分别摘得最佳新秀奖项，这绝不是巧合，就连唐斯自己也这么说。

虽然在职业生涯的最后一个赛季只有场均 3.2 分 3.9 个篮板的数据，但森林狼迎回加内特不是为了夺冠，至少不是现在。而是为了为告诉威金斯、唐斯、拉文这些孩子，如何成为一名职业球员、最大化地挖掘他们的潜能、建立赢球文化，然后才是一步一步迈向奥布莱恩杯。你可以想象，当这些孩子们最终带领森林狼夺得总冠军的时候，他们会感谢加内特在他们成长阶段所带来的影响。

加内特，未来的名人堂球员，即使他离开赛场，他的伟大也不会随之淡去。他为科比、麦迪和詹姆斯等天才高中生们打开了一扇门，但他所带来的影响远超于此。

虽然退役，但加内特和篮球的故事还没有结束。1 届总冠军、4 届篮板王、2003/2004 赛季 MVP、1 届全明星 MVP、最佳防守球员、15 次全明星阵容、9 次赛季最佳阵容，以及 21 年职业生涯。历经 3 支球队，他在明尼苏达崛起称王，他在绿军完成蜕变，加冕总冠军，在篮网，他与岁月为敌，慢慢凋零，又是在森林狼，他叶落归根，选择退役。

多么好的故事剧本和结局，21 年的坚持，只因对篮球的热爱。

当“KG”与我们转身挥别，那些随他与生俱来的传奇特质，不会随之湮灭。

背影如山，将化为丰碑。风吹过后，丰碑犹在。

〈生涯高光闪回 / 狼啸西风〉

高光之耀：2004 年，彼时的“狼王”意气风发，收获了生涯首座常规赛 MVP 奖杯。这也是加内特在森林狼时期距离总冠军最近的一次，但是他们需要先迈过萨克拉门托国王队这一关：西部半决赛，系列赛 3 比 3 平，抢七大战，标靶中心。

虽然森林狼招入了卡塞尔和斯普雷维尔两员猛将，但加内特仍然是球队的掌舵者和头号锋刃。抢七大战之前，加内特系列赛场均可以贡献 23.9 分、15.4 个篮板、4.3 次助攻、3.4 个盖帽、1.7 次抢断。最后的生死战，“狼王”没让标靶中心的球迷失望，他全场出战 46 分钟，23 投 12 中贡献 32 分、21 个篮板、5 个盖帽、4 次抢断、2 次助攻，彻底统治了比赛。森林狼最终以 3 分优势险胜国王。

赛后，加内特跳上了记录台，享受着明尼苏达球迷的欢呼和掌声。尽管在之后的西部决赛中，加内特和他的森林狼们不敌拥有“F4”的湖人，但在豪强林立的西部战场，突破重围杀到西部决赛已足够伟大！

●档案

史蒂夫・纳什 /Steve Nash
绰号：风之子 / 位置：控球后卫
出生地：南非约翰内斯堡
出生日期：1974 年 2 月 7 日
身高：191cm/ 体重 88kg
效力球队：小牛、太阳、湖人
球衣号码：13、10

●荣耀

2 届常规赛 MVP：2004/2005、2005/2006
8 届全明星：2002~2003、2005~2008、2010、2012
5 届助攻王：2004/2005、2005/2006
2006/2007、2009/2010、2010/2011
2 届全明星技巧大赛冠军：2005、2010
3 届最佳阵容一阵：2004/2005、2005/2006、2006/2007

10 ♣

史蒂夫·纳什

STEVE NASH

在所有被称作“风之子”的人物中，纳什最为与众不同。他的风，不像德克那样席卷天下，也不似马努那般狂野肆意，他只是起于青萍之末的那一抹微风，带着青草和阳光的味道，掠过山岳和流水，一个轻巧的回旋，就能搅起天风海雨，煽动烈焰燎原。

轻快灵动的脚步，匪夷所思的传球，海龙兴波般的助攻推动太阳华丽绽放，再是如流苏般的 7 秒进攻和席卷联盟的炮轰狂潮，纳什和当年那支赏心悦目的太阳足以名垂史册。而风之子拿 MVP 的节奏，也正如他引领一个时期的快打旋风那般迅疾。

2014 年 10 月 24 日，史蒂夫·纳什背部神经系统伤病复发，将缺阵 2014/2015 赛季全部比赛。对于一个 39 岁的老将来说，这无疑已经是最后的钟声，可惜的是——这一身紫金战袍，他还没有穿暖。如果这是史蒂夫·纳什的谢幕，那么他将是唯一一个没有打进过总决赛却以 MVP 身份退休的球员。这对全世界的纳什球迷来说，是一次猝不及防的刺痛，那清秀的面庞、恬淡的笑容、优雅的传球，一瞬间对我们说了再见。

他和所有的篮球运动员都不同，他从来不以野蛮的筋骨和强壮的身躯凌驾在众生之上，事实上，在他最健康的时候，也只是一个瘦削的白人男孩。1974 年 2 月 7 日，纳什出生在南非的约翰内斯堡，跟随父母定居加拿大。童年的纳什对足球、篮球、冰球都有涉猎，还拿过三次国际象棋的冠军，也曾获得过英属哥伦比亚最有价值足球运动员奖。他天生是一个善于用技巧和智慧击败对手的运动员。

纳什的职业生涯源于菲尼克斯，1996 年，他来到了这个和他命运交织缠绕的城市，却在前两年蛰伏于贾森·基德的阴影之下，1996 年，他被交易到达拉斯，短暂告别了那炽烈的火红，找到了轻快而肆意的蓝白。在达拉斯他遇到了一生中最好的兄弟德克·诺维茨基，这个轻快灵巧得像一个得分后卫的 2.13 米长人，这个满世界都是欢乐的德国小伙儿，带来了他篮球生命中最初的光彩。他们一起跑步，一起训练，一起远游，一起在乡下小酒馆喝啤酒，再一路嘻嘻哈哈拍着网球跑回去。他们在球场上刮起了一阵狂野肆意的牛仔之风，卷过了整个西部整个联盟，达拉斯三剑客名动天下。纳什开始用他优雅得仿佛华尔兹的脚步穿梭于 NBA 的长人之林，给德克送出一记又一记精妙助攻，兄弟俩欢快而潇洒地在赛场上狂奔，度过有着一路阳光和青草味的时光。德克用他的射术和冲击力改变了篮球世界的格局，而纳什开始用他优雅的传球征服篮球世界。

快乐总是如此短暂，仿佛兔子的尾巴掠过秋天的草原。2004/2005 赛季，马克·库班做出了那次著名的选择：千万年薪送给了“西部第二中锋”丹皮尔，把已经锋芒毕露的史蒂夫·纳什拱手送给了菲尼克斯人 。马克·库班此时并不知道，他给小牛和德克亲手树立了一个最强大的敌人，也亲手把纳什推上了封神之路。

这一次回到太阳，就像清风卷起了荒原上跳荡的火苗，谁也不曾想到，这一次，这风会席卷天下，这火能成燎原之势，烛照四方。而立之年的瘦削白人小控卫，再一次点燃了平凡身躯中最伟大的进攻灵魂。不只是神出鬼没的传球，他的个人进攻也达到了巅峰，他在行进中信手拈来的抛射，闲庭信步地切入内线时变化莫测的上篮节奏，以及那些快攻中的追身三分球，失去平衡后平躺在空中的急停跳投，都让他变得无法阻挡，格兰特·希尔说过：“在那些年，只要他愿意，史蒂夫·纳什甚至可以拿得分王。”

那些岁月里，最令人目眩神迷、惊心动魄的还是太阳队风起云涌、惊涛拍岸一般的小球战术，那些令防守者绝望的七秒进攻，行云流水不带半点迟疑的挡拆内切，闪电一般叫人来不及反应的击地传球，惊雷暴风一般的空接暴扣，肆无忌惮的快攻三分球，是联盟最另类也是最具观赏性的进攻方式。失去了德克的陪伴，他又获得了一帮同心协力、助他再次生风点火、纵横天下的兄弟。

斯塔德迈尔和马里昂像他凌空的双翼，而乔·约翰逊和昆丁·理查德森像他手中的弓箭。整支球队，如风中狂飙的烈火，势不可挡，太阳队像重生的凤凰一样崛起。在这里，史蒂夫·纳什转身就在季后赛中击败了达拉斯小牛，成功复仇，从此他也走上了职业生涯的巅峰，拿下了两个最无争议的 MVP。

2006 年 12 月 12 日，太阳 VS 篮网，史蒂夫·纳什遇到了贾森·基德，这位早年的大哥和阴影。我们目睹了一场这个时代最伟大的进攻表演和两位最伟大控卫之间的巅峰对决。两次加时、318 分、34 次交替领先、21 次打成平手，谁都知道纳什和基德的碰面会擦出火花，但谁能料想会是这样荡气回肠？纳什拿下了职业生涯最高的 42 分和 13 次助攻，基德则追平了张伯伦 78 个“三双”的纪录：38 分、14 个篮板和 14 次助攻。第二

纳什职业生涯常规赛数据

赛季	球队	篮板	助攻	得分
1996/1997	太阳	1.0	2.1	3.3
1997/1998	太阳	2.1	3.4	9.1
1998/1999	小牛	2.9	5.5	7.9
1999/2000	小牛	2.2	4.9	8.6
2000/2001	小牛	3.2	7.3	15.6
2001/2002	小牛	3.1	7.7	17.9
2002/2003	小牛	2.9	7.3	17.7
2003/2004	小牛	3.0	8.8	14.5
2004/2005	太阳	3.3	11.5	15.5
2005/2006	太阳	4.2	10.5	18.8
2006/2007	太阳	3.5	11.6	18.6
2007/2008	太阳	3.5	11.1	16.9
2008/2009	太阳	3.0	9.7	15.7
2009/2010	太阳	3.3	11.0	16.5
2010/2011	太阳	3.5	11.4	14.7
2011/2012	太阳	3.0	10.7	12.5
2012/2013	湖人	2.8	6.7	12.7
2013/2014	湖人	1.9	5.7	6.8
场均数据		10.0	8.5	14.3

纳什职业生涯季后赛数据

赛季	球队	篮板	助攻	得分
1996/1997	太阳	0.3	0.3	1.3
1997/1998	太阳	2.5	1.8	5.5
2000/2001	小牛	3.2	6.4	13.6
2001/2002	小牛	4.0	8.8	19.5
2002/2003	小牛	3.5	7.3	16.1
2003/2004	小牛	5.2	9.0	13.6
2004/2005	太阳	4.8	11.3	23.9
2005/2006	太阳	3.7	10.2	20.4
2006/2007	太阳	3.2	13.3	18.9
2007/2008	太阳	2.8	7.8	16.2
2009/2010	太阳	3.3	10.1	17.8
2012/2013	湖人	2.5	4.5	12.5
场均数据		3.5	8.8	17.3

纳什全明星赛场均数据

2.0 篮板 / 6.7 助攻 /3.7 分

次加时赛中，史蒂夫·纳什送出了本场比赛最后一次助攻，鲍里斯·迪奥得分，击败了筋疲力竭的基德和篮网。

纳什在菲尼克斯的岁月里，太阳一直是西部的顶级豪强，甚至是常规赛最强大的球队，但他们生不逢时，西部的对手们如此优秀。那是个群星荟萃，列强争霸的时代，德克和他的牛仔们不会停下狂奔的铁蹄，科比和湖人在一波三折中依旧掌控着西部的霸权，而最可怕的对手——山一样沉默无声的蒂姆·邓肯尚在巅峰、精确稳定如战争机器的银黑马刺如噩梦般挡在菲尼克斯人的面前。纳什和斯塔德迈尔无法击穿这太极拳一般的防守，而马努和帕克却能肆无忌惮地在太阳腹地撒野。纳什和德安东尼多年找不到破解之道。

直到 10 年的金特里改变战术、德拉季奇异军突起，才在季后赛 4 比 0 横扫了马刺，

"纳什的身体条件并不出色，但他始终在利用自己的智慧去比赛。因此我真的很希望能和他做队友，哪怕一两年都行。"

——勒布朗·詹姆斯

完美复仇。史蒂夫·纳什和蒂姆·邓肯温情相拥，和马努放声大笑，数去无非君傲世，算来唯有我知音，伟大的敌人，伟大的史蒂夫·纳什。但在西部决赛，他们却遭遇了当年重返巅峰的湖人和科比，成了紫金王朝复兴的注脚，这是纳什离总冠军最近的一次。无论高潮还是低谷，无论太阳成败利钝，身边的好友一个一个离去，那些年的纳什毫无怨言，用身体里残存的能量一次次带着面目全非的球队冲击早已变成虚空的梦想。2011年，太阳的球迷甚至打出标语："纳什，你没有错，你可以离开这里。"

然后，紫金湖人成了他旅途的终点，三年不到的平凡时光，糟糕的战绩，流水的队友，无休无止的伤痛。纳什的最后一场比赛——10 月 12 日，湖人和勇士的季前赛，出场 12 分钟，5 投 0 中，只靠罚球拿了 3 分，还有 2 个篮板、1 次助攻，以及抢断、失误、犯规各一次。然后就是近乎永别赛场的赛季报销。

虽然这样沉默而平凡的告别令人猝不及防，但谁都知道这是必然的结果，39 岁的纳什已经无法承受一场高强度比赛的折磨，腰背的刺痛甚至让他在晚上辗转反侧难以入眠，更别说 NBA 赛场上的那些奔跑和跳跃，时代结束了。

1217 场比赛、1053 次先发、总共 38069 分钟、17387 得分、3642 个篮板、10335 次助攻、899 次抢断、49% 投篮命中率、42.8% 三分命中率、90.4% 罚球命中率，外籍球员、白人控卫、两连 MVP，就此成为传奇。这一切冰冷的数字和荣誉，都无法描述一个完整的史蒂夫·纳什，人们的篮球记忆也许会在时间的河流中渐渐冲淡，但总会留下那么一丁点痕迹，如那飘飞的长发，如那永远的兄弟，更如那狂风烈火一般的快攻，海龙兴波一般的助攻，13 号球衣如风中猎猎作响的战旗。寂寞梧桐飞秋雨，九霄云外听凤鸣。

〈生涯高光闪回 / 单节 12 次助攻〉

高光之耀：纳什作为 NBA 唯一不能灌篮的球员，人们不明白为什么所有对手都挡不住他的突破，不明白为什么他的每次助攻都显得那么不可思议，不明白为什么他能和奥尼尔、邓肯一起成为这个联盟 MVP，不明白为什么他的所有队友都喜欢他。纳什单节 12 次助攻，创造现役球员的单节助攻纪录，人们也许能在这里找到答案。

2006 年 1 月 6 日太阳对阵热火，纳什面对曾经的最佳防守球员佩顿便显得异常兴奋，开足马力在场上狂奔着，而佩顿拖着老迈的双腿已无法跟上节奏。

突破佩顿的纳什的助攻如水银泄地、无孔不入：他总能找到微小的空隙将球传到外线的豪斯和贝尔；如果吸引来了奥尼尔的补防，他便将球高高抛给迪奥；如果是快攻推进，马里昂将是他的最佳拍档。

纳什单节 12 次助攻，率领太阳队第一节就砍下了 47 分，创造了那个赛季的单节得分纪录。

马龙职业生涯常规赛数据

赛季	球队	篮板	盖帽	得分
1985/1986	爵士	8.9	0.5	14.9
1986/1987	爵士	10.4	0.7	21.7
1987/1988	爵士	12.0	0.6	27.7
1988/1989	爵士	10.7	0.9	29.1
1989/1990	爵士	11.1	0.6	31.0
1990/1991	爵士	11.8	1.0	29.0
1991/1992	爵士	11.2	0.6	28.0
1992/1993	爵士	11.2	0.6	27.0
1993/1994	爵士	11.5	1.0	25.2
1994/1995	爵士	10.6	1.5	26.7
1995/1996	爵士	9.8	1.0	25.7
1996/1997	爵士	9.9	0.7	27.4
1997/1998	爵士	10.3	0.6	27.0
1998/1999	爵士	9.4	0.9	23.8
1999/2000	爵士	9.5	0.6	25.5
2000/2001	爵士	8.3	0.9	23.2
2001/2002	爵士	8.6	0.8	22.4
2002/2003	爵士	7.8	0.7	20.6
2003/2004	湖人	8.7	0.4	13.2
场均数据		10.1	0.8	25.0

马龙职业生涯季后赛数据

赛季	球队	篮板	盖帽	得分
1985/1986	爵士	7.5	0.0	21.8
1986/1987	爵士	9.6	0.8	20.0
1987/1988	爵士	11.8	0.6	29.7
1988/1989	爵士	16.3	0.3	30.7
1989/1990	爵士	10.2	1.0	25.2
1990/1991	爵士	13.3	1.2	29.7
1991/1992	爵士	11.3	1.2	29.1
1992/1993	爵士	10.4	0.4	24.0
1993/1994	爵士	12.4	0.8	27.1
1994/1995	爵士	13.2	0.4	30.2
1995/1996	爵士	10.3	0.6	26.5
1996/1997	爵士	11.4	0.8	26.0
1997/1998	爵士	10.9	1.0	26.3
1998/1999	爵士	11.3	0.7	21.8
1999/2000	爵士	8.9	0.7	27.2
2000/2001	爵士	8.8	0.8	27.6
2001/2002	爵士	7.5	0.8	20.0
2002/2003	爵士	6.8	0.4	19.6
2003/2004	湖人	8.8	0.1	11.5
场均数据		10.7	0.7	24.7

马龙全明星赛场均数据

6.2 篮板 / 0.4 盖帽 /12.1 分

档案

卡尔·马龙 /Karl Malone
绰号：邮差 / 位置：大前锋
出生地：路易斯安那州萨穆菲尔德
出生日期：1963 年 7 月 24 日
身高：206cm/ 体重：113kg
效力球队：爵士、湖人
球衣号码：32、11

荣耀

2 届常规赛 MVP：1996/1997、1998/1999
2 届全明星 MVP：1989、1993
14 届全明星：1988~1998、2000~2002
2 届奥运会金牌：1992、1996
NBA50 大球星
奈·史密斯名人堂

10

卡尔·马龙

KARL MALONE

马龙是有史可考的最伟大四号位球员之一，尽管相对于篮球运动员，他更像一个橄榄球场上的跑锋。体格和力量使他在低位难以防守，他还是完成快攻的好手，并且有一手致命中投。他的生涯写满辉煌：2 届 MVP，以及仅次于“天勾”贾巴尔（史上第二高）的 36928 分。

皮蓬当年的一句“邮差今天不上班”，把卡尔·马龙与邮差联系在一起，永远留在 NBA 的史册中，关于马龙被称作“邮差”，有几种说法：

第一、马龙是联盟中出了名的“铁人”，19 年职业生涯中有 17 个赛季上场超过 80 场，而且场均上场时间从没有低于 30 分钟，就像邮差一样风雨无阻。

第二、马龙和斯托克顿相互配合的 18 个赛季，每次接到老伙计的传球都能稳稳当当送进对手篮筐，动作像邮差送信那样令人放心。

第三、操着一口美国南方口音的卡尔·马龙是 NBA 里的常青树，在联盟历史上，他比别人抓下了更多的篮板，投进了更多的罚球。他和斯托克顿一起守护着盐湖城，因为日复一日的努力和付出，马龙也因此得名“邮差”。

1963 年 7 月 24 日，卡尔·马龙出生在路易斯安那州的萨墨菲尔德，这位农家男孩的家乡是一个只有 200 人的小镇子。马龙全家住在一间以铁皮为屋顶的简陋房子里，连一个像样的厕所都没有。马龙是家里 5 个兄弟中最小的男孩子，还有 4 个相依为命的姐妹。

在他 3 岁的时候，父亲自杀离世，抚养 9 个孩子的重担落在了母亲的肩上。母亲是锯木厂里开叉车的工人，为了养家糊口，她拼命工作，坚信只要努力就一定能够养活全家，所以她从不接受任何施舍。在马龙还是个孩子时，他就爱上了卡车，他的妈妈开了一间乡村商店，看着大卡车进进出出。马龙告诉哥哥，总有一天，他会拥有自己的卡车。

当人们都去选择某个著名的运动员、演员或者歌星作为偶像时，马龙却选择母亲作为自己的偶像。母亲是马龙心目中的英雄！她曾教导他：“勤奋工作从来不会累死人。”

随着年龄的增长，马龙逐渐遇到各种不良行为的诱惑，比如吸毒、酗酒，凡此种种，马龙从不去那些地方，他 7 岁时就外出打猎，把食物带回家，12 岁时就外出工作，他始终相信自己长大以后一定能大有作为，要让母亲和兄弟姐妹们为他骄傲。起初，马龙梦想当国民警卫队员、特种兵。后来，马龙想当一名售装箱大卡车司机、一名建筑工人。

也许听起来会有些令人诧异，篮球当时并没有被列在马龙的人生计划中，直到有一天，母亲把一只旧水桶沿边剪下一个圈来，为马龙举着，让他投橡皮球玩。到了初中，马龙开始在篮球队里打球，他喜爱打比赛，比赛给他一种快感，与人比拼，为了获胜，马龙挥汗如雨地刻苦训练，常代表学校出去比赛。他并不刻意去争抢成功和荣誉，但是他的的确确每天都在为此努力。

大学阶段，马龙被埃迪・萨顿教练招募至路易斯安那州理工大学，这是一所距离家仅仅 64 公里的一所规模不大的乡下学院，爵士的球探在这里发现了马龙。三个赛季里，马龙场均贡献 18.7 分、9.3 个篮板，两次率队进入 NCAA 锦标赛。

1985 年选秀大会，马龙在首轮第十三顺位被爵士选中。在新秀赛季，马龙场均 14.9 分和 8.9 个篮板。在当年的最佳新秀评选中，他排名第三，并且进入了联盟新秀第一队。紧接着的一个赛季，马龙场均得分达到 21.7 分，开始了漂亮且漫长的砍分旅程。之后连续的 17 个赛季，马龙的场均得分从未低于 20 分。到了第三个赛季，马龙入选了全明星阵容，并且被选入联盟最佳阵容第二队。“每一年，他都有所长进。”斯托克顿说，“每一个赛季，他都能够找到打击对手的新方法。这就是他的传奇所在。”

1988/1989 赛季，开季 17 场比赛后，爵士的主教练弗兰克・雷登升职为球队主席，而他的助手杰里・斯隆接过了比赛的控制权，爵士再次刷新队史最佳战绩——51 胜。马龙同样提供了进入 NBA 以来的最出色表现，他的场均 29.1 分上升至联盟第二，10.7 个篮板位列第五。在 1989 年休斯敦全明星赛上，马龙 17 投 12 中砍下 28 分，收获了生涯首座全明星赛 MVP。职业生涯首次被选入联盟第一阵容，并在 MVP 评选中位列第三。季后赛中，尽管马龙场均砍下 30.7 分、16.3 个篮板，但爵士在首轮就遭到勇士横扫。

1989/1990 赛季，马龙再次获选联盟一队，他场均得到生涯新高的 31 分，另有 11.1 个篮板排在第四位。1990 年 1 月 27 日与雄鹿比赛时得到职业生涯最高的 61 分。在 MVP 投票竞争中，马龙排在第四位。1993 年 2 月 21 日，马龙和斯托克顿共享了盐湖城全明星赛的 MVP。1994/1995 赛季，马龙场均 26.7 分、10.6 个篮板，率爵士赢得创队史记录的 60 胜，但季后赛却首轮出局。

1996/1997 赛季，马龙场均 27.4 分、9.9 个篮板，不但生涯首度荣膺常规赛 MVP，还同时入选最佳阵容和最佳防守阵容。在他的率领下，爵士收获队史新高的 64 胜 18 负，总决赛中，爵士 2 比 4 不敌公牛，痛失总冠军。在这个以防守为导向的系列赛，马龙场均 23.8 分，系列赛六场比赛每场他都是爵士的得分王。

1997/1998 赛季初期，斯托克顿因伤缺阵，马龙担起了责任。爵士以 62 胜 20 负与公牛相同的联盟最佳战绩结束了常规赛，之后，爵士和公牛在总决赛再度重逢。尽管马龙在第五场独得 39 分，并在关键时刻跳投命中，把比赛带回犹他， 但乔丹在第六场最后关头从马龙手里抢断，然后完成致命一击，公牛再次 4 比 2 战胜爵士，马龙又一次与总冠军擦肩而过。输掉总决赛的第二天，马龙再次开始了自虐式的训练。

这壮丽的抵抗最终只是公牛王朝和乔丹的帝王神殿里的点缀，犹他至此中衰。缩水赛季负于开拓者后，球队更是一路下滑。虽然马龙不甘心，甚至斯托克顿引退都不能丝毫打消他对那枚魂牵梦绕的戒指的追求，于是毅然屈尊俯就远赴洛杉矶，然而一个赛季的屈辱并不能换来梦想中的冠军。当活塞坏孩子们用铜墙铁壁的防守击溃湖人王朝时，随同陪葬的是马龙 19 年的冠军梦，以及曾经的忠贞与不屈。

2005 年 2 月 14 日，马龙在盐湖城的德尔塔中心正式宣布退役。2006 年 3 月 23 日，爵士为马龙举行球衣退役仪式，并在三角洲中心广场为他竖起一尊铜像。

在 NBA 的长河中，马龙书写了大前锋历史上无可匹敌的成就。虽然他的铁肘和强悍的球风被对手们憎恨，生涯未能染指总冠军，但依然让人肃然起敬。他的勤奋和忠诚在 NBA 无人能出其右，年复一年，他只是往返于球场和家庭之间，堪称所有职业球员的典范。他为这支球队，这个城市，已经燃烧了一切。屹立在三角洲中心广场的铜像和那件在三角洲中心球馆上空孤寂但倔强的球衣告诉我们：卡尔·马龙来过，活过，爱过。

〈生涯高光闪回/高效 61 分证名战〉

高光之耀：1990 年 1 月 28 日，爵士对阵雄鹿，卡尔·马龙 26 投 21 中、罚球 26 中 19，狂砍生涯最高的 61 分。这高效砍分事件还得追溯到前一年的贾巴尔退役。

1989 年全明星大赛，球员们有意放水让即将退役的贾巴尔拿到全明星 MVP，结果卡尔·马龙不解风情，将全明星 MVP 收入囊中。正是由于卡尔·马龙的无意之举，导致了接下来的 1989/1990 赛季球迷全明星投票，把湖人的蓝领球员 AC·格林投成西部首发大前锋。马龙给格林打替补，这让心高气傲的马龙非常气愤。所以当投票结果一经公布后，卡尔·马龙旋即就在比赛中拿雄鹿开刀了。当时的雄鹿教练就说过，这场比赛前他就知道卡尔·马龙肯定将有所回应，可是没想到回应得如此激烈。

9-6

黑桃 9 朱利叶斯·欧文 / **红桃 9** 查尔斯·巴克利 / **梅花 9** 安东尼·戴维斯 / **方片 9** 斯科特·皮蓬
JULIUS ERVING　CHARLES BARKLEY　ANTHONY DAVIS　SCOTTIE PIPPEN
黑桃 8 卡梅隆·安东尼 / **红桃 8** 克莱德·德雷克斯勒 / **梅花 8** 保罗·皮尔斯 / **方片 8** 文斯·卡特
CARMELO ANTHONY　CLYDE DREXLER　PAUL PIERCE　VINCE CARTER
黑桃 7 詹姆斯·沃西 / **红桃 7** 多米尼克·威尔金斯 / **梅花 7** 雷·阿伦 / **方片 7** 雷吉·米勒
JAMES WORTHY　DOMINIQUE WILKINS　RAY ALLEN　REGGIE MILLER
黑桃 6 贾森·基德 / **红桃 6** 托尼·帕克 / **梅花 6** 马努·吉诺比利 / **方片 6** 约翰·斯托克顿
JASON KIDD　TONY PARKER　MANU GINOBILI　JOHN STOCKTON

"我、迈克尔·乔丹、多米尼克·威尔金斯，在孩提时代，都在尝试模仿'J博士'。他是扣篮先驱者，为比赛带来激情。"
——德雷克斯勒

J博士职业生涯常规赛数据

赛季	球队	篮板	助攻	得分
1976/1977	76人	8.5	3.7	21.6
1977/1978	76人	6.5	3.8	20.6
1978/1979	76人	7.2	4.6	23.1
1979/1980	76人	7.4	4.6	26.9
1980/1981	76人	8.0	4.4	24.6
1981/1982	76人	6.9	3.9	24.4
1982/1983	76人	6.8	3.7	21.4
1983/1984	76人	6.9	4.0	22.4
1984/1985	76人	5.3	3.0	20.0
1985/1986	76人	5.0	3.4	18.1
1986/1987	76人	4.4	3.2	16.8
场均数据		6.7	3.9	22.0

J博士职业生涯季后赛数据

赛季	球队	篮板	助攻	得分
1976/1977	76人	6.4	3.7	27.3
1977/1978	76人	9.7	3.8	21.8
1978/1979	76人	7.8	4.6	25.4
1979/1980	76人	7.6	4.6	24.4
1980/1981	76人	7.1	4.4	22.9
1981/1982	76人	7.4	3.9	22.0
1982/1983	76人	7.6	3.7	18.4
1983/1984	76人	6.4	4.0	18.2
1984/1985	76人	5.6	3.0	17.1
1985/1986	76人	5.8	3.4	17.7
1986/1987	76人	5.0	3.2	18.2
场均数据		7.0	4.2	21.9

J博士全明星赛场均数据

6.4 篮板 / 3.2 助攻 /20.1 分

●档案

朱利叶斯·欧文 /Julius Erving
绰号：J 博士 / 位置：小前锋
出生日期：1950 年 2 月 22 日
身高：201cm/ 体重：95kg
效力球队：费城 76 人队
球衣号码：6、32

●荣耀

2 届 ABA 总冠军：1974、1976
1 届 NBA 总冠军：1983
3 届 ABA 常规赛 MVP：1973/1974、1974/1975、1975/1976
1 届 NBA 常规赛 MVP：1980/1981
2 届全明星 MVP：1977、1983
11 届全明星：1977~1987
3 届 ABA 得分王：1972/1973、1973/1974、1975/1976
NBA50 大巨星
奈·史密斯名人堂

9

♠

朱利叶斯·欧文
JULIUS ERVING

说起扣篮，这一代人会念叨詹姆斯、格里芬、拉文，上一代人会说卡特，再往前就会提起乔丹，但真正将扣篮引入 NBA 球迷视线的，是“J博士”欧文，那是天空里的先行者。朱利叶斯·欧文擅长大风车灌篮，他将滞空和飞翔带入了 NBA 后，开创了艺术篮球的先河！

1976 年秋天，“J 博士”宣布加入 NBA 后仅仅几个小时，有人冲到底特律科博会展大厅的售票窗口，把刚刚从福特汽车公司领到的薪水拍在柜台上大喊大叫：“把所有‘J博士’的比赛球票都给我！”

如今的孩子们听到这样的故事情节难免一头雾水，因为他们根本无法体会“J 博士”在那个年代迸发出的惊人魅力。

高中时期的朱利叶斯·欧文就已经威名远扬，彼时他与死党互起绰号，因为小伙伴喜欢高谈阔论，欧文称其为“教授”，对方便以“博士”作为回应，从此“J 博士”的绰号流传开来。欧文为马萨诸塞大学效力三年，NCAA 最后一季他场均贡献 26.9 分、19.5 个篮板。

欧文的职业生涯起始于 ABA，效力过弗吉尼亚侍和纽约篮网两支球队，在 ABA 效力的五个赛季里，他场均贡献 25.4 分 10.7 个篮板，斩获 3 个常规赛 MVP，2 个总冠军。“ABA 最后一个赛季，他是我见过最可怕的球员。”前纽约篮网主帅凯文·朗格利说，“送出 40 分、20 个篮板、15 次助攻，外加一打盖帽，简直就是家常便饭。”人们认为 ABA 与 NBA 最大的不同就是花皮球、爆炸头以及朱利叶斯·欧文。ABA 理事会成员戴夫·德布斯切尔说："欧文不仅是球队的象征，更是整个联盟的招牌。"

1976 年 ABA 正式与 NBA 合并，拥有阿奇巴尔德和欧文的篮网显示出不俗的竞争力，然而球队没有兑现与"J 博士"签下新约的承诺，双方陷入僵局，当欧文绝不妥协的消息传出后，篮网的球票销售完全停滞。

费城 76 人最终用一张 300 万美元的支票赢得了"J 博士"的争夺战，这笔钱对陷入财政危机的篮网无疑是救命稻草，而欧文也获得了 60 万年薪的新合同，然而这并非是一笔双赢的买卖。1976 年 ABA 总决赛第六场力挽狂澜的球队英雄约翰·威廉姆斯公开斥责篮网售卖核心的行为："任何脑筋正常的人都不会卖掉'J 博士'。"

1976 年 10 月 27 日，76 人客场对阵火箭，15676 名球迷现场观战，创造了休斯敦主场的上座纪录。人们热爱"J 博士"，因为没有人能拒绝篮筐之上的表演，如凯文·朗格利所说："'J 博士'是第一位'天行者'，他让灌篮变得流行起来，将征服篮筐的暴力动作从嘉年华的附属表演区带到聚光灯下。"

欧文在空中滑过，防守者最终都臣服于万有引力定律而纷纷落下，他依然高悬在篮筐之上，用舞者的风范将扣篮升华成为艺术。有一次，芝加哥公牛的米基·约翰逊在防守快攻时试图制造欧文带球撞人，结果他一无所获，"J 博士"轻轻松松飞跃了他，为了避免被欧文的球鞋踢到，约翰逊还十分明智地低下了头。

欧文奉献了无数精彩绝伦的空中表演，最让篮球迷心醉神迷的既不是 1976 年全明星赛上的罚球线起跳扣篮，也不是在迈克尔·库珀头顶完成的俯冲暴扣，亦不是 1977 年总决赛对比尔·沃顿的残暴颜扣，而是一个载入史册的反手上篮。

1980 年 5 月 11 日，NBA 总决赛第四场，76 人以 105 比 102 击败湖人，将总比分扳回 2 比 2。第四节中段，鲍比·琼斯用一记纵贯全场的长传把球送到"J 博士"手中。在对方紧逼之下，"J 博士"右手运球突破，单手抓球高高跃起，他的身体飞到篮板后面，半空中他的左侧空间已经被兰斯伯格和贾巴尔完全覆盖。但见"J 博士"猿臂轻舒，在空中划过一道美妙的弧线后出手，拨球，擦板，球进。处于篮下的"魔术师"目瞪口呆："我简直不敢相信自己的眼睛，这是我一生中见过最伟大的进球，没有之一。"

欧文为 NBA 注入的不仅仅是炫目的表演和扣篮的新鲜感，也在 NBA 余火将熄的危急时刻成为了火炬手。彼时大多数球员们行为粗鲁，一身匪气，"J 博士"却是一个风度翩翩的绅士。即便队友们已经洗完澡回家，他依然愿意坐下，在伤痛的膝盖上敷上冰袋，面对数不清的麦克风和记事本，耐心地回答所有问题。

ABA 与 NBA 合并的第一个赛季，"J 博士"率领 76 人杀入总决赛，遗憾负于开拓者，他用事实证明自己不是花瓶型球员。1980/1981 赛季欧文场均贡献 24.6 分、8 个篮板、4.4 次助攻、2.1 次抢断，当选常规赛 MVP，1980 年和 1982 年 76 人两度杀入总决赛，尽管铩羽而归，但在东部，"J 博士"的球队已经成为凯尔特人最头疼的劲敌。

与大多数外线球员一样，欧文需要内线擎天柱的鼎力支持，1982/1983 赛季之前，76 人为前一个赛季的 MVP 摩西・马龙开出天价合约，火箭没有选择匹配，最具统治力的中锋终于驾临费城。费城在常规赛获得 65 胜 17 胜败的骄人战绩，马龙蝉联常规赛 MVP，高呼“FO-FO-FO”的口号，76 人在季后赛所向披靡，总决赛横扫宿敌湖人，报了一箭之仇，32 岁的“J 博士”第一次戴上了 NBA 的总冠军戒指。

1984 年丹佛全明星赛，“J 博士”再度祭出标志性的罚球线扣篮，这是 8 年前他震惊世界的玩法，此时距离他 35 岁的生日只差一个月。在同一片场地上，他的头撞上了篮板，最终 NBA 决定将篮板下端削减 10 厘米。

1987 年“J 博士”正式宣布退役，帕特・莱利对他给予了极高的评价：“他是伟大的球员，真正让人铭记的是他的比赛方式。‘J 博士’的优秀与伟大如同世上所有的母亲，也如同罗马教皇，他们优人一等，与众不同。但‘J 博士’独一无二，正是由于他在场上的所作所为，让他的另一面为众人所知。他的比赛牢牢地俘获了成千上万的孩子们的心，这为他们确立了正确的航向。我将以‘我见过的最伟大球员’来铭记‘J 博士’。”

“职业篮球本身就是虚幻的存在。”“J 博士”说，“上帝赐予了我们出众的身体，你就要对此懂得感恩并且肩负起一份责任，而我正确地使用了自己的天赋。”如今远离职业赛场的“J 博士”仍然会尝试扣篮，当 63 岁的欧文再次飞起时，他依然是那个世人为之疯狂的空中舞者。

〈生涯高光闪回 / 开启扣篮时代〉

高光之耀：1976 年全明星扣篮大赛，众星云集、星光璀璨。扣篮鼻祖“J 博士”、“天行者”汤普森以及“冰人”乔治・格文。“J 博士”完成了开天辟地、罚球线起跳的御风而行滑翔扣。

1976 年 ABA 扣篮大赛，“J 博士”第二扣，他退到对侧三分线内开始助跑，所有人全都站起来观看，只见欧文持球行进速度越来越快，就在他脚踏上罚球线的瞬间，一纵离开了地面，展开了一段美妙绝伦的滑翔，这个时候，地心引力和所有物理法则仿佛都成了空话，只剩下了空灵的想象，而他在美梦尽头，单掌把球劈进篮筐时，我们知道，一个属于天空的时代来临了。

“J 博士”当年赢得并不轻松，“天行者”汤普森做出了著名的“怀抱婴儿”扣，而“冰人”格文尝试了 360 度风车扣未遂，但依旧震撼了球迷，他们都给 1976 年扣篮大赛留下了浓墨重彩的一笔。但无奈他们的光辉都被“J 博士”所掩盖，作为第一位在篮圈上飞翔的巨星，“J 博士”第一个完成了这个看似人类不可能完成的任务。他开创了艺术篮球的先河，甚至一代“飞人”乔丹也深受其影响。

“只要我和巴克利在一个队，我们就能抢下所有的篮板。”
——丹尼斯·罗德曼

档案
查尔斯·巴克利 / Charles Barkley
绰号：空中飞猪 / 位置：大前锋
出生日期：1963 年 2 月 20 日
出生城市：阿拉巴马利兹
身高：198cm / 体重：114kg
效力球队：76 人、太阳、火箭
球衣号码：4、32、34

荣耀
1 届常规赛 MVP：1992/1993
1 届全明星 MVP：1991
11 届全明星：1987~1997
1 届篮板王：1986/1987
2 届奥运冠军：1992、1996
NBA50 大球星
奈·史密斯名人堂

9 ♥

查尔斯·巴克利

CHARLES BARKLEY

无论是作为球员还是解说员，查尔斯·巴克利都是一个能带来意外惊喜的“神棍”。1984 钻石一代名垂青史，然而 33 年后的今天，当人们逐渐淡忘了乔丹的伟大、奥拉朱旺的传奇和斯托克顿的忠贞，查尔斯却一如既往地停留在球迷的视野中。

无冕之王的标签已然模糊，飞天神猪的风采已成云烟，但我们熟悉的大嘴爵士还坐在 TNT 的解说大厅中侃侃而谈，用幽默、风趣和辛辣的语言点评着每一场精彩的比赛。

巴克利永远不会掩饰心中的想法，他畅所欲言，无话不谈。

事实上，我们早已习惯了这种诙谐的预测表演，在查尔斯博士漫长的职业生涯中，此类场景更是不胜枚举。年轻的时候，巴克利可能会喋喋不休地强词夺理，但如今他只需要摆正衣襟，朝着身边的米勒抖一句“步行者现在打得像 Shit”，话题便自动转移。巴克利享受这份工作带来的乐趣，也深知自己如今所拥有的一切来之不易。他的点评有的深刻，有的精辟，有的无厘头，但归根结底都是他丰富人生阅历的体现。

巴克利在 15 岁之前常常和学校的小伙伴四处游荡，过着惹是生非的生活。15 岁的时候他开始一心一意地练篮球，虽然训练十分刻苦，但巴克利到高二的时候也不过 1.70 米。到三年级后他长到了 1.85 米，但还是学校的替补队员。个头不高的巴克利在高中和大学凭借出色的弹跳和非凡的力量很快成为校队主力。但在 1984 年洛杉矶奥运会男篮选拔训练中，他因为个头只有 1.98 米而落选。不过在同年的 NBA 选秀大会上，巴克利在首轮第五顺位被 76 人选中。

巴克利在费城76人队度过了8个赛季，但是球队的最佳表现是在他来球队的第一年。那年，76人以常规赛58胜24负的成绩一路进军到东部总决赛，却1比4输给了凯尔特人。在经历了一系列失意的季后赛失利后，76人失去了1991/1992赛季的季后赛资格，巴克利开始考虑离开费城。巴克利在费城的时候经常上报纸的头版头条，比如最著名的是在草场竞技球馆客场对阵新泽西网队的比赛中，他向一名情绪激动的质问者吐口水，却落到一位小姑娘身上。费城76人队的老板无法忍受，他把这个变化无常的家伙和菲尼克斯太阳队的杰夫·霍纳塞克、蒂姆·佩里和安德鲁·郎做了交换。

就像命名这座城市的神鸟凤凰一样，巴克利在菲尼克斯获得了涅槃。他在太阳的第一年就取得了梦幻般的成就，不仅首次加冕常规赛MVP，还率领球队以62胜20负的球队最佳常规赛战绩杀入1993年的总决赛。在令人难忘的六场比赛中，太阳队输给了迈克尔·乔丹和他的芝加哥公牛队。在接下来的两个赛季里，尽管巴克利一直受到伤病的困扰，但他还是保持了高水准。在1994/1995赛季，太阳队杀进西部半决赛，却输给了当年的总冠军火箭。在太阳待了四个赛季后，巴克利离开菲尼克斯加盟休斯敦。

有句格言说得好："如果不能击败你的对手，那么就加入他。"巴克利在加盟火箭后又恢复了神勇，然而携手正在老去的奥拉朱旺、德雷克斯勒一起获取总冠军戒指的梦想却从来没有实现。1998/1999赛季前，当巴克利为总冠军戒指做最后的努力时，火箭队得到了斯科蒂·皮蓬——这位公牛王朝的二号人物。在由于停摆而缩水的赛季中，巴克利打了42场比赛，不过，火箭在季后赛首轮被湖人淘汰，巴克利和皮蓬被证明是水火不容。在赛季结束后，两人刺耳的争吵传到了媒体那里，皮蓬随后被送到了开拓者。不过，即便是挤走了死敌，巴克利也未能迎来春天，当他宣布在休斯敦的第四个赛季将是自己在NBA的最后一个赛季后，他的时代结束了。当然，没有冠军戒指。

1999年12月8日，巴克利左膝四头肌腱断裂，迫使他在常规赛最后一场就结束了这个赛季。具有讽刺意味的是，这是他在对阵老东家费城76人时受的伤。巴克利职业生涯一共得到了23757分，篮板数超过12500个，季后赛平均每场可以得到23分和12.9个篮板，另外还保持着单节11个进攻篮板和半场13个进攻篮板的联盟最高纪录。

2006年9月9日，巴克利入选奈·史密斯名人堂，一代巨星的篮球生涯总算画上了完美的句号，早已习惯了谈笑风生，站在演讲台上的查尔斯爵士第一次让人感觉到了伟岸。但当人们都平静下来等待一次严肃而煽情的演说时，巴克利咧嘴一笑："也许，我的身高确实只有6尺5寸（1.95米），Oh my god！我还没迈克尔（乔丹）高。"

巴克利职业生涯常规赛数据

赛季	球队	篮板	盖帽	得分
1984/1985	76人	8.6	1.0	14.0
1985/1986	76人	12.8	1.6	20.0
1986/1987	76人	14.6	1.5	23.0
1987/1988	76人	11.9	1.3	28.3
1988/1989	76人	12.5	0.8	25.8
1989/1990	76人	11.5	0.6	25.2
1990/1991	76人	10.1	0.5	27.6
1991/1992	76人	11.1	0.6	23.1
1992/1993	太阳	12.2	1.0	25.6
1993/1994	太阳	11.2	0.6	21.6
1994/1995	太阳	11.1	0.7	23.0
1995/1996	太阳	11.6	0.8	23.2
1996/1997	火箭	13.5	0.5	19.2
1997/1998	火箭	11.7	0.4	15.2
1998/1999	火箭	12.3	0.3	16.1
1999/2000	火箭	10.5	0.2	14.5
场均数据		11.7	0.8	22.1

巴克利职业生涯季后赛数据

赛季	球队	篮板	盖帽	得分
1984/1985	76人	11.1	1.2	14.9
1985/1986	76人	15.8	1.3	25.0
1986/1987	76人	12.6	1.6	24.6
1988/1989	76人	11.7	0.7	27.0
1989/1990	76人	15.5	0.7	24.7
1990/1991	76人	10.5	0.4	24.9
1992/1993	太阳	13.6	1.0	26.6
1993/1994	太阳	13.0	0.9	27.6
1994/1995	太阳	13.4	1.1	25.7
1995/1996	太阳	13.5	1.0	25.5
1996/1997	火箭	12.0	0.4	17.9
1997/1998	火箭	5.3	0.0	9.0
1998/1999	火箭	13.8	0.5	23.5
场均数据		12.9	0.9	23.0

巴克利全明星赛场均数据

6.7 篮板 / 0.4 盖帽 /12.6 分

〈生涯高光闪回 / 加冕星魁〉

高光之耀：巴克利拿到17分22个篮板4次助攻，22个篮板平全明星赛篮板纪录，更为关键的是，在乔丹的地盘，巴克利从“篮球之神”手中抢走了MVP，这足以成为查尔斯爵士“吹嘘”一辈子的谈资。

1991年全明星赛在夏洛特举办，这里是北卡罗来纳州，是乔丹长大的地方，因此这届全明星MVP原本是献给乔丹的。比赛打得异常激烈，东部队在上半场还领先9分，乔丹当晚手感不佳，25投只10中拿到26分，巴克利频繁抢到篮板补扣，为东部队在最后时刻保持领先。西部队最后3秒仍有机会绝杀，凯文·约翰逊的三分出手，但篮下争抢位置的卡尔·马龙抢球心切，竟然在球下落过程中碰到了皮球，被吹进攻干扰，东部队逃过一劫。

浓眉职业生涯常规赛数据

赛季	球队	篮板	盖帽	得分
2012/2013	鹈鹕	8.2	1.8	13.5
2013/2014	鹈鹕	10.0	2.8	20.8
2014/2015	鹈鹕	10.2	2.9	24.4
2015/2016	鹈鹕	10.3	2.0	24.3
2016/2017	鹈鹕	12.1	2.4	27.9
场均数据		10.1	2.4	21.9

浓眉职业生涯季后赛数据

赛季	球队	篮板	盖帽	得分
2014/2015	鹈鹕	11.0	3.0	31.5
场均数据		11.0	3.0	31.5

浓眉全明星赛场均数据

3.5 篮板 / 1.5 盖帽 /17.0 分

档案

安东尼・戴维斯 /Anthony Davis
绰号：浓眉哥 / 位置：大前锋
出生地：伊利诺伊州芝加哥
出生日期：1993 年 3 月 11 日
身高：208cm/ 体重：100kg
效力球队：鹈鹕
球衣号码：23

荣耀

4 届全明星：2014~2017
2 届盖帽王：2013/2014、2014/2015
2012 年 NCAA 总冠军 &MOP
2012 年奥运会男篮冠军
2014 年世界杯冠军
2014/2015 赛季最佳阵容一阵

9♣

安东尼·戴维斯

ANTHONY DAVIS

2012 年入行时，他是一个典型的美国篮球神话中的状元。换言之，他的天分就足以让他傲视众生：标准的 2.08 米身高，乘奔御风般的跑跳能力，外加摩天摘星般的臂展，还有一手精准的中投。生涯第二个赛季就踏入 20+10 顶级内线认证标签俱乐部。

在那些经典的科幻漫画和电影里，幸运儿突然之间就会获得一种超能力，安东尼·戴维斯没有被蜘蛛咬过，也没有经历骇人的核辐射，改变“浓眉哥”命运轨迹的是身高的暴涨。

2009 年春天，戴维斯在远景公立中学开始了高二学年，那是一所没有像样的篮球队的普通院校，而“浓眉哥”也没有显露出过人的篮球天赋，至少在那个时候他没有在全国成千上万个 2.1 米的后卫里脱颖而出。

戴维斯的蜕变就从高二开始，就像《灌篮高手》里的河田雅史一样，眨眼之间就从后卫变成了中锋。“起初我没有注意，但短短几个月时间，我的身高拔高了几厘米。”戴维斯说，“我的球衣尺码从 14 号变成了 17 号，睡觉的时候脚丫子已经能顶到床沿了。”

这个段子在戴维斯成名后被反复提及，最后被杜撰成这样的版本：天才后卫一夜之间成为大前锋，带着后卫的华丽技巧进入了大个子的世界。如 DraftExpress 网站创始人乔纳森·基沃尼所说：“这是个很精彩的故事，尤其适合解说员在比赛中调侃。然而即使他曾经是个后卫，也不会是个很好的后卫，这就是他长高之前没有什么建树的原因。”

高三那年，戴维斯场均贡献 32 分、22 个篮板、7 次盖帽，从默默无闻的普通高中生变成了全美知名的篮球新星，加盟肯塔基的时候他距离 2.08 米只差两个指节。戴维斯很快就成为 NCAA 最恐怖的大一生，PER（场均篮板球数）高达 35.7 个，整赛季贡献了 186 个盖帽，创下了大一新生的纪录。

将坎比视作戴维斯的模板并非媒体对他的低估，因为他们颀长的身材和惊人的臂展实在太像了。DraftExpress 的体测数据显示戴维斯的臂展为 2.27 米，站立摸高达到残暴的 2.74 米。一场 NBA 没打的戴维斯被 *SLAM* 放在百大球员榜单的第四十四位。

从戴维斯宣布参选那一刻起，状元的归属就失去了悬念。职业生涯第一个月，安东尼・戴维斯惊艳亮相，PER 高达 26.4。1979/1980 赛季以来没有哪个 20 岁的球员打出如此恐怖的效率，甚至超过了奥尼尔和詹姆斯的菜鸟季。

然而戴维斯的菜鸟赛季远没有期待中那么顺利，由于各种伤病，他总共缺席了 18 场比赛，伤病包括脑震荡、左肩扭伤、脚踝扭伤和左膝内侧韧带拉伤。在 64 场比赛里戴维斯场均贡献 13.5 分、8.2 个篮板、1.8 次盖帽和 1.2 次抢断，与最佳新秀擦肩而过。

如果说戴维斯的首个赛季差强人意，那么第二个赛季他的表现堪称惊艳，入选了全明星，进入 20+10 俱乐部。26.5 的 PER 值在史上 21 岁年龄段的球员中，仅次于奥尼尔的第二个赛季和詹姆斯的第三个赛季。

迄今为止，记者们已经为戴维斯找到数个模板——坎比、加内特、大卫・罗宾逊、奥拉朱旺、拉塞尔。如今坎比的名字被划掉了，单季场均 14.8 分已是他的极限，戴维斯已经将他远远甩在身后。与拉塞尔相比，戴维斯的防守还显得有些稚嫩，但他的进攻才华已经远胜“指环王”拉塞尔。戴维斯还无法与“大基本功”邓肯相提并论，但邓肯还是为他点了赞：“我认为他会成为那种独特的类型，我没有那种运动能力和速度。”

至于奥拉朱旺和罗宾逊，他们都拥有戴维斯难以企及的技能，前者是象征着运动能力的活标本，后者的大梦舞步戴维斯可能永远无法领悟。没人会成为这两位名宿的复制品，后辈模仿得了他们的皮毛，但都得不到精髓。

事实上戴维斯的比赛还停留在初级阶段，他拥有大梦脚步的基础技能包，还在完善跳投，他是效率极高的轰筐器，让人闻风丧胆的不仅仅是那道浓眉，还有惊世骇俗的协防和封盖。更让人疯狂的是，没人能预知他的未来，他刚刚刮开天赋的表层，就已经成为邓肯和加内特之后攻防最全面的内线。

2014/2015 赛季，职业生涯第三年，揭幕战戴维斯砍下惊为天人的 26 分、17 个篮板、9 次盖帽，场均打出 24.4 分、10.2 个篮板、2.2 次助攻、1.5 次抢断和 2.9 次盖帽的全能数据，顺便蝉联联盟盖帽王、当选全明星首发、入选最佳阵容一阵和最佳防守阵容二阵并带队打进季后赛。浓眉哥正式踏进了巨星的行列。在季后赛初体验中，虽然球队在首轮被当季冠军横扫出局，但戴维斯场均可以砍下 31.5 分、11 个篮板、3 次封盖、2 次助攻，在全世界球迷面前狠狠地展示了自己。

2015/2016 赛季开始前，安东尼·戴维斯正站在巅峰之上，被期许为下一代天王：效率和数据突破天际的 2014/2015 赛季，一份史无前例的 5 年 1.45 亿合同。但即使有号称贤能的金特里辅佐，新奥尔良的光景却翻手为云覆手为雨，如卡特里娜飓风般无情善变。鹈鹕西部倒数的战绩、频繁伤病，以及虽然不丑但却毫无惊艳的数据和表现。

2016 年 2 月 22 日，安东尼·戴维斯爆砍比肩奥尼尔的 59 分、20 个篮板、4 次助攻，率领鹈鹕以 111 比 106 战胜活塞。然而，在全世界都在盯着浓眉能达到怎样的高度时，伤病如猛虎一般向他袭来，鹈鹕也被季后赛拒之门外。2016 年 10 月 27 日，新赛季揭幕战，50 分、16 个篮板、5 次助攻、7 次抢断和 4 次封盖，浓眉哥再次赢得了全世界的瞩目。无奈双拳难敌四手，鹈鹕接下来的战绩依旧不温不火，直到那场一年一度的盛世狂欢。

2017 年新奥尔良全明星，作为东道主的浓眉哥狂砍 52 分、10 个篮板，打破了 NBA 全明星赛单场得分纪录，并当选全明星 MVP。然而最大的惊喜还在后面，考辛斯，一位令人捉摸不透而又才华横溢的中锋，加盟了鹈鹕。浓眉哥终于迎来了梦寐以求的帮手，他和肯塔基的师兄一起，组成联盟最具攻击力的内线组合，向着季后赛发起最后的冲锋。

关于浓眉哥，人们似乎还无法定义这个庞然新物种，套用内内的一句话："动画一般的人物，拥有一双超级变态的长手，能抓住所有东西！"

〈生涯高光闪回 /59+20〉

高光之耀：面对活塞，以及东部最好的"神兽"德拉蒙德，戴维斯用技巧、敏捷和精准完成一场内线征服，59 分 20 个篮板，进入 21 世纪以来，奥尼尔之下，所有人之上。

2016 年 2 月 22 日，鹈鹕客场 111 比 106 力取活塞。"浓眉哥" 34 投 24 中，狂砍生涯新高的 59 分，同时抢下 20 个篮板，成为 NBA 史上第三位拿到 59+20 的球员，另外两位则是"上古神兽"张伯伦和"大鲨鱼"奥尼尔。

“皮蓬是打造公牛王朝的重要因素，从某些角度上看，他的重要性并不亚于乔丹，皮蓬是全能战士的象征。”

——菲尔·杰克逊

●档案

斯科蒂·皮蓬 / Scottie Pippen

绰号：蝙蝠侠 / 位置：小前锋

出生日期：1965 年 9 月 25 日

身高：203cm / 体重：102kg

效力球队：公牛、火箭、开拓者

球衣号码：33

●荣耀

6 届总冠军：1991、1992、1993、1996、1997、1998

7 届全明星：1990、1992~1997

1 届全明星 MVP：1994

1 届抢断王：1994/1995

奥运会金牌：1992、1996

NBA50 大球星

奈·史密斯名人堂

9

斯科特·皮蓬
SCOTTIE PIPPEN

有人成为英雄，有人成就英雄，皮蓬属于后者，他从未站在舞台的中心，在公牛的红色史诗里，没人能抢去乔丹的风头。但在上帝身边，皮蓬是货真价实的最佳配角。在乔丹封神的年代，神座下站着最伟大的“二当家”，他曾是史上最全能小前锋，他的沉默成就了乔丹的荣光。

公牛前总经理杰里·克劳斯仍然记得第一次见到皮蓬的情景：“那是在朴茨茅斯，我们去的第二天，一场很晚的比赛。他一出来，我就说，就是他了，他拥有我见过最长的手臂。”然而皮蓬在当时并没有得到广泛的认同，埃尔金·贝勒回忆：“皮蓬看起来太过纤细，很容易受伤，对胜利的渴望程度也有问题。”选中皮蓬的超音速有些后悔，最终与公牛一拍即合，换来了 8 号秀埃尔登·波利尼斯和两个未来选秀权，西雅图的看人走眼最终促成了公牛的黄金搭档。

做乔丹的队友没那么容易，在老温特看来飞人的尖酸刻薄让人难以忍受：“迈克尔总是不停地取笑别人，这是他生活中的一大乐趣，他的目的是让其他队友跟他一样对胜利充满渴望，保持最高水平的训练。”在训练场上，皮蓬成为了乔丹的影子对手和假想敌，残酷的一对一较量让皮蓬进步飞快，克劳斯回忆他只用了半个赛季就可以在训练中与乔丹正面交手，显示出了极强的防守天赋。“几乎从一开始，他就成为一个出色的防守者，”克劳斯说，“扣篮很美妙，但我永远不能忘记的是他的防守，他能防守任何人。”

以全能著称的皮蓬赋予了小前锋全新的定义，此前三号位大都是血统纯正的得分手，从公牛的 33 号之后，全能渐渐成为小前锋的标签。“我从不强行出手，”皮蓬说，“也从来不做自己不舒服的事情，我的比赛不仅是得分，还要展示其他能力。为了球队我会去努力防守，做喜欢的事。”在芝加哥，皮蓬像是在完成填空题，分担乔丹的防守任务，释放自己的组织才华，当菲尔·杰克逊祭出三角进攻时，他又成了这套体系最忠实的执行者。

皮蓬在1990年东部决赛的偏头痛事件差点毁掉公牛的首冠梦想，为此乔丹在更衣室里大发雷霆，怒斥其为“懦夫”，然而抛开这个偶然事件，皮蓬在三连冠时期是乔丹身边当之无愧的首席助手。乔丹去棒球场玩票之后，皮蓬首次担纲公牛男一号，效果差强人意。1994年东部半决赛第三场对尼克斯，比赛还有1.8秒，菲尔·杰克逊将最后一投交给库科奇，而皮蓬拒绝为其打下手，当场翻脸，这也许是他在公牛唯一的污点。

少了联盟第一人，皮蓬独自带队杀到分区半决赛实属不易，奥尼尔说：“皮蓬无所不能，攻防两端都能融入球队，但没有乔丹，公牛就像一部少了票房主角的影片。”经历这次挫折之后，皮蓬找到了自己的定位：“我成不了迈克尔·乔丹，也取代不了他的地位，我还是斯科特。”

乔丹归来，公牛王朝开启了全新篇章，皮蓬的戏份同样精彩。1996年总决赛最后两场，皮蓬三分球16投只有2中，超音速球迷试图用“Bat or Bad man”这样的标语羞辱公牛二当家。皮蓬对此不屑一顾：“也许我的表演把你逗笑了，但绝不会因此自嘲。”在更衣室里，香槟四溅，彩带纷飞，欢呼声震耳欲聋，皮蓬抱着奖杯缄默不语，周围的闪光灯频繁闪烁，他转向了迈克尔·乔丹：“老朋友，以后我们还会在球场上并肩奔跑的，对吗？”

还记得1997年总决赛第一场皮蓬对马龙说出的史上最灵验的咒语吗？“‘邮差’今天不上班！”还记得第五场皮蓬与筋疲力尽的乔丹相拥离场吗？芝加哥人永远不会忘记皮蓬的英雄戏码。公牛总裁雷恩斯托夫说：“1998年总决赛，他一次又一次上演关键攻防，要知道他当时还带着腰伤。1993/1994赛季乔丹退役，是他统领球队。再往前，1991年他第一次参加总决赛，谁能忘得了他对“魔术师”的防守呢？”罗德曼如此回忆：“当年的公牛队没有争吵，没人发牢骚，每个人都知道自己的角色，我称乔丹是上帝，而把皮蓬比作耶稣。”

皮蓬如此总结自己在公牛的生涯：“我身边站着一位历史上最伟大的球员，当时他的薪水几乎是我的10倍，但我深知荣誉和奖杯远比这些更重要。黑暗之中，那盏蝙蝠灯突然亮起，大战一触即发。”

离开公牛的皮蓬终于在休斯敦领到了千万年薪，却与胜利渐行渐远。在波特兰他差一点就重返总决赛舞台；2000年西部决赛开拓者7场激战惜败湖人，他在与时间的对抗中败下阵来，面对更年轻的科比他无能为力。皮蓬承认那次失利让他刻骨铭心，“我渴望证明，无论在哪支球队、身边有哪些队友我都能成功，很可惜最终功亏一篑，那是我职业生涯的低谷。”为开拓者效力的最后一季，37岁的皮蓬还曾大战麦迪，砍下25分、17个篮板、7次助攻，偶露峥嵘。

2003/2004 赛季，皮蓬在芝加哥正式退役，这座城市忠实记录了他的起点和终点。2009 年 12 月 9 日，皮蓬的 33 号球衣挂上了联合中心的穹顶，乔丹的致辞充满诚意：“走上战场，我知道有个人在我身后。斯科特·皮蓬是我的伙伴，我像兄弟一样爱他，是他把我推到了最佳球员的位置上。”

2010 年，皮蓬与卡尔·马龙携手进入名人堂。23 年前，皮蓬进入 NBA，23 年后他入选名人堂，引荐人还是那个 23 号。ESPN 将入选仪式比作篮球版的奥斯卡颁奖礼：“皮蓬作为乔丹的帮手，尽职扮演好了自己的角色。身为‘反派’的马龙则将反面人物的悲情演绎到极致。剧本里，正义总是战胜邪恶，但名人堂没有偏见。”

皮蓬职业生涯常规赛数据

赛季	球队	篮板	助攻	得分
1987/1988	公牛	3.8	2.1	7.9
1988/1989	公牛	6.1	3.5	14.4
1989/1990	公牛	6.7	5.4	16.5
1990/1991	公牛	7.3	6.2	17.8
1991/1992	公牛	7.7	7.0	21.0
1992/1993	公牛	7.7	6.3	18.6
1993/1994	公牛	8.7	5.6	22.0
1994/1995	公牛	8.1	5.2	21.4
1995/1996	公牛	6.4	5.9	19.4
1996/1997	公牛	6.5	5.7	20.2
1997/1998	公牛	5.2	5.8	19.1
1998/1999	火箭	6.5	5.9	14.5
1999/2000	开拓者	6.3	5.0	12.5
2000/2001	开拓者	5.2	4.6	11.3
2001/2002	开拓者	5.2	5.9	10.6
2002/2003	开拓者	4.3	4.5	10.8
2003/2004	公牛	3.0	2.2	5.9
场均数据		6.4	5.2	16.1

皮蓬职业生涯季后赛数据

赛季	球队	篮板	助攻	得分
1987/1988	公牛	5.2	2.4	10.0
1988/1989	公牛	7.6	3.9	13.1
1989/1990	公牛	7.2	5.5	19.3
1990/1991	公牛	8.9	5.8	21.6
1991/1992	公牛	8.8	6.7	19.5
1992/1993	公牛	6.9	5.6	20.1
1993/1994	公牛	8.3	4.6	22.8
1994/1995	公牛	8.6	5.8	17.8
1995/1996	公牛	8.5	5.9	16.9
1996/1997	公牛	6.8	3.8	19.2
1997/1998	公牛	7.1	5.2	16.8
1998/1999	火箭	11.8	5.5	18.3
1999/2000	开拓者	7.1	4.3	14.9
2000/2001	开拓者	5.7	2.3	13.7
2001/2002	开拓者	9.3	5.7	16.3
2002/2003	开拓者	2.8	3.3	5.8
场均数据		7.5	5.0	17.5

皮蓬全明星赛场均数据

5.6 篮板 / 2.4 助攻 /12.1 分

〈生涯高光闪回 /59+20〉

高光之耀：皮蓬在职业生涯里除了协助乔丹完成两度三连冠外，其全面的表现更是为联盟带来新的变革，为小前锋带来新的定义。

1997 年 2 月 18 日，公牛主场迎战丹佛掘金，皮蓬出手 27 次命中 19 球，砍下 47 分、5 个篮板、4 次助攻，带领公牛以 134 比 123 击败掘金！单场 47 分创造他生涯得分新高！在乔丹退役之后，公牛二当家用实力证明，在危机时刻他同样可以像乔丹一样挺身而出统治比赛，率队取胜。

“问我们梦之队无法得分时怎么办？我们会全队拉开，然后把球给梅罗。”

——勒布朗·詹姆斯

安东尼职业生涯常规赛数据

赛季	球队	篮板	助攻	得分
2003/2004	掘金	6.1	2.8	21.0
2004/2005	掘金	5.7	2.6	20.8
2005/2006	掘金	4.9	2.7	26.5
2006/2007	掘金	6.0	3.8	28.9
2007/2008	掘金	7.4	3.4	25.7
2008/2009	掘金	6.8	3.4	22.8
2009/2010	掘金	6.6	3.2	28.2
2010/2011	掘金	7.6	2.8	25.2
2010/2011	尼克斯	6.7	3.0	26.3
2011/2012	尼克斯	6.3	3.6	25.6
2012/2013	尼克斯	6.9	2.6	22.6
2013/2014	尼克斯	8.1	3.1	28.7
2014/2015	尼克斯	6.6	3.1	27.4
2015/2016	尼克斯	7.7	4.2	24.2
2016/2017	尼克斯	5.9	2.9	22.4
场均数据		6.6	3.1	24.8

安东尼职业生涯季后赛数据

赛季	球队	篮板	助攻	得分
2003/2004	掘金	8.3	2.8	15.0
2004/2005	掘金	5.4	2.0	19.2
2005/2006	掘金	6.6	2.8	21.0
2006/2007	掘金	8.6	1.2	26.8
2007/2008	掘金	9.5	2.0	22.5
2008/2009	掘金	5.8	4.1	27.2
2009/2010	掘金	8.5	3.2	30.7
2010/2011	尼克斯	10.3	4.8	26.0
2011/2012	尼克斯	8.2	2.2	27.8
2012/2013	尼克斯	6.6	1.6	28.8
场均数据		7.3	2.8	25.7

安东尼全明星赛场均数据

8.0 篮板 / 1.2 助攻 /19.4 分

●档案

卡梅隆·安东尼 /Carmelo Anthony

绰号：甜瓜、Melo/ 位置：小前锋

出生地：纽约市布鲁克林区

出生日期：1984 年 5 月 29 日

身高：203cm/ 体重：104.3kg

效力球队：尼克斯、掘金

球衣号码：15、7

●荣耀

9 届全明星：2007、2008、2010~2016

1 届得分王：2012/2013

3 届奥运会金牌：2008、2012、2016

8♠

卡梅隆·安东尼
CARMELO ANTHONY

继“微笑刺客”之后又一位笑着“杀人”的巨星。
2.03 米的身高、2.13 米的臂展、104.3 公斤，强壮的安东尼在小前锋占尽优势，将身材和速度完美结合，加上丰富的进攻技术、出色的运动能力和良好的投篮手感，一个无懈的单打王就产生了。

卡梅隆·安东尼的昵称为 Melo，这是由他的名字 Carmelo 演变而来。而由于 Melo 与英文单词 Melon（甜瓜）无论在发音还是拼写上都十分相近，并且安东尼长相俊秀可爱，再加上他喜欢微笑、笑容甜美，因此也就顺理成章地称呼安东尼为“小甜瓜”了。

从 60 年代的埃尔金·贝勒开始，到 80 年代的拉力·伯德臻于顶峰。在这样一个时代里，最明显的标志就是小前锋作为球队的第一单打王牌兼顾内外。从 21 世纪之后，真正继承了传统小前锋精髓的人，前有皮尔斯，后有安东尼——古典主义小前锋的另一个代名词，就是万花筒式纯得分手：强壮的身躯，完善的技巧，外加早熟的投射。

这似乎已经预示了安东尼的命运，他不属于这个时代的篮球世界。他出生于纽约布鲁克林，以一张甜美的孩子脸，被赠予“甜瓜”的绰号。但他从小沾染了玩世不恭和豪侠仗义的风气，无论和艾弗森、科比还是詹姆斯，都能倾心相交，随时可以为朋友出头挥拳；但到了 NBA 赛场上，这种性格又难免被批评为意气用事态度不端。他被科比、詹姆斯这样的帝王级巨星一致认定为最可怕的一对一球员，而他的球队虽然是季后赛常客，却屡屡在淘汰赛中碰壁。时至今日，入行时和他并称绝代双骄的詹姆斯已经登临巅峰，而他却像孤独的游侠，腰间挂着世间最锋锐的武器，却无缘朝堂风光，只在乡野放浪青春。

安东尼是 NCAA 篮球联盟历史上最出色的一年级新生之一，他率领雪城大学获得了学校历史上第一个 NCAA 总冠军，顺理成章地成为四强赛最佳球员。大学第一个赛季平均每场比赛得到 22.2 分和 10 个篮板，初显全能身手，成为 NCAA 年度最佳一年级球员——于是，他的教练说：“你可以去 NBA 了，有一个 NCAA 冠军我已经很满足了。”

2003 年，当赛季的总冠军活塞队没有选他，他落到了探花的位置，去了丹佛掘金。2004 年 3 月 30 日，他 19 岁零 305 天，对超音速队单场 41 分，创下队史新秀得分纪录。能在比他更年轻的年龄做到这一点的，有且只有一个，正是詹姆斯。但他在新秀赛季的最后时刻暂时将詹姆斯比了下去：前一个赛季 17 胜的掘金赢了 43 场，挤进季后赛，安东尼场均 21 分。然而他们遇到了加内特在森林狼最巅峰的时刻，五场比赛后就出局了。

2005/2006 赛季，他的场均得分暴涨到场均 26.5 分。更重要的是，整个赛季，他 5 次在比赛的最后 5 秒命中制胜球，如果将时间延伸到最后 22 秒，绝杀的次数就更为惊人。2006/2007 赛季，安东尼场均 29 分一度领先得分榜，但却在 2007 年 3 月和科比的飓风表演遭遇，后者一波连续 4 场至少 50 分之后，将得分潮持续到赛季结束，安东尼只能屈居第二。

在安东尼因为斗殴被禁赛期间，球队招来艾弗森，另一位孤傲卓绝的得分手，掘金双枪遂成为最恐怖的得分组合。2007/2008 赛季是他们完整合作的第一个赛季，掘金再次搭上了季后赛末班车，却再次和巅峰强队狭路相逢。这次是科比和湖人，掘金连续第五年首轮出局。双枪的合作也随之走到尽头。比卢普斯来了，掘金也前所未有地健康，顶尖的攻击手配上冷血的指挥官，狂野的掘金成为横扫联盟的高原风暴。

2008 年 12 月 10 日，掘金战胜森林狼。安东尼在第三节中 15 投 12 中，单节独得 33 分，全场 45 分、11 个篮板、3 次助攻和 4 个抢断，就此惊醒了乔治·格文的尘封纪录。在此之前，没有人否认他是万花筒得分机器，没有人说他不够出色，但即使是他在 2006 年屡屡绝杀，人们也只是觉得：哦，那小子挺神奇的。但这一战之后，他抵达了一个足够醒目的高度，逼迫世界重新界定他的江湖地位：人们想，科比自然是一代杀神，当世无匹；但除了黑曼巴，当代还有比安东尼更优秀的得分手吗？

随着西部之巅两大高手狭路相逢，安东尼和科比的华丽对决贯穿始终，西部决赛第一场，他 39 分，科比 40 分，湖人险胜；第二场他 34 分压倒了科比的 32 分，掘金扳平。但科比第三场又是一个 41 分，湖人开始逆转局势，安东尼的状态开始起伏，六战之后，在安东尼的生日夜，掘金出局了。虽然输给了如日中天的科比，但这次季后赛之旅成了他职业生涯中最辉煌的篇章，以后他在季后赛中的戏份，再也不曾如此饱满炽热。

2010 年詹姆斯的南奔触动了安东尼的凡心，他非常豪迈地拒绝了丹佛的大合同——3 年 6500 万美金，并放出豪言：“非纽约不去。”2011 年 2 月，纽约人牙一咬心一横，扔出大半支球队，接走了“甜瓜”，五大首发被挖走三位，内线和替补基本空了。加上2010年夏以5年一亿美金加盟的阿马尔·斯塔德迈尔，纽约人终于抬头了，他们实现了大市场、大都市、大明星一体化——对于高傲的纽约媒体而言，有没有成绩是次要的，有没有镜头和卖点才是最重要的，这下他们满足了。

2012/2013赛季，当赛季的纽约老牌名将云集，润物无声。安东尼的态度和状态都前所未有，职业生涯第一次拿下得分王，而且前所未有地像个成熟的领袖。纽约打出富丽堂皇的都市篮球，全城狂欢。但保罗·乔治和印第安纳作为新规已经崛起，纽约在半决赛出局。2013/2014赛季，安东尼带着华丽的场均数据和一场单场62分的表演，无缘季后赛。2014/2015赛季，挣扎和沉沦在继续。如果说纽约还有什么希望，一是安东尼的5年亿元合同，二是正在掌舵纽约、迅速清场重建的传奇教练“禅师”杰克逊。

2014年夏天，已过而立之年的安东尼又有了改变自己命运的机会，他成为自由球员，有机会转投其他球队为冠军拼搏，但“禅师”的入驻又让他看见了球队崛起的希望，他最终选择了留在纸醉金迷的“大苹果城”，签下一份5年1.29亿美元的大合同。然而，事与愿违，当初憧憬的争冠仍然遥不可及，挣扎和沉沦还在继续。任凭甜瓜还是那个令人胆寒的“进攻万花筒”，可事实却是尼克斯连续3年无缘季后赛。

2016年夏，球队招募来了前MVP德里克·罗斯和前最佳防守球员乔金·诺阿，试图组建豪华阵容挑战骑士东部霸主的地位。经历了赛季初的蜜月期，尼克斯再度迷茫，季后赛的大门距离他们也渐行渐远。

纽约，聚光灯的中心，篮球的圣地，安东尼的家乡，他当然想在这里干出一番大事业，但现在看来，一切都遥遥无期。“03白金一代”的同伴们早已功成名就，而他依旧两手空空。32岁，慢慢滑坡的职业生涯，唯有胜利和总冠军才能实现甜瓜的自我救赎。

〈生涯高光闪回 / 单节33分〉

高光之耀：如果汤普森单节得37分，那么安东尼单节得33分就是现代篮球赛事中最具爆发性的得分表演，追平了1978年4月9日，马刺队“冰人”格文创造的单节飙分纪录。在此之前现役球员只有科比单节飙下30分。

2008年12月10日，掘金主场116比105战胜森林狼，安东尼第三节独得33分，平了“冰人”乔治·格文在30年前创下的NBA单节得分纪录。那12分钟里，安东尼15投12中，其中三分球5投4中；他一人的得分，比森林狼全队的得分（22）还要多；从第三节结束前9分33秒到1分57秒，掘金队的连续26分全部由他一人包办！光凭那一节的表现，安东尼的名字已足够载入史册。

最终，安东尼也率领掘金收获一场胜利，全场比赛他得到45分、11分篮板、3次助攻和4个抢断。

“在很多方面，他俩都太像了！他们都是那种能飞能投的超人。我认为克莱德一点不输给迈克尔。”
——“魔术师”约翰逊

德雷克斯勒职业生涯常规赛数据

赛季	球队	篮板	助攻	得分
1983/1984	开拓者	2.9	1.9	7.7
1984/1985	开拓者	6.0	5.5	17.2
1985/1986	开拓者	5.6	8.0	18.5
1986/1987	开拓者	6.3	6.9	21.7
1987/1988	开拓者	6.6	5.8	27.0
1988/1989	开拓者	7.9	5.8	27.2
1989/1990	开拓者	6.9	5.9	23.3
1990/1991	开拓者	6.7	6.0	21.5
1991/1992	开拓者	6.6	6.7	25.0
1992/1993	开拓者	6.3	5.7	19.9
1993/1994	开拓者	6.5	4.9	19.2
1994/1995	开拓者	5.7	5.1	22.0
1994/1995	火箭	7.0	4.4	21.4
1995/1996	火箭	7.2	4.8	19.3
1996/1997	火箭	6.0	5.8	18.0
1997/1998	火箭	4.9	5.7	18.4
场均数据		6.1	5.5	20.4

德雷克斯勒职业生涯季后赛数据

赛季	球队	篮板	助攻	得分
1983/1984	开拓者	3.4	1.6	7.2
1984/1985	开拓者	6.1	9.2	16.7
1985/1986	开拓者	6.3	6.5	18.0
1986/1987	开拓者	7.5	3.8	24.0
1987/1988	开拓者	7.0	5.3	22.0
1988/1989	开拓者	6.7	8.3	27.7
1989/1990	开拓者	7.2	7.1	21.4
1990/1991	开拓者	8.1	8.1	21.7
1991/1992	开拓者	7.4	7.0	26.3
1992/1993	开拓者	6.3	4.7	19.0
1993/1994	开拓者	10.3	5.5	21.0
1994/1995	火箭	7.0	5.0	20.5
1995/1996	火箭	7.8	5.0	16.6
1996/1997	火箭	5.6	4.8	18.1
1997/1998	火箭	5.4	4.6	15.0
场均数据		6.9	6.1	20.4

德雷克斯勒全明星赛场均数据

4.9 篮板 /2.6 助攻 /10.7 分

●档案

克莱德·德雷克斯勒 /Clyde Drexler
绰号：滑翔机 / 位置：得分后卫
出生地：路易斯安那州新奥尔良市
出生日期：1962 年 6 月 22 日
身高：201cm/ 体重：97.5kg
效力球队：开拓者、火箭
球衣号码：22

●荣耀

1 届总冠军：1995
10 届全明星：1986、1988~1994、1996~1997
1992 年奥运会金牌
NBA50 大球星
奈·史密斯名人堂

8♥

克莱德·德雷克斯勒

CLYDE DREXLER

克莱德·德雷克斯勒人称“滑翔机”，不仅因为他具有无与伦比的弹跳力，令人赏心悦目的高空滑翔上篮，也是因为其名为Clyder，与glider“滑翔机”发音相似。刚步入联盟时几乎有球必扣，德雷克斯勒标志性的动作就是持球右臂高举，左臂向左横向张开，犹如大鹏展翅。曾经有这么个传说：德雷克斯勒在一个非官方扣篮大赛中赢过乔丹。

你更无法想象这样的男子，竟然娴静安然若桂花打秋水般地站在崇尚铁血与肌肉的NBA球场上，或者说，他并非“站着”，而是高高翱翔在天际横空，穿越过极尽奢华光鲜的国际大都市，盘旋于书简丹青里淌着油墨馨香的城镇，巡梭于水粉胭脂浓妆淡抹的烟雨亭台，留下NBA赛场内外一片惊叹之声。

1962年6月22日，他出生于满街挑逗着爵士性感的新奥尔良，虽然他之后的成长岁月都留给了航天城休斯敦，但似乎就在他出生的那一瞬息，上帝就将爵士乐的悠扬舒缓附着在他的骨髓之上。年幼时的他展露出一些天赋，更多的却与篮球无关，他喜欢别致而又谦和的东西，比如书籍，比如音乐。

直到他升入高中，关于篮球的热爱才崭露头角。在进入大学之后，这些上苍的眷顾才肆无忌惮地完全释放出来。在那些青葱岁月里，他在篮球场亦邂逅了一生最亲密的朋友——哈基姆·奥拉朱旺。他们一起征战在NCAA的赛场之上，两个人都是最最低调的青铜器皿，却能在联手时撞击出吴越争霸、残阳照赤莽般惨烈的铁戈之声。

整个大学生涯，他司职前锋，由他、哈基姆·奥拉朱旺和拉里·麦克奥斯共同组成的锋线帮助球队连续两年杀入 NCAA 的最终四强。在他大学三年级的赛季中，他平均每场能够为球队贡献 15.9 分、8.8 个篮板和 3.8 次助攻，投篮命中率达到 53.6%。

随后，他先于奥拉朱旺一年进入 NBA。

1983 年，他正式宣布登陆 NBA，波特兰人在前面十三位总经理神经错乱的选择之下，如获至宝地将他在第十四顺位摘走。至此，雄鹰正式在 NBA 的天空展翅翱翔！

而首个赛季，作为新秀，他并未收获球队的信任，十四顺位也限制了他的发展。所有球队都会率先在乐透球员和赛季引援上下功夫——约翰·帕克森和凯文·耐特这两位经验丰富的锋卫摇摆人显然是波特兰人维持战绩的法宝。德雷克斯勒被打入冷宫的命数属于既定，17 分钟的上场时间里，足以让维尔特·张伯伦皱起眉头。他惨淡地交出场均 7.7 分的答卷，然后在休赛季里在训练房内挥汗如雨，等待下个赛季出现转机。

好在波特兰的教练团队看到了他的能力与天赋，在接下来的赛季，他便被委以重任。上场时间的猛涨，带来了得分数字的飙升——场均 17.2 分，不仅如此，他每场还能送出 6 个篮板和 5.5 次助攻以及 2.21 次抢断。波特兰人茅塞顿开，以前的璞玉已经绽放光芒，未来必定成为波特兰首屈一指的带头大哥。接下来的赛季，他场均得分再涨 1 分，助攻和抢断更加大放异彩，场均 8 个助攻，让如今司职控球后卫的小辈们都要汗颜退却，2.63 次抢断更让自称防守精英的汉子们自愧不如。

更让人叹为观止的，却是他静如处子、动如脱兔的球风。在比赛的大部分时间里，你仿佛都无法看到他在球场上的存在。波特兰的先发五虎里，他是最不起眼的那一个，而当你完全忽视他的存在的时候，他又适时而出，或是石破天惊地滑翔天际，将皮球劈扣入筐，或是如同优雅绅士一般从你身边从容经过，掠走你手里的皮球。

在关键时刻，他也会义不容辞地挺身而出。好比那一年他们对阵奥兰多魔术的总决赛，在安德森中了世界末日毒咒一般的四罚不中之后，正是他的两次空中漫步般的上篮将休斯敦从落败的边缘拉了回来。而在那之前，他已经“偷偷”地摘下来将近 20 分的分数。这就是他的风格，不张扬，过分低调，高命中的同时打球异常合理。

这也是他的弱点，终其一生，他似乎都不是一个能够登高一呼万人敬仰的皇者。

但这根本无法阻挡世人评价他“伟大”于万一。从 1986 年到 1989 年的三年时间里，是他在开拓者个人最辉煌的三年。那三年，他分别砍下场均 21.7 分、6.3 个篮板、6.9 次助攻、2.49 次抢断；27.0 分、6.6 个篮板、5.8 次助攻、2.51 次抢断和 27.2 分、7.9 次助攻、5.8 次助攻。但与此同时，开拓者却在季后赛举步维艰，连续三年倒在季后赛首轮。

由于球队在季后赛中的步履蹒跚，生性好静的他渐渐从媒体的视线中淡出，而他耀眼的技术统计也没有为他赢得应有的赞誉。但当波特兰开拓者队逐渐成为 NBA 总冠军的有力争夺者时，他才重获媒体的重视。在他的率领下，爆发的开拓者队在 1990 年和 1992 年两度杀入 NBA 总决赛，而 1991 年也进入了西部决赛。

三年倒在季后赛首轮，让他迅速成长成极具领袖气质的球员。在那年 21 场季后赛中，他场均得到 21.4 分和 7.2 个篮板，在与活塞总决赛的第二场，他更是独得 33 分，包括在加时赛最后的制胜罚球。然而，那却是开拓者在总决赛上唯一的一场胜利，底特律活塞队在“微笑刺客”伊塞亚·托马斯的率领下成功卫冕，但他在总决赛中场均砍下 26.4 分和 7.8 个篮板，投篮命中率高达到 54.3%，成为波特兰真正的中流砥柱。

1991/1992 赛季，他再次率队杀入总决赛，并那次遭遇了一生最大的敌人——迈克尔·乔丹。不幸的是，乔丹在第一场比赛中手感热得令人难以置信，仅在上半场就凭借一系列的跳投和远距离三分独取 35 分，最终公牛队也以 122 比 89 击溃开拓者队。此后开拓者队卷土重来，眼看就要将总决赛拖入第七场，但开拓者队在以 79 比 64 领先进入第四节的优势情况下输掉了第六场比赛，与总冠军失之交臂。

两人那一年在总决赛上的对决，成为很多年之后球迷津津乐道的话题，他也因此一举成为和乔丹在得分后卫位置上一统联盟东西两部的强者。接下来的两年，德雷克斯勒遭遇伤病侵袭，不复当年之勇。1995 年他感觉到留在 NBA 赛场上的光阴有限，于是要求球队将他交易到故乡球队——休斯敦火箭。德雷克斯勒与（大学校友）奥拉朱旺两人兄弟齐心，其利断金，在帮主不在的赛季顺利将 NBA 总冠军收入囊中。

1997 年，深受伤病的他宣布赛季结束后选择退役。媒体安静地报道了这则消息，他很开心，他是一辈子安然的人，不喜欢喧嚣。可是，当他在那个赛季末出现在赛场时，疯狂的球迷终究还是没能遂了他的心愿，山呼海啸的呼喊声，冲破云霄！

人们会永远铭记——“滑翔机”克莱德·德雷克斯勒！

〈生涯高光闪回 / 对决大鸟〉

高光之耀：这是一场没有失败者的比赛，面对着传统豪门凯尔特人，双加时鏖战，152 比 148 的高得分，以及德雷克斯勒拿下的 41 分、8 个篮板、11 次助攻全能豪华数据，足以媲美“大鸟”，两人联手奉献这惊心动魄的经典对局。

1992 年 3 月 15 日，主场作战的凯尔特人迎战开拓者。常规时间最后阶段，伯德连得 7 分将比赛拖入加时，包括最后 2 秒投进的一个匪夷所思的三分球。第一个加时最后 1 秒凯尔特人再次投中 2 分将比分扳平，双方进入第二个加时。第二个加时一直打到最后才分出胜负，最终顽强的凯尔特人以 152 比 148 赢的这场旷世大战的胜利。

德雷克斯勒拿下 41 分、8 个篮板、11 次助攻，伯德更是拿下 49 分，外加 14 个篮板、12 次助攻的大号“三双”成绩！

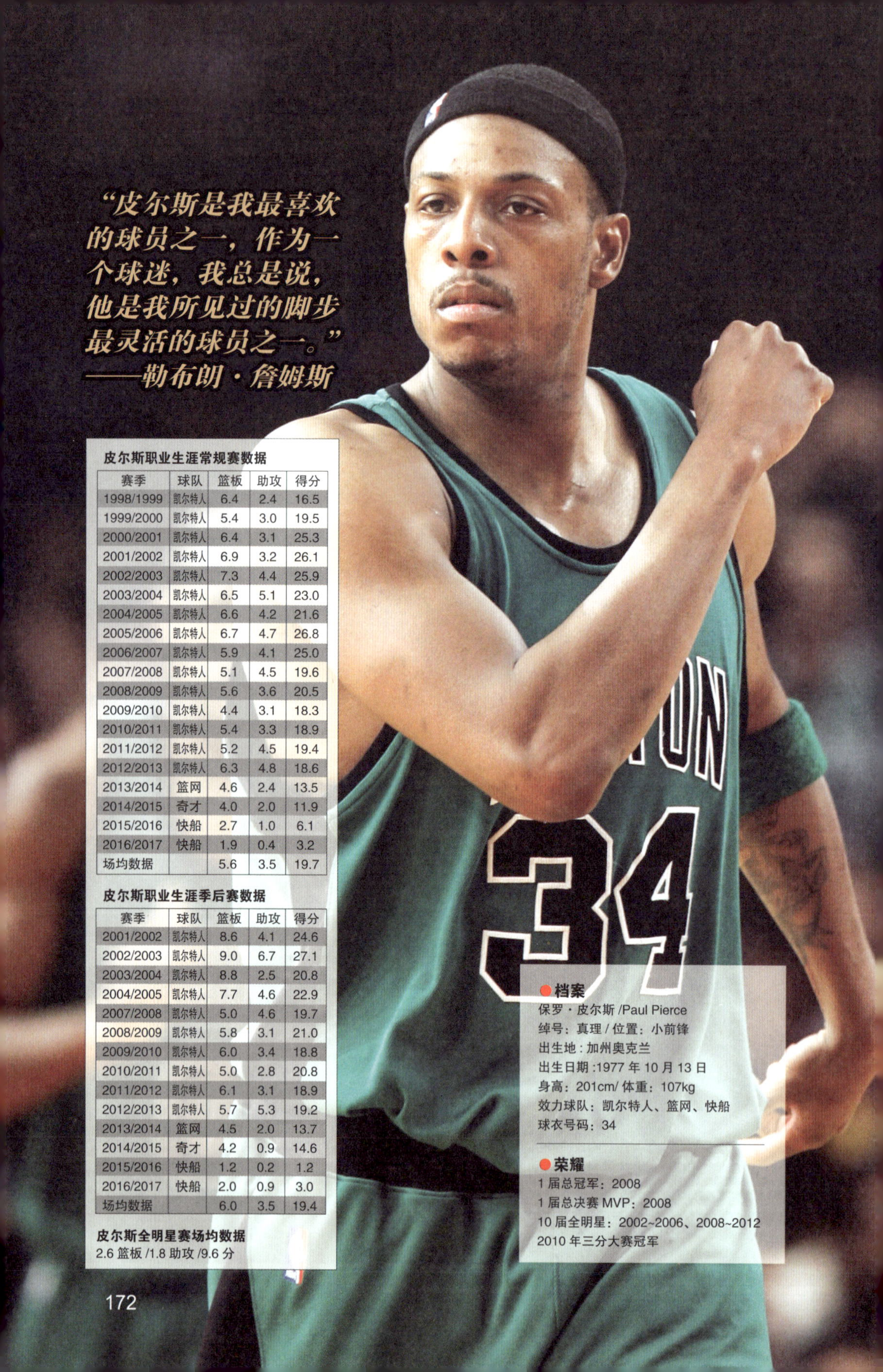

“皮尔斯是我最喜欢的球员之一，作为一个球迷，我总是说，他是我所见过的脚步最灵活的球员之一。”
——勒布朗·詹姆斯

皮尔斯职业生涯常规赛数据

赛季	球队	篮板	助攻	得分
1998/1999	凯尔特人	6.4	2.4	16.5
1999/2000	凯尔特人	5.4	3.0	19.5
2000/2001	凯尔特人	6.4	3.1	25.3
2001/2002	凯尔特人	6.9	3.2	26.1
2002/2003	凯尔特人	7.3	4.4	25.9
2003/2004	凯尔特人	6.5	5.1	23.0
2004/2005	凯尔特人	6.6	4.2	21.6
2005/2006	凯尔特人	6.7	4.7	26.8
2006/2007	凯尔特人	5.9	4.1	25.0
2007/2008	凯尔特人	5.1	4.5	19.6
2008/2009	凯尔特人	5.6	3.6	20.5
2009/2010	凯尔特人	4.4	3.1	18.3
2010/2011	凯尔特人	5.4	3.3	18.9
2011/2012	凯尔特人	5.2	4.5	19.4
2012/2013	凯尔特人	6.3	4.8	18.6
2013/2014	篮网	4.6	2.4	13.5
2014/2015	奇才	4.0	2.0	11.9
2015/2016	快船	2.7	1.0	6.1
2016/2017	快船	1.9	0.4	3.2
场均数据		5.6	3.5	19.7

皮尔斯职业生涯季后赛数据

赛季	球队	篮板	助攻	得分
2001/2002	凯尔特人	8.6	4.1	24.6
2002/2003	凯尔特人	9.0	6.7	27.1
2003/2004	凯尔特人	8.8	2.5	20.8
2004/2005	凯尔特人	7.7	4.6	22.9
2007/2008	凯尔特人	5.0	4.6	19.7
2008/2009	凯尔特人	5.8	3.1	21.0
2009/2010	凯尔特人	6.0	3.4	18.8
2010/2011	凯尔特人	5.0	2.8	20.8
2011/2012	凯尔特人	6.1	3.1	18.9
2012/2013	凯尔特人	5.7	5.3	19.2
2013/2014	篮网	4.5	2.0	13.7
2014/2015	奇才	4.2	0.9	14.6
2015/2016	快船	1.2	0.2	1.2
2016/2017	快船	2.0	0.9	3.0
场均数据		6.0	3.5	19.4

皮尔斯全明星赛场均数据
2.6 篮板 /1.8 助攻 /9.6 分

档案
保罗·皮尔斯 /Paul Pierce
绰号：真理 / 位置：小前锋
出生地：加州奥克兰
出生日期 :1977 年 10 月 13 日
身高：201cm/ 体重：107kg
效力球队：凯尔特人、篮网、快船
球衣号码：34

荣耀
1 届总冠军：2008
1 届总决赛 MVP：2008
10 届全明星：2002~2006、2008~2012
2010 年三分大赛冠军

8♣

保罗·皮尔斯

PAUL PIERCE

对于大多数球迷而言，皮尔斯就像一个大反派。他率领着凯尔特人，霸道而又蛮横地阻隔着科比、詹姆斯、韦德等人的登顶之路，年复一年。朴实低调的全能球风，脚步华丽的低位单打，无论是外线的三分冷箭，还是45度强力内切，皮尔斯都能驾轻就熟。在他身上看不到科比的飘逸，也看不到詹姆斯的强悍，但是皮尔斯总能有条不紊地施展自己的才华，掌握着球场的节奏和走势。

要把球交给他，皮尔斯就会得分。拥有天生的得分触觉，技术全面、细腻、纯熟，更恐怖的是他秉承着强悍、坚韧、高智商的凯尔特人风格，总能找到最好的处理球的方法。强悍的背部力量属联盟顶级，一个永远被对手视为噩梦的锋卫摇摆人，这就是“真理”。

他的出生地加利福尼亚，本就是个湖人球迷聚集的地方。高一下半学期，他进入了英格伍德高中篮球队，但仅仅一个月后，皮尔斯就因为体重过重，被踢出校队。高二的时候，皮尔斯拼命地减肥，才终于进入了校队，随后由于校队主力受伤的原因，他得以获得机会，并坐稳首发。高中毕业，皮尔斯的身高已经长至1.93米，外线投篮很准确，同时在内线也有很强的得分能力，在加州太平洋赛区锦标赛中，皮尔斯两度拿下锦标赛的最有价值球员。高中生涯的最后一年，皮尔斯以平均24.5分、11.5个篮板与4.0次助攻的全面成绩，成为加州的年度最佳球员，同时也入选了麦当劳全美高中明星对抗赛。

猜猜1995的麦当劳全美高中明星赛都有谁？卡特、加内特、马布里、皮尔斯、比卢普斯。皮尔斯费尽力气砍下28分，但MVP却被全场得到18分11板的加内特夺走。

1997年，大二的皮尔斯带领堪萨斯大学在NCAA里以31胜1负的战绩挺进季后赛，但却在 16 强以 82 比 85 输给了白魔鬼的 Arizona 这只冠军队。大三更是一落千丈，季后赛爆冷输给了罗德岛大学，直接让保罗·皮尔斯滑落到了首轮第十顺位。但是，他竟然被马萨诸塞州的波士顿凯尔特人选中了。于是，他带着对湖人死忠的情绪登上了飞往波士顿的飞机。不知道波士顿是不是也带着情绪，他在 1999 年 2 月 5 日才打上第一场 NBA 比赛。新秀时期的皮尔斯会沿着三分线依次投射三分，并且在每一个三分球入篮后都高喊出排在自己选秀顺位之前一个球员的名字，像极了 1981 年的伯德。他们都流着绿军的血，有一份接近于自负的自信和傲骨。

2000 年 9 月 25 日，二年级的皮尔斯在波士顿一家名为 BUZZ 的夜总会被刺 11 刀，其中最致命的一刀直接入胸，穿透肺，距离心脏仅差 0.025 厘米。凯尔特人懵了。幸好他活下来了，不，简直是重生了。3 天后出院，18 天后重返训练场，然后立即参与了 2000 年 11 月的常规赛，一场不落地打完了整个赛季的比赛。

被誉为进攻万花筒、精准的三分球看似松垮却稳定如一的突破，神乎其神的晃肩假动作，几年后被誉为背打第一人。2001 年 3 月，皮尔斯作客洛杉矶，用 19 投拿了 42 分，他被奥尼尔称作“真理”（The Truth）。整个赛季皮尔斯场均砍下 25.3 分。

2002 年 5 月 3 日，皮尔斯在艾弗森头上 25 投 16 中拿下 46 分之后，淘汰了艾弗森，仿佛自己内心嘀咕了一句：“老子才是天下第一，凭什么给我第三阵容。”嘴上喊出了一句：“在 NBA 里一对一没人是我的对手。”那是他在“绿衫军”前八年的巅峰，波士顿凯尔特人打到了东部决赛。

2006 年，皮尔斯迎来了自己的巅峰期，而凯尔特人迎来了最黑暗的两年。皮尔斯拿出了职业生涯最好的数据——场均 27+7+5，在乍暖还寒的时候，两星期内奉献了 3 次绝杀，还送给詹姆斯一场 50 分。但当 2007 年他们打出 24 胜的战绩时，球迷送出恐吓信，加上一个弹壳一起给了皮尔斯。这就是他辛苦 9 年为这支球队卖命的结尾吗？于是他也开始逼宫，就像科比所做的那样，终于凯尔特人给他整来了两个不得了的帮手——加内特和雷·阿伦。

顺理成章杀到了总决赛，对手是科比和他的老家球队——洛杉矶湖人。 第一场，一切感觉不是那么的顺利，凯尔特人始终落后着那么几分。皮尔斯——这个“半个洛杉矶人”在波士顿的地板上捍卫着自己仇敌的尊严。直到第三节，自己趴在地上抱着腿打滚的时候，他受伤了。他都不能自己走下球场，被队友抬进更衣室治疗去了。皮尔斯经历了太多太多，从生死的 2000 年，到黑暗般的 2007 年，每一次痛苦都熬过来了。

刚才还无法站立的皮尔斯，进入更衣室不到 3 分钟，走路都费劲的人，竟然回到了场上。凯尔特人士气大振，全场球迷发出排山倒海的欢呼声，而且让湖人难以接受的是，皮尔斯上来就是连续命中两个三分球，从而帮助凯尔特人一举反超比分。皮尔斯瘸着腿出现在了他 10 年来一直战斗的场地中央，他像 1973 年尼克斯英雄里德那样站了起来。

第五场，皮尔斯顶着 L.A 漫天的嘘声，拿下 38 分，他毫不手软。第六场，他们展现出可怕的魄力，从开始第一分钟就把 L.A 按在了水下，最后以 39 分优势夺冠。皮尔斯获得了总决赛 MVP，这是他十年来唯一一个个人殊荣，也算是对他 10 年忠诚的一种奖励。

2012 年 5 月，他们苦战七场再次输给热火。最后一场，他 18 投只有 4 中，三分球 9 中 1，这也是他代表波士顿凯尔特人队的最后一场比赛了。他不会抛弃波士顿，但波士顿抛弃了他。一个为凯尔特人卖了 15 年的命的加州人，最后被交易到了篮网，和加内特一起，继续他们阻击热火的悲壮宿命。

皮尔斯离开“绿衫军”，留下他在凯尔特人的纪录：1102 场比赛，上场 40360 分钟，24021 分，6651 个篮板，4305 次助攻，留下了他的才华，留下了他的青春。唯一带走了的，是那绿色的血液。2014 转战奇才，他依然能够奉献绝杀，狙击锋芒正劲的东部头牌老鹰，第六战只差 0.1 秒压哨超时，让他与命中宿敌詹姆斯擦肩而过。

最后，2015 年 7 月皮尔斯选择了落叶归根，回到出生地加利福尼亚，加盟了快船，如果不能在一支球队终老，那么选择在家乡洛杉矶落幕也是一个好的结局。

2017 年 2 月 6 日快船 102 比 107 输给凯尔特人，比赛波澜不惊，现效力于快船的皮尔斯成为全场的唯一焦点：因为这是他以球员的身份最后一次来到波士顿，可谓意义非凡。皮尔斯曾经为凯尔特人效力 15 个赛季，也是凯尔特人队的标志与象征。

皮尔斯此前已表示这个赛季结束后就会正式退役，此战也成为他作为球员的波士顿谢幕之战。比赛开始前，皮尔斯意味深长地跪在北岸花园球馆的地板上亲吻地板，这一吻也献上了这位柔肠铁汉最长情的告白。

〈生涯高光闪回 / “真理”的诞生〉

高光之耀：一个传奇绰号在奥尼尔的侃侃而谈中诞生了。

2001 年 3 月 13 日，皮尔斯率领凯尔特人远赴西海岸，挑战湖人。虽然以 107 比 112 惜败，然而皮尔斯的表现折服了包括对手在内的诸多客场球迷。此役皮尔斯 19 投 13 中狂砍 42 分。更难能可贵的是在比赛中他展现了全面的篮球技术，他那花样繁多的进攻技巧堪称“完全教科书”。

赛后，沙奎尔·奥尼尔拉起一位波士顿记者，来到更衣室。“把我说的记下来。我叫沙奎尔·奥尼尔，但是保罗·皮尔斯才是真理。这是我的原话，不要修改。我早就知道他打球很厉害，然而我没有想到居然如此厉害。保罗·皮尔斯就是真理。”

“卡特用他惊世骇俗的灌篮表演为猛龙赢得了世界范围内的知名度，他的表演让篮球重新成为一项让人兴奋的运动。”

——大卫·斯特恩

档案

文斯·卡特 /Vince Carter

绰号：半人半神、UFO

位置：得分后卫

出生地：佛罗里达州代顿海滩市

出生日期：1977 年 1 月 26 日

身高：198cm/ 体重：98kg

效力球队：猛龙、篮网、魔术、太阳、小牛、灰熊

球衣号码：15、25

荣耀

8 届全明星：2000~2007

最佳新秀：1998/1999

2000 年扣篮大赛冠军

2000 年悉尼奥运会金牌

8

文斯·卡特
VINCE CARTER

单从扣篮的角度来看，卡特就是一个神。在他出现以前，联盟里虽然扣将如云，但似乎从来没有一个人能像他那样，将扣篮演绎得如此华丽和完美。他的扣篮集高度、力度、难度、观赏性、技巧性、滞空和表现力于一身，能够带给观者一种精彩绝伦的“全方位”视觉震撼。

文斯·卡特在佛罗里达戴托纳海滩长大，两岁那年，他在家看了一场 NBA 直播，被电视机中“J 博士”飞翔的身影迷得如痴如醉。事后他在自家后院里一遍遍模仿，由于动作太过夸张，那些小伙伴们给他取了个绰号“UFO”。他真的太想飞了。

在孩提时代，卡特的生活就与篮球融为了一体。11 岁那年，一次普通的跳跃，卡特的手指就碰到了篮筐，一年后，他完成了生命中的首次扣篮。高中时代，他成为球队中的明星，也成了对方频繁包夹的对象，他对此感到厌烦。在一次突破中，卡特原本打算以一个低手上篮收场，但面对一整场遭遇包夹的憋屈，卡特没有选择轻松得分，而是迎着防守完成了一记技惊四座的扣篮。

在北卡读大三的时候，卡特入选 ACC 联盟最佳阵容第一队，全美最佳阵容第二队，并成为伍登奖候选人。1997 年和 1998 年，连续两年率领球队跻身 NCAA 全美四强。

1998 年，他在首轮第五顺位被勇士选中，并被交易到多伦多猛龙。菜鸟赛季获得最佳新秀，第二个赛季已经成为球队领袖，场均得分 25.7，入选联盟三阵，并成为历史上首位参加全明星赛的猛龙队球员。

在猛龙的岁月，只要他抢断皮球，一人快攻，全场观众就会瞬间起立。然后人们就会目睹一记让人头皮发麻、汗毛倒竖、浑身起鸡皮疙瘩的扣篮，或是大风车，或是360度，或是拉杆折叠扣，那力与美的结合让大家忘记了是在看篮球。

2000年全明星扣篮大赛，是历史上抹不去的经典。卡特左侧轻松加速，切入篮下，跑了一个弧圈，急停，腾空而起，反向360度再加大风车。全场发出狂呼，KG拿着摄影机目瞪口呆，奥尼尔嘴巴变成了O型，所有人都打出满分，微笑刺客更是激动得失去控制，单膝跪地顶礼膜拜。卡特却冷酷地挥手，嘴里念叨的是："It's over，It's over."

2000年的扣篮大赛让他成了联盟的标志之一，奥尼尔给他起了个绰号叫做"半人半神"。大家买票去看猛龙的比赛，等的就是文斯·卡特快攻时飞龙在天一般的身影。

2001到2005年间，他是全联盟最好的得分手之一，他有迅捷的突破第一步，高水准的三分球，他强壮的身躯和上肢力量可以背打任何三号位。2001年东部半决赛，年度MVP、史上最矮得分王对上了半人半神，艾弗森电光石火，卡特飞天遁地，那是棋逢对手、将遇良才的一场比赛。

2001/2002赛季，云端上的卡特被命运嫉妒，伤病没有放过他那价值千万美元的膝盖，他在3月22日宣布接受左膝手术，赛季提前报废。2002/2003赛季复出之后，他再也无法恢复从前的那份锐利，伤病开始对他纠缠不休。

2004年12月17日，卡特被交易到了新泽西。那个赛季，卡特场均得到27.5分，创篮网队史个人单季场均得分纪录。他和基德、理查德·杰弗森组成的"三叉戟"，成为当时NBA最受球迷欢迎的组合。这时候的卡特铅华褪尽，技术风格更加沉稳。

2009年6月26日，新泽西三叉戟风吹云散。在奥兰多、凤凰城，卡特都是匆匆的过客。2009至2011这三年，在人们眼里，卡特的能量似乎渐渐耗尽，"半人半神"似乎终于败给了地球重力，落到了平凡的俗世间。2011年12月10日，他被重建的太阳裁掉。3天后，达拉斯小牛队签下他。在2014年季后赛第一轮牛马大战的第三战，比赛最后时刻37岁的卡特一个假动作点起飞扑而来的吉诺比利，投出了一记高难度的后仰三分，主场以109比108绝杀马刺。虽然小牛在七场苦战后输掉比赛，但卡特和马努两位老将的绝命对飙，成为了那个系列赛最让人动容的情节。

2014年7月15日，卡特加盟了孟菲斯灰熊，并穿回自己的15号球衣。在这里，他作为一名成熟而睿智的老将存在，投篮、防守、指点年轻人。

有时老夫聊发少年狂，2017年3月14日，灰熊主场113比93大胜雄鹿。本赛季第一次首发的卡特"老兵不死"，全场8投8中砍下24分，成为NBA历史上单场8投全中最年长球员。而且，卡特三分球6投6中，成为NBA历史上首个单场命中6记三分的40岁球员。此外，卡特成为乔丹之后首位单场至少得到24分的40岁球员。

卡特迈开老腿持球突破，双拳放在前额，做那个天下闻名的——"半人半神"的专属庆祝动作。一边往前跑，一边皱起眉头看着对手，满脸都是当年的那一份骄傲。

卡特职业生涯常规赛数据

赛季	球队	篮板	助攻	得分
1998/1999	猛龙	5.7	3.0	18.3
1999/2000	猛龙	5.8	3.9	25.7
2000/2001	猛龙	5.5	3.9	27.6
2001/2002	猛龙	5.2	4.0	24.7
2002/2003	猛龙	4.4	3.3	20.6
2003/2004	猛龙	4.8	4.8	22.5
2004/2005	猛龙	3.3	3.1	15.9
2004/2005	篮网	5.9	4.7	27.5
2005/2006	篮网	5.8	4.3	24.2
2006/2007	篮网	6.0	4.8	25.2
2007/2008	篮网	6.0	5.1	21.3
2008/2009	篮网	5.1	4.7	20.8
2009/2010	篮网	3.9	3.1	16.6
2010/2011	篮网	4.1	2.9	15.1
2010/2011	太阳	3.6	1.6	13.5
2011/2012	小牛	3.4	2.3	10.1
2012/2013	小牛	4.1	2.4	13.4
2013/2014	小牛	3.5	2.6	11.9
2014/2015	灰熊	2.0	1.2	5.8
2015/2016	灰熊	2.4	0.9	6.6
2016/2017	灰熊	3.1	1.8	8.0
场均数据		4.6	3.3	18.2

卡特职业生涯季后赛数据

赛季	球队	篮板	助攻	得分
1999/2000	猛龙	6.0	6.3	19.3
2000/2001	猛龙	6.5	4.7	27.3
2004/2005	篮网	8.5	5.8	26.8
2005/2006	篮网	7.0	5.3	29.6
2006/2007	篮网	6.8	5.3	22.3
2009/2010	篮网	4.2	2.3	15.5
2011/2012	小牛	5.5	0.3	8.3
2013/2014	小牛	3.6	2.4	12.6
2014/2015	灰熊	4.3	1.0	6.3
2015/2016	灰熊	3.8	1.3	11.3
场均数据		5.6	3.5	18.8

卡特全明星赛场均数据

2.6 篮板 /1.9 助攻 /10.1 分

〈生涯高光闪回 / 扣杀旧主〉

高光之耀：这位多伦多昔日的领袖，在漫天嘘声中完成反戈两重击，令这场比赛的经典色彩更为浓重。尽管卡特一生毙敌无数，绝杀桥段不胜枚举，但唯独本场令他此生难忘，奉为至尊。为什么？44 秒 12 分，这让卡特想起了一位故人。

2008 年 11 月 22 日，新泽西篮网客场 129 比 127 击败多伦多猛龙，文斯·卡特上演了经典的双绝杀戏码。卡特在常规时间最后 44 秒狂揽 12 分，其中最后 25 秒得到 10 分，并用一记大号三分把比赛带入加时。加时赛最后 2.1 秒，猛龙的帕克投中扳平 3 分，留给了篮网 0.5 秒。就在这千钧一发之际，西蒙斯边线发球，卡特反跑后高高跃起，空中接力完成反扣绝杀！此役，卡特共得到 39 分、9 个篮板、6 次助攻。

“作为一个小前锋，沃西绝对是前无古人，后无来者，只不过他一直低调。在他巅峰时，我敢保证，没有人能接近他。”

——帕特·莱利

档案

詹姆斯·沃西 /James Worthy
绰号：Big game James/ 位置：小前锋
出生地：北卡州加斯通里亚
出生日期：1961 年 2 月 27 日
身高：206cm/ 体重：102kg
效力球队：湖人
球衣号码：42

荣耀

3 届总冠军：1985、1987、1988
1 届总决赛 MVP：1988
7 届全明星：1986~1992
NBA50 大球星
奈·史密斯名人堂

7♠

詹姆斯·沃西

JAMES WORTHY

他是“SHOWTIME”，湖人进攻端的最强音。在科比之前，他是紫金王朝最毒的蛇（眼镜蛇）。他是詹姆斯·沃西，遇强则强的大场面先生。沃西令人叹为观止的运动能力必将载入史册：快如闪电的速度，潇洒飘逸的空中飞翔，气势磅礴的单手自由女神像式扣篮。

SHOWTIME是20世纪80年代NBA最赏心悦目的章节，也是那个时代不朽的丰碑。“魔术师”匪夷所思的助攻和“天勾”凌波若水的篮下舞步，常常博得满堂喝彩，也确实为湖人繁华若锦的光阴奠定了基调。而詹姆斯·沃西却与洛杉矶的一切格格不入，他没有灵如鬼魅的过人步法，也不经常上演势若奔雷的霹雳暴扣。

他沉稳、冷静、低调，整场比赛都很难看见他峥嵘有露，他甚至不如队里的拜伦·斯科特看着有巨星范。常年带着护目镜，也遮挡了他真实的容颜，你甚至无法辨认出不戴护目镜的沃西。有太多场那样的比赛，他只得到12、13分，就退回板凳席，等待哨音响起，又一场胜利的唾手可得。

往往这些时刻，没人记得他，甚至连NBA的那些专家们也把他忘却了。整个职业生涯，他只入选过一次“最佳第三阵容”，这就是他被忽视的例证。其实想想，也是完全没有办法的事，他的数据很平常，球风也过于朴实无华，无华到他简直不像是一个篮球运动员，反而像一个短跑专家。每场比赛，他所做的，不过是在贾巴尔抢到后场篮板之后，奋力跑向对方的篮筐，等待“天勾”或者“魔术师”将皮球从脑后传来，然后头也不回地接过皮球，一个上篮，稳稳地将球送入篮筐。

对，他不喜欢扣篮。接受 ESPN 采访时，他就说过，有时候，他尽量不去扣篮，因为他觉得对于他来说，上篮比扣篮的命中率似乎还要高一些。另外，还有至关重要的一点，扣篮比上篮浪费时间，他希望用最短的时间和最稳健的方式为球队拿下分数。

这就是沃西的篮球理论，用最高效、最稳健的方式砍下分数，赢得比赛。

当然，其实沃西的扣篮还是颇有观赏性和创造性的，毕竟名冠东西的“自由女神像式扣篮”也绝非浪得虚名，但是沃西自己却颇为不以为然：“如果扣篮好看能够取得比赛胜利，我会次次都扣篮。但是现在，我要参加的是总决赛，而不是扣篮大赛！”

虽然沃西低调质朴的个人风格与奢华绚丽的 SHOWTIME 似乎背道而驰，但不妨碍他成为湖人队将球员天职履行最完美的球员，没有之一。球场的沃西，兢兢业业，是洛杉矶人最值得信赖的外线大闸，也是洛杉矶人攻城拔寨最仰仗的利器！

当沃西退役的时候，他的成就让人目不暇接：1982 年 NCAA 最后四强最杰出球员，1988 年 NBA 总决赛 MVP，湖人 80 年代三次总冠军成员。他的职业生涯季后赛场均 21.1 分、5.2 个篮板，甚至比他的常规赛场均 17.6 分、5.1 个篮板还要耀眼。所以除了“眼镜蛇”之外，大家还称呼他为“大赛詹姆斯”。

沃西在北卡时期就上演过关键先生的好戏。1982 年 NCAA 决赛，沃西、帕金斯、乔丹是这支球队的核心，北卡对阵尤因领军的乔治城大学，那场比赛沃西全场 17 投 13 中得到 28 分，比赛关键时刻他送出了关键的助攻，帮助乔丹命中绝杀跳投，之后又抢断了弗雷德·布朗的传球，确保北卡大学 63 比 62 险胜夺冠。尽管这场比赛让乔丹声名鹊起，但沃西赢得了四强赛的 MOP。那场比赛，沃西面对尤因的补扣镜头还成为《体育画报》的封面。

1982 年，沃西参加 NBA 选秀大会，刚刚夺得 1982 年冠军的湖人居然再次拿到状元签，他们选择了沃西。

然而湖人队的阵容实在过于强大，在同时拥有贾巴尔和“魔术师”两大核心的情况下，新科状元只能从替补做起。尽管只是一名配角，但沃西在季后赛演绎了一段传奇。1985 年季后赛，沃西场均得到 21.5 分，命中率 62.2%，尤其是在总决赛对阵凯尔特人，他场均得到 23.7 分。

1986/1987 季后赛，他场均 23.6 分，命中率 59.1%。1988 年的总决赛中，带着卫冕压力的湖人遇上了新锐势力活塞。沃西场均得到 22 分、7.4 个篮板、4.4 次助攻，湖人在 2 比 3 落后的情况下，沃西在第六场得到 28 分、9 个篮板，第七场得到 36 分、16 个篮板、10 次助攻，湖人逆转夺冠，沃西赢得了他唯一一座总决赛 MVP。纵观沃西的职业生涯，他在常规赛场均得到 17.6 分、5.1 个篮板、3 次助攻，但在 143 场季后赛中，数据提升到 21.1 分、5.2 个篮板、3.2 次助攻，总决赛数据则是 22.2 分，53% 的投篮命中率。

沃西职业生涯常规赛数据

赛季	球队	篮板	助攻	得分
1982/1983	湖人	5.2	1.7	13.4
1983/1984	湖人	6.3	2.5	14.5
1984/1985	湖人	6.4	2.5	17.6
1985/1986	湖人	5.2	2.7	20.0
1986/1987	湖人	5.7	2.8	19.4
1987/1988	湖人	5.0	3.9	19.7
1988/1989	湖人	6.0	3.6	20.5
1989/1990	湖人	6.0	3.6	21.1
1990/1991	湖人	4.6	3.5	21.4
1991/1992	湖人	5.6	4.7	19.9
1992/1993	湖人	3.0	3.4	14.9
1993/1994	湖人	2.3	1.9	10.2
场均数据		5.1	3.0	17.6

沃西职业生涯季后赛数据

赛季	球队	篮板	助攻	得分
1983/1984	湖人	5.0	2.7	17.7
1984/1985	湖人	5.1	2.2	21.5
1985/1986	湖人	4.6	3.2	19.6
1986/1987	湖人	5.6	3.5	23.6
1987/1988	湖人	5.8	4.4	21.1
1988/1989	湖人	6.7	2.8	24.8
1989/1990	湖人	5.6	3.0	24.2
1990/1991	湖人	4.1	3.9	21.1
1992/1993	湖人	3.4	2.6	13.8
场均数据		5.2	3.2	21.1

沃西全明星赛场均数据

3.7 篮板 /1.3 助攻 /10.6 分

1994/1995 赛季，沃西决定脱下战袍正式退役。在他退役时，他的职业生涯总得分达到 16320 分，更重要的是他给我们带来了无数个经典的时刻。许多球迷和队友都把沃西的离去看作是一个时代的终结，一向沉稳的沃西也对此念念不忘。

沃西令人叹为观止的运动能力必将载入史册：快如闪电的速度，潇洒飘逸的空中飞翔，气势磅礴的单手自由女神像式扣篮。当然还有他在季后赛的超人表现。

〈生涯高光闪回 / 抢七大三双〉

高光之耀：当人们哀叹洛杉矶的枭雄陌路，他们似乎忘记了他们还有个只为大场面而生的球员——沃西出现了，带着无可匹敌的气势，总决赛抢七战大三双，足以震古烁今，若干年后的詹姆斯才打出同样的壮举。

1988 年总决赛湖人对阵活塞，第七场的生死大战！天勾惨遭对方压制，“魔术师”被托马斯纠缠得分身乏术，沃西再次扮演了“大场面先生”的角色，首节就砍下 11 分。

第三节，沃西连得七分，以一己之力帮助湖人反超比分。在最关键的第四节变得更加无可阻挡。他才是湖人真正的王牌！随着托马斯在关键时刻的三分球弹筐而出，湖人终于拿下了八十年代的第五座总冠军奖杯。而沃西也戴上生涯的第三个总冠军戒指！36 分、16 个篮板、11 次助攻，这是他职业生涯中最绚烂的舞姿！

威尔金斯职业生涯常规赛数据

赛季	球队	篮板	助攻	得分
1982/1983	老鹰	5.8	1.6	17.5
1983/1984	老鹰	7.2	1.6	21.6
1984/1985	老鹰	6.9	2.5	27.4
1985/1986	老鹰	7.9	2.6	30.3
1986/1987	老鹰	6.3	3.3	29.0
1987/1988	老鹰	6.4	2.9	30.7
1988/1989	老鹰	6.9	2.6	26.2
1989/1990	老鹰	6.5	2.5	26.7
1990/1991	老鹰	9.0	3.3	25.9
1991/1992	老鹰	7.0	3.8	28.1
1992/1993	老鹰	6.8	3.2	29.9
1993/1994	老鹰	6.2	2.2	24.4
1993/1994	快船	7.0	2.3	29.1
1994/1995	凯尔特人	5.2	2.2	17.8
1996/1997	马刺	6.4	1.9	18.2
1998/1999	魔术	2.6	0.6	5.0
场均数据		6.7	2.5	24.8

威尔金斯职业生涯季后赛数据

赛季	球队	篮板	助攻	得分
1982/1983	老鹰	5.0	0.3	15.7
1983/1984	老鹰	8.2	2.2	19.0
1985/1986	老鹰	6.0	2.8	30.0
1986/1987	老鹰	7.8	2.8	20.8
1987/1988	老鹰	6.4	2.8	27.2
1988/1989	老鹰	5.4	3.4	31.2
1990/1991	老鹰	6.4	2.6	26.8
1992/1993	老鹰	5.3	3.0	28.6
1994/1995	凯尔特人	10.8	2.0	19.2
1998/1999	魔术	0.0	0.0	2.0
场均数据		6.7	2.6	25.4

威尔金斯全明星赛场均数据
3.4 篮板 / 1.9 助攻 /13.3 分

如果一场比赛就像一部电影，那么威尔金斯的扣篮就是人类电影精华。

档案

多米尼克・威尔金斯 / Dominique Wilkins
绰号：人类电影精华 / 位置：小前锋
出生日期：1960 年 1 月 12 日
身高：203cm / 体重：104kg
效力球队：亚特兰大老鹰
球衣号码：12、21

荣耀

9 届全明星：1986~1994
1 届得分王：1985/1986
2 届扣篮大赛冠军：1985、1990、1994 年
世锦赛冠军
奈・史密斯名人堂

7♥

多米尼克·威尔金斯
DOMINIQUE WILKINS

一个人的篮球表演得是怎样的光华夺目才能被称为“人类电影精华”？如今提及他，我们第一时间想到的总是他那壮丽绝伦、挥洒自如的双臂大风车扣篮。但事实上，他最擅长两件事——扣篮和得分。

他的传说，无论是扣篮还是得分，往往和乔丹的传说联系在一起，因此每每成为背景——但他绝对是伟大背景：在乔丹创下季后赛单场得分纪录 63 分的前一天，他的单场 50 分让人三月不知肉味。1988 年东部半决赛第七场，所有的荣光都属于他，面对伟大的伯德，他 23 投 17 中独得 47 分，至今仍是经典对决。

在浪漫之都呱呱坠地的多米尼克·威尔金斯命中注定就是个“飞人”——他的父亲服役于美国空军——少年时代他随着父亲工作的调动而不断迁徙，从出生地巴黎到达拉斯，再辗转至巴尔的摩，生活背景频繁切换，最终威尔金斯的家停留在首都华盛顿，在那里他开启了魔幻般的篮球生涯。

卓越的天赋让威尔金斯在华盛顿中学成为炙手可热的篮球明星，率队夺取州冠军、蝉联 MVP 不过是小菜一碟。他曾在一场比赛中砍下 48 分、27 个篮板、8 次盖帽，贡献了 9 次扣篮，顺理成章地霸占了《体育画报》的封面，即使在麦当劳全明星这样的大场面，他也是吸引闪光灯的头号主角。

征服高中篮球界之后，威尔金斯再度震惊了大学篮坛，劲爆华丽的球风为他赢得了

“人类电影精华”的霸气绰号，佐治亚大学的历史写满了他的传奇——NCAA 单季砍分纪录，3 年 1688 分位列历史第四位，1981 年荣膺东南区最有价值球员，他穿过的 21 号是佐治亚大学唯一退役的球衣。

某种意义上威尔金斯并没有成为 NCAA 的绝对统治者，他的球队在三年里只取得 52 胜 37 负的战绩，然而这足以让他拿到职业篮坛的入场券，1982 年他成为 NBA 的探花秀，排在他前面与大卫·斯特恩握手的只有詹姆斯·沃西和特里·卡明斯。

被爵士选中后威尔金斯被交换至老鹰，没有人比他更能配得上成为鹰击长空的球队图腾。威尔金斯并非在篮筐上方打球的开山始祖，然而这位后来者却将扣篮艺术引向另一个方向。与那些飘逸的飞行家相比，他更像一个简单粗暴的爆破手，用劲道十足的动作摩擦出血脉贲张的火花，在篮筐上方点燃炸药的引信。全世界都为“人类电影精华”疯狂不已，伊塞亚·托马斯说：“也许我们永远也无法看清多米尼克是怎样离开地面的。”

征服篮筐的快感比烟瘾更难以让人抗拒，威尔金斯承认扣篮让他找到了君临天下的感觉，在全明星扣篮大赛上他曾击败过乔丹和韦伯等众多灌篮高手，成功加冕，力拔山兮气盖世的暴力美学成为他最闪亮的名片。

威尔金斯的经典扣篮无疑是 NBA 最宝贵的精神遗产，然而这仅仅是他武器库中的一项，否则一个只会扣篮的跳跳男没有能力从乔丹手里抢下一个得分王。1985/1986 赛季季后赛，乔丹上帝附身，对阵凯尔特人轰下 63 分，就在一天前，威尔金斯面对活塞也砍下了 50 分，上一次季后赛砍下 50+ 的壮举还要追溯到 1975 年的鲍勃·麦卡杜。在这场比赛里威尔金斯展示了十八般武艺，翻身跳投、突破跳投、原地虚晃跳投、教科书般的突破上篮以及拿手的补篮，唯独没有扣篮。在威尔金斯看来，比赛中的扣篮不过是提升士气的手段，而非常规武器。

1988 年也许是威尔金斯篮球生涯中最难忘的章节，他展现了勇者之心，也品尝到失败的苦涩，悲壮的旋律挥之不去。当季全明星，威尔金斯第三次参加扣篮大赛，他的目标是在芝加哥公牛的老巢联合中心击败乔丹，登上每一本体育杂志的封面，让自己飞翔的海报出现在全世界每一个角落。威尔金斯说：“芝加哥人对这届扣篮大赛的期待超过了全世界，这给了我和迈克尔极大的动力。”

从半决赛开始，扣篮大赛进入白热化，乔丹用那记著名“篮筐之吻”让全场观众歇斯底里，威尔金斯则用招牌式的大风车予以回应，轰炸机与滑翔机交相辉映，芝加哥解说员几乎失去理智：“没有评委能抵挡这样的表演。”

两位史上最伟大的扣篮选手在最后一轮较量中分出了胜负，威尔金斯只得到 45 分，迈克尔·乔丹祭出了美轮美奂的罚球线飞扣，成功逆袭，“土豆”韦伯直言队友威尔金斯的钱包被偷了。“在别人的地盘竞争注定会非常艰难，”威尔金斯说，“但是必须承认乔丹的那记扣篮非常伟大，如果注定被别人击败，我宁愿输在他的手里。”

东部半决赛，老鹰遭遇了凯尔特人。与这支 80 年代的王者之师相比，老鹰是严重依赖威尔金斯的平民球队，然而孤军作战的“人类电影精华”仍然向那支伟大的凯尔特人队发起了挑战。0 比 2 的开局足以体现两支球队的实力差距，然而威尔金斯不想缴枪投降，他主动请缨防守伯德。老鹰接下来连扳三城，将绿衫军逼到抢七决战。

1988 年系列赛生死战，威尔金斯和拉里·伯德联手上演了史诗级的经典对攻战。比赛最后时刻，老鹰落后 3 分，丹尼·安吉用犯规将威尔金斯送上罚球线。命中第一球后，威尔金斯第二罚故意投失，寄希望于二次进攻。最终决定胜负的篮板球被波士顿拿到，终场哨响，威尔金斯留下了无尽的遗憾：“那是我生命中最漫长的 2 秒钟。”威尔金斯的拼死抵抗得到了对手的尊重，伯德认为他不是输家，可以昂着头颅离开。

华彩乐章之后，威尔金斯逐渐回归平淡，《勇敢的心》没有上演第二季。跟腱断裂无法阻止他重新跻身顶级得分手的行列，但他再也没有率队闯过首轮，分区半决赛成为他职业生涯未曾逾越的鸿沟。1994 年离开老鹰之后他辗转至快船、凯尔特人、马刺和魔术，总共只打了五场季后赛。威尔金斯的生涯引人唏嘘，他没有逃开乔丹时代的阴影，无法触摸冠军荣耀的砍分机器历来是坊间嘲讽的对象，更悲剧的是长期被乔丹压制。

在球衣退役仪式上，威尔金斯向亚特兰大球迷敞开了心扉：“我从不认为自己是一个多么伟大的球员，我只想在离开联盟时，人们能够认可我付出的努力，我不仅仅是依靠上帝赐予的天赋，也许只有上帝知道，我为此付出了多少汗水。”

因为世俗的偏见，威尔金斯落选 NBA50 大巨星，但对亚特兰大而言，“人类电影精华”仍然举足轻重，《篮圈世界》评选老鹰队史五大巨星时将他排在第二位。为了纪念这位传奇名将，亚特兰大将一条高速公路以威尔金斯的名字命名，如今老鹰球迷仍然可以在主场的穹顶上看到那件 21 号球衣。

〈生涯高光闪回 / 对飙乔丹〉

高光之耀：在乔丹统治的时期，任何一场能击败公牛的比赛都值得铭记，威尔金斯用飙分的方式击败“天下第一得分”手乔丹，足以证明“人类电影精华”不负盛名。

1986 年 12 月亚特兰大一个寒冷的冬夜，威尔金斯得到平生最高的 57 分，而他面前的“篮球之神”乔丹也不甘示弱，砍下 41 分作为回敬。此战注定成为“人类电影精华”最具华彩的夜晚，老鹰 123 比 95 大胜，堪称 NBA 历史最华丽的对决之一。

威尔金斯从比赛一开始起就火力全开，上半场 14 投 12 中，得到 30 分。全场比赛，他运动战 28 中 19，罚球 21 中 19；乔丹 25 投 15 中，罚球 12 中 11，得到 41 分。这场胜利让老鹰的主场成绩变为 8 胜 0 负，赛季前 20 场 16 胜 4 负，登顶联盟第一。

雷·阿伦职业生涯常规赛数据

赛季	球队	篮板	助攻	得分
1996/1997	雄鹿	4.0	2.6	13.4
1997/1998	雄鹿	4.9	4.3	19.5
1998/1999	雄鹿	4.2	3.6	17.1
1999/2000	雄鹿	4.4	3.8	22.1
2000/2001	雄鹿	5.2	4.6	22.0
2001/2002	雄鹿	4.5	3.5	21.8
2002/2003	雄鹿	4.6	5.9	21.3
2002/2003	超音速	5.6	4.4	24.5
2003/2004	超音速	5.1	4.8	23.0
2004/2005	超音速	4.4	3.7	23.9
2005/2006	超音速	4.3	3.7	25.1
2006/2007	超音速	4.5	4.1	26.4
2007/2008	凯尔特人	3.7	3.1	17.4
2008/2009	凯尔特人	3.5	2.8	18.2
2009/2010	凯尔特人	3.2	2.6	16.3
2010/2011	凯尔特人	3.4	2.7	16.5
2011/2012	凯尔特人	3.1	2.4	14.2
2012/2013	热火	2.7	1.7	10.9
2013/2014	热火	2.8	2.0	9.6
场均数据		4.1	3.4	18.9

雷·阿伦职业生涯季后赛数据

赛季	球队	篮板	助攻	得分
1998/1999	雄鹿	7.3	4.3	22.3
1999/2000	雄鹿	6.6	2.6	22.0
2000/2001	雄鹿	4.1	6.0	25.1
2004/2005	超音速	4.3	3.9	26.5
2007/2008	凯尔特人	3.8	2.7	15.6
2008/2009	凯尔特人	3.9	2.6	18.3
2009/2010	凯尔特人	3.3	2.6	16.1
2010/2011	凯尔特人	3.8	2.4	18.9
2011/2012	凯尔特人	4.1	1.0	10.7
2012/2013	热火	2.8	1.3	10.2
2013/2014	热火	3.4	1.6	9.3
场均数据		3.8	2.6	16.1

雷·阿伦全明星赛场均数据

2.6 篮板 / 2.2 助攻 /14.5 分

“他是这项运动历史上最伟大的射手，那不仅仅是因为他总能投中关键投篮，也因为他在任何时刻都能做到。”

——“魔术师”约翰逊

档案

雷·阿伦 /Ray Allen

绰号：耶稣、君子雷 / 位置：得分后卫

出生地：加利福尼亚州默塞德

出生日期：1975 年 7 月 20 日

身高：196cm/ 体重：93kg

效力球队：超音速、雄鹿、凯尔特人、热火

球衣号码：20、34

荣耀

2 届总冠军：2008、2013

10 届全明星：2000~2002、2004~2009、2011

2001 年三分球大赛冠军

2000 年悉尼奥运会金牌

2003 年 NBA 体育道德风尚奖

7♣

雷·阿伦

RAY ALLEN

虽然贵为历史上最伟大的三分手之一，但雷·阿伦并不是以一个纯射手的身份进入 NBA 的。他有着劲爆的身体、全能的球技、天生的领袖气质，他出色的弹跳和爆发力往往令人忽视，在他的青葱岁月里，他在快攻中战斧劈扣是家常便饭的事情。

在职业生涯的晚年，他不再是那个狂飙突进的少年，不再是那个飞在篮筐之上的天使，但他已经把三分球练到了炉火纯青的境地，把关键先生的气质融入血液。他的技术动作，简化成了三个仪式般的动作：空切跑位，接球急停，出手三分。他超越雷吉·米勒，投进了 2900 个三分球，成为 NBA 的历史三分王。

1975 年 7 月 20 日加利福尼亚州美熹德的空军基地，雷电交加，机场的电焊工沃尔特焦虑万分，守着临盆的妻子弗洛拉，等待着他们的孩子出世。雷·阿伦就在这个风雨和雷电的夜晚出生，似乎积累了自然界神奇的力量，以至于让他的一生如此跌宕传奇。

1985 年，加利福尼亚爱德华兹空军基地组织了一场篮球比赛，几乎从不打篮球的雷·阿伦居然投篮神准，场边的父母和父母的同事们目瞪口呆。10 岁的他第一次展露出不可思议的精准投射天赋之后，谁也不曾想到，这天赋竟会伴随他一生，之后漫长的岁月里，他的投射几乎不曾让人失望过，他是天生的百步穿杨。

进入南加州山顶高中之后，雷·阿伦的篮球天赋开始全面展现，不仅仅是投射，他的篮球智商、持球能力、运动天赋、爆发力都堪称翘楚，主教练詹姆斯·史密斯对他赞不绝口，称阿伦充满智慧和自信，他的领袖气质像是与生俱来的。阿伦帮助山顶高中拿下州冠军之后，选择了进入康涅狄格大学。

不出所料，雷·阿伦在 1996 年首轮第五顺位就被森林狼选走，比艾弗森低四位，比科比高八位。但是他却马上就被送到了雄鹿，换来了斯蒂芬·马布里。尽管雄鹿队在前两个赛季都没能闯进季后赛，但阿伦却在联盟中打出了名堂，他在职业生涯的第四个赛季冲破了场均 20 分大关，并在 1998 年得到了乔丹的青睐。

2001 年，在雷·阿伦的率领下，雄鹿队距离东部决赛仅剩一步之遥。在分区半决赛的第六场对决中，雷·阿伦狂砍 41 分率队杀入抢七。随后他又拿到 26 分，但是球队却还是输给了艾弗森所在的 76 人，无缘东区决赛。在密尔沃基的岁月，他是鼎鼎大名的“火枪手”，2001 年东部决赛和艾弗森杀得天昏地暗，而在超音速的时光中，他是当仁不让的领袖，2005 年季后赛带伤苦战，和巅峰的银黑马刺血拼六场。当他还是青葱美少年的时候，每一次季后赛之旅都会碰上同时代最强大的王朝球队，一次次功败垂成。

2003 年，雷·阿伦被“打包”送往了西雅图。在那里，他连续四年入选全明星，并且在 2006/2007 赛季得到了职业生涯的单赛季最高分——场均 26.4 分。但不幸的是，球队的战绩并不理想，他们仅在 2003 年进过一次季后赛，球队的下一次季后赛之旅，也跟阿伦无缘，那是他们搬迁到俄克拉荷马城以后的事了。

虽然他与刘易斯的黄金双枪名震江湖，但雷·阿伦并不是一个纯射手，他有着劲爆的身体、全能的球技、天生的领袖气质、出色的弹跳和爆发力。然而在雷·阿伦温和的笑容下，却有着一颗杀手的冷酷决心，在宽松球衣的遮蔽下，饱绽着一块块钢铁般的肌肉。他四肢修长，身材瘦削而结实，两条弹簧腿使得他的行动轻灵而迅捷。

2007 年，而立之年的阿伦决定在日暮西山之前主动寻求一些人生的转变，而这根救命稻草来得正是时候。一位名叫普雷斯蒂的年轻总经理为了以二号新秀凯文·杜兰特为新基石来重建球队，将阿伦交易到了波士顿。与此同时，凯尔特人队则着手围绕着保罗·皮尔斯、凯文·加内特和阿伦以及年轻的控球后卫拉简·隆多打造了一支超级强队。

BIG3 这套阵容无疑会引起各界的无限期待。正如特雷曼德斯所描述的那样，这支球队就像是电子游戏中的球队突然跳脱到了现实之中，而且这支新队伍之间的化学反应也非常良好，他期待着这样一支球队能刷出“82 战全胜”的常规赛战绩，这一点毋庸置疑。

2007/2008 赛季下来，凯尔特人从联盟倒数第二摇身一变成为 66 胜战绩的联盟第一，并杀入总决赛，与紫金军团两大传统豪门巅峰对决。最终凯尔特人 4 比 2 击败科比所在的湖人，赢得队史的第 17 座总冠军奖杯。

随后，雷·阿伦遇上了热火三巨头：勒布朗·詹姆斯，德维恩·韦德和克里斯·波什。

雷·阿伦坚持认为他们都太过于关注球队本身的发展，而忽略了热火的崛起。后者的三巨头更年轻，也更具爆炸力。

五年之后，波士顿的三巨头终于画上了句号，球队管理层开始酝酿涉及皮尔斯、阿伦乃至加内特的交易。随着阿伦和加内特的大合同即将到期，凯尔特人决定重建。

波士顿三巨头走到了尾声，但是雷·阿伦已经为自己的未来做好了打算：他加入曾经的老对手，在总冠军热火队里成为了一个职责明确的“特种兵”球员。这次融合堪称完美，2013 年 2 月 12 日凯尔特人对阵湖人，雷·阿伦投中生涯第 2561 个三分球，超越雷吉·米勒 2560 个，成为命中三分球最多的球员！ 2013 年 4 月 26 日对阵雄鹿，阿伦命中五记三分，再次完成对于雷吉·米勒（320 个）的超越，成为季后赛三分球命中最多的球员。

在 2013 年总决赛的第六场较量中，雷·阿伦精确的投篮挽救了热火队。那场比赛之前，热火队以 2 比 3 暂时落后于马刺队，在常规时段的最后时刻他们还落后 3 分。最终阿伦在右侧底角命中了一记关键的三分球，把比赛强行拖入了加时，并扳平了系列赛。雷·阿伦在底角的那记三分球是简直是精彩绝伦，令人难以忘怀。

2013/2014 赛季结束时，38 岁的雷·阿伦依旧是全联盟最抢手的神射手，但他没有选择加盟任何一支球队，而是坐看云起霞飞，他花了两年的时间去思考，去等待。

这一迟疑，如白驹过隙，如一记穿越时空的三分，时间都溜走了，他也该离开了。

2016 年 11 月 1 日，冬天来临之前，雷·阿伦不再等待，也许没有需要他拯救的比赛了，于是，41 岁的他决定退役！曾经的雄鹿火枪手、超音速双子星、绿军三巨头，最伟大的世纪投手，让我们送上敬意吧！致翩翩一剑君子雷，致那些在记忆里熠熠生辉的“96 黄金一代”。

君子如玉，还剑入鞘，就此别过——再见，雷·阿伦！

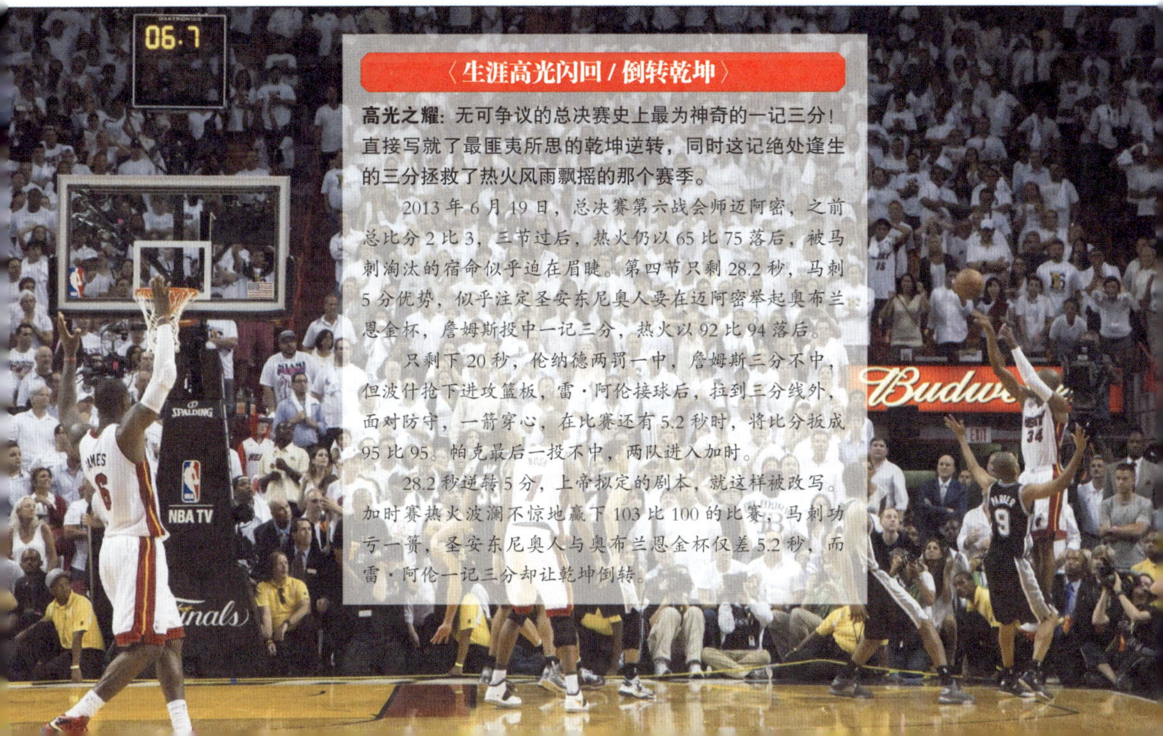

〈生涯高光闪回 / 倒转乾坤〉

高光之耀：无可争议的总决赛史上最为神奇的一记三分！直接写就了最匪夷所思的乾坤逆转，同时这记绝处逢生的三分拯救了热火风雨飘摇的那个赛季。

2013 年 6 月 19 日，总决赛第六战会师迈阿密，之前总比分 2 比 3，三节过后，热火仍以 65 比 75 落后，被马刺淘汰的宿命似乎迫在眉睫。第四节只剩 28.2 秒，马刺 5 分优势，似乎注定圣安东尼奥人要在迈阿密举起奥布兰恩金杯，詹姆斯投中一记三分，热火以 92 比 94 落后。

只剩下 20 秒，伦纳德两罚一中，詹姆斯三分不中，但波什抢下进攻篮板，雷·阿伦接球后，拉到三分线外，面对防守，一箭穿心，在比赛还有 5.2 秒时，将比分扳成 95 比 95。帕克最后一投不中，两队进入加时。

28.2 秒逆转 5 分，上帝拟定的剧本，就这样被改写。加时赛热火波澜不惊地赢下 103 比 100 的比赛，马刺功亏一篑，圣安东尼奥人与奥布兰恩金杯仅差 5.2 秒，而雷·阿伦一记三分却让乾坤倒转。

“米勒永远都是我的眼中刺！不除掉他我就不会感到安宁。”

——迈克尔·乔丹

档案

雷吉·米勒 / Reggie Miller
绰号：终结者 / 位置：得分后卫
出生日期：1965 年 8 月 24 日
身高：198cm / 体重：98kg
效力球队：步行者
球衣号码：31

荣耀

5 届全明星：1990、1995、1996、1998、2000
3 届最佳阵容三队：1994/1995、1995/1996、1997/1998
1994 年男篮世锦赛金牌
1996 年奥运会男篮金牌
奈·史密斯名人堂

米勒职业生涯常规赛数据

赛季	球队	篮板	助攻	得分
1987/1988	步行者	2.3	1.6	10.0
1988/1989	步行者	3.9	3.1	16.0
1989/1990	步行者	3.6	3.8	24.6
1990/1991	步行者	3.4	4.0	22.6
1991/1992	步行者	3.9	3.8	20.7
1992/1993	步行者	3.1	3.2	21.2
1993/1994	步行者	2.7	3.1	19.9
1994/1995	步行者	2.6	3.0	19.6
1995/1996	步行者	2.8	3.3	21.1
1996/1997	步行者	3.5	3.4	21.6
1997/1998	步行者	2.9	2.1	19.5
1998/1999	步行者	2.7	2.2	18.4
1999/2000	步行者	3.0	2.3	18.1
2000/2001	步行者	3.5	3.2	18.9
2001/2002	步行者	2.8	3.2	16.5
2002/2003	步行者	2.5	2.4	12.6
2003/2004	步行者	2.4	3.1	10.0
2004/2005	步行者	2.4	2.2	14.8
场均数据		3.0	3.0	18.2

米勒职业生涯季后赛数据

赛季	球队	篮板	助攻	得分
1989/1990	步行者	4.0	2.0	20.7
1990/1991	步行者	3.2	2.8	21.6
1991/1992	步行者	2.3	4.7	27.0
1992/1993	步行者	3.0	2.8	31.5
1993/1994	步行者	3.0	2.9	23.2
1994/1995	步行者	3.6	2.1	25.5
1995/1996	步行者	1.0	1.0	29.0
1997/1998	步行者	1.8	2.0	19.9
1998/1999	步行者	3.9	2.6	20.2
1999/2000	步行者	2.4	2.7	24.0
2000/2001	步行者	5.0	2.5	31.3
2001/2002	步行者	3.2	2.8	23.6
2002/2003	步行者	2.3	2.3	9.2
2003/2004	步行者	2.3	2.8	10.1
2004/2005	步行者	3.1	1.5	14.8
场均数据		2.9	2.5	20.6

米勒全明星赛场均数据

1.0 篮板 / 2.0 助攻 /8.0 分

7

雷吉·米勒
REGGIE MILLER

蝴蝶穿花绕掩护接球跳投，即便是所有对手都知道他要做什么，但却无可奈何地目送他孜孜不倦地投出了历史第二多的三分。没有强壮的身体，跳不高，跑不快，但只要他站在三分线外，给对手永远是最致命的威胁。每逢比赛最关键时刻，他冷静如杀手，伺机封喉一剑。

“世界是斜视的，充满偏见！”——杜拉斯

我喜欢杜拉斯的这句话，人类就是充满偏见的生物，因此这个世界也是“斜视”的——当面对那些“高富帅”，就用华丽丽的45度仰望；而对待那些爹不疼、妈不爱的穷小子，就大眼皮一耷拉，不屑一顾地蔑视。所以，在NBA，纽约、芝加哥那些大城市的球队被人前呼后拥，万众瞩目。而印第安纳这样类似乡村的地方，则备受冷漠，无人问津。

好在，印第安纳有了他。

他，并不高大，也不强壮，甚至有着联盟有史以来最瘦弱的肩膀。

他，跳得不高，跑得不快，身体素质说是联盟垫底，也能让不少人认同。

他，出生在洛杉矶温暖的怀抱，却被上帝开了一个玩笑——出生时，臀部和双腿扭曲，以至于医生预言他可能终生无法行走，4岁的时候还带着阿甘式的脚架。但是，就是这样，他让被世人遗忘的印第安纳变得车水马龙，人声鼎沸，而且一下子就是18年。

不知道还有没有人记得，他刚进入联盟，被印第安纳在十一顺位选中的时候，印第安纳希望嫁入侯门的人儿是多么的心不甘、情不愿。那个时候，这些人更希望得到的是出身本土的英雄史蒂夫·阿尔福德。

他们的抱怨在当时看来似乎有很多的道理——譬如，当时的史蒂夫已经有了冉冉升起的架势，他曾带领印第安纳大学赢得 NCAA 总冠军，并且参加了美国奥运代表队。

而他，虽然在大学期间也表现出不错的潜质，但是人们更愿意相信那就是他的巅峰了——毕竟看着那羸弱的双肩，谁也无法想象他挑起印第安纳千斤重担的样子。过分的媒体放肆地取笑着他，也取笑着印第安纳的选择，他们一次次连篇累牍地羞辱着印第安纳，同时也羞辱着他。

选秀后的第二天，在印第安纳波利斯的记者招待会上，沃尔什坐在他身边，告诉记者们："我想我们的时代来了。"由于步行者队短暂而又平凡的历史，听上去，这更多的是他的希望，而不是预言，但是沃尔什的眼神清澈而坚定。

这个时候的他，并不多言语，只是在嘴角慢慢勾勒出不屑的弧度——他鄙视那些根本没看他打过比赛却放言他将毫无作为的篮球评论者们。他认为他们的挖苦和讽刺，除了能够表现出他们浅薄的人生观之外，没有任何意义。他坚信在一开始，他就会用自己的行为回击他们！事实果然和他预料的一样！虽然他的第一个赛季并不成功，作为球队的新人，只能在板凳席上度过比赛的大部分时间。

但是很快，他的机会就来了！

接下来的几个赛季，他开始让比赛说话，让每场比赛都充满着"米勒时刻"的味道！

他的三分球很快成为和帮主的后仰跳投、手套的顺撇上篮、巴克利的大屁股齐名的联盟杀器！而步行者也终于开始赢球了，甚至成为季后赛的常客！

1994 年，步行者在第一轮对阵魔术，首场比赛，印第安纳就一度落后了 17 分。当所有人开始认为印第安纳将要失败的时候，他挺身而出！

东部决赛，第五场的时候，他手感并不好，前三节的屡投不进，让坐在场边的斯派克·李放肆了起来。"印第安纳人，你们准备回家吧！"纽约的大导演这样叫嚣着，却不承想激怒他的后果是那么严重：在最后一节，他仿佛上帝附体一般砍下全场 39 分中的 25 分，将纽约人前进的脚步终结。让所有现场球迷更为震惊的是：他每投进一个三分之后，就会从斯派克·李面前跑过用流利的印第安纳俚语冲着李大骂！

更让人目瞪口呆的是，他竟然用"割喉礼"向麦迪逊花园广场里的 2 万球迷致意！

这还不是最让人惊诧的。在芝加哥，当他跨过公牛雄壮的身躯，在上帝头顶扔进一个个三分球之后，他竟然冷笑着向联合中心的球迷们鞠躬行礼！

"我十分感谢他们，他们越是嘘我，我就越充满力量！"他冷笑着回应记者的问题。

那个时候，我们相信，他为了印第安纳，有勇气向全世界竖起中指！

这就是他的魅力！不信神、不认命！勇于挑战一切不可能！在麦迪逊那场 8.8 秒 8 分的好戏之前，没有人能够预估到有谁能上演这么奇迹的戏码！关键时刻三分球进——

推倒接球队员——抢断对手——一步跨回三分线外，出手又是一记三分——抢下关键篮板——两罚全中，让对手 6 分的优势在呼吸之间就荡然无存，还倒赔两分输掉比赛，他做到了别人都无法想象的一切！

他甚至真的连神也不敬！不仅不敬，还在每次和神交锋的夜晚，拼命地问候着神的祖宗八代。直到失控的神冲上来奋力地扇他耳光，他仍不忘记骄傲地竖起他的中指，表达对神的挑衅！“和雷吉比赛让我变成了一个彻头彻尾的混蛋，”1998 年乔丹在接受 ESPN 杂志采访时说，“就好像一个泼妇在和一只公鸡打架。”

的确，这是贯穿他整个职业生涯的标志：竖起的中指和垃圾话。

2004 年，他终于累了，回到了板凳席上，但仍然没忘记和欺负他小弟的敌人竖竖中指，吐吐口水。队里的汀斯利、杰克逊、奥尼尔都叫他叔叔，因为他和蔼可亲，和球场上面对敌人血灌瞳仁的他简直就不是一个人。但是上帝好像不想让他这么安静地离开人们的视线——接下来的赛季，奥本山事件突然爆发，看着队里禁赛的禁赛、伤病的伤病，年近 40 的他毅然披挂上阵！前十场，他场均 19.8 分。

眼前的他，佝偻着瘦弱的身躯在场上拼搏，出手——进球——再出手——再进，喜悦被岁月的磨痕消弭殆尽，只剩下苍凉的背影在泛黄的光影下挥动着手臂，向观众席上竖起中指，宣告着最后的抗争。

那个时候，我忽然明白，为什么那一年在斯台普斯、在麦迪逊广场花园、在联盟任何一座球馆，当球迷再次迎接他高高竖起的中指时，回应的不再是排山倒海的嘘声，而是震耳欲聋的欢呼和掌声了。

因为，那让骄傲的镜头，已经是见一次少一次的濒危物种了。

物种的名字叫——雷吉·米勒，一个敢于向世界竖起中指的男人！

〈生涯高光闪回 / 8 秒 8 分〉

高光之耀：**季后赛最伟大的逆转，如果说，绝杀者都是天生杀手，那么雷吉·米勒便是杀手之王。**

1995 年 5 月 7 日，东部半决赛第一场，步行者和尼克斯冤家聚首，当时步行者队落后尼克斯队 6 分，比赛只剩下 8.9 秒钟！

桀骜强硬的米勒不会放弃，他首先投中一个三分球，然后又在前场断球，远投得分，步行者将比分扳成 105 比 105 平，此时米勒又迫使尼克斯队犯规，他两罚全中帮助步行者 107 比 105 以 2 分险胜对手。从此“米勒时刻”的大名响彻联盟，直到他退役那一年，也没有人敢小看这个身材瘦削的冷血杀手。

“基德是有史来最出色的控卫之一，是与我一起打过球的最强硬竞争者之一。”

——诺维茨基

基德职业生涯常规赛数据

赛季	球队	篮板	助攻	得分
1994/1995	小牛	5.4	7.7	11.7
1995/1996	小牛	6.8	9.7	16.6
1996/1997	小牛	4.1	9.1	9.9
1996/1997	太阳	4.8	9.0	11.6
1997/1998	太阳	6.2	9.1	10.9
1998/1999	太阳	6.8	10.8	16.9
1999/2000	太阳	7.2	10.1	14.3
2000/2001	太阳	6.4	9.8	16.9
2001/2002	篮网	7.3	9.9	14.7
2002/2003	篮网	6.3	8.9	18.7
2003/2004	篮网	6.4	9.2	15.5
2004/2005	篮网	7.4	8.3	14.4
2005/2006	篮网	7.3	8.4	13.3
2006/2007	篮网	8.2	9.2	13.0
2007/2008	篮网	8.1	10.4	11.3
2007/2008	小牛	6.5	9.5	9.9
2008/2009	小牛	6.2	8.7	9.0
2009/2010	小牛	5.6	9.1	10.3
2010/2011	小牛	4.4	8.2	7.9
2011/2012	小牛	4.1	5.5	6.2
2012/2013	尼克斯	4.3	3.3	6.0
场均数据		6.3	8.7	12.6

基德职业生涯季后赛数据

赛季	球队	篮板	助攻	得分
1996/1997	太阳	6.0	9.8	12.0
1997/1998	太阳	5.8	7.8	14.3
1998/1999	太阳	2.3	10.3	15.0
1999/2000	太阳	6.7	8.8	9.8
2000/2001	太阳	6.0	13.3	14.3
2001/2002	篮网	8.2	9.1	19.6
2002/2003	篮网	7.7	8.2	20.1
2003/2004	篮网	6.6	9.0	12.6
2004/2005	篮网	9.0	7.3	17.3
2005/2006	篮网	7.6	9.6	12.0
2006/2007	篮网	10.9	10.9	14.6
2007/2008	小牛	6.4	6.8	8.6
2008/2009	小牛	5.8	5.9	11.4
2009/2010	小牛	6.8	7.0	8.0
2010/2011	小牛	4.5	7.3	9.3
2011/2012	小牛	6.0	6.0	11.5
2012/2013	尼克斯	3.5	2.0	0.9
场均数据		6.7	8.0	12.9

基德全明星赛场均数据

3.4 篮板 / 7.7 助攻 /6.4 分

档案

贾森·基德 /Jason Kidd
绰号：三双王 / 位置：控球后卫
出生地：加利福尼亚州旧金山市
出生日期：1973 年 3 月 23 日
身高：193cm/ 体重：93kg
效力球队：太阳、篮网、小牛、尼克斯
球衣号码：2、5、32

荣耀

1 届总冠军：2011
9 届全明星：1996、1998、2000~2004、2008、2010
5 届助攻王：1998/1999、1999/2000、2000/2001、2002/2003、2003/2004
最佳新秀：1994/1995
2003 年技巧赛冠军
2 届奥运会金牌：2000、2008

6 ♠

贾森·基德

JASON KIDD

他是球场上的助攻大师。广袤的视野，大开大阖，运筹帷幄，算无遗策。纵横捭阖，却心如止水，基德的稳健与睿智堪称典范，经过数十年的修炼，他成为联盟中打球最“合理”的老妖，无论是行云流水的快攻还是刀光斧影的攻坚，基德总能打出鬼神莫测的妙传，令人击节赞叹。

作为最全能的殿堂级控卫，基德拥有出色的大局观，调度全队，掌控全局，他可以用传球引领进攻，盘活队友。此外，与华丽莫测的助攻相比，基德的得分与篮板也毫不逊色：生涯 100+ 三双王，史上排行前三三分王，史上第二抢断王。基德带着一系列光环悄然归隐，此刻我们才发现——这个时代最好的司令官已挂印而去。

当我们谈论基德时我们该谈论什么？除了不断辗转最终捧杯的励志戏码之外，更耐人寻味的是这位王牌控卫角色的转变，在漫长的职业生涯中，他始终在变脸。

与很多传奇巨星一样，退役后的基德留下了数不清的荣誉：10 次入选全明星，3 次打进总决赛，2011 年帮助达拉斯小牛赢得总冠军；5 个赛季荣膺助攻王，总助攻数位居历史第二，仅次于约翰·斯托克顿；4 次入选最佳防守阵容第一队，生涯抢断总数达到 2684 次，位居斯托克顿之后位列历史第二；三分球命中数排在雷·阿伦和雷吉·米勒之后，位居第三位，本赛季命中 114 记三分，没有哪个 39 岁以上的球员可以做到这点；从 1997 年至 2013 年，连续 17 个赛季打进季后赛，仅次于卡尔·马龙和斯托克顿的 19 次；从新秀赛季直到 2010/2011 赛季，基德连续 17 个赛季有三双入账，历史上连续获得三双

的最长纪录，比“魔术师”约翰逊多了 4 个赛季。

基德的伟大之处并不局限于这些密密匝匝的数据，事实上他的职业生涯并不完美，却从细节处体现了人生的真谛——在不同的时段扮演不同的角色，不断进步、改变。1994 年小牛用榜眼签选中基德，放弃了希尔，面对当地媒体的质疑，老帅迪克·莫塔泰然自若：“我们这支球队并不缺少天赋，缺的就是基德这样的组织者，如果不信，走着瞧。”

菜鸟赛季，基德场均 11.7 分、7.7 次助攻，将 13 胜的鱼腩带到西部第十，与希尔共享了最佳新秀的荣誉，显露出超级控卫的气质。基德是出众的组织者，但彼时他还不是合格的领袖。基德曾与主帅吉姆·克莱门斯整整两个月没有说过一句话，与队友吉姆·杰克逊因为一个女人长达 6 个星期没有任何交流。

套用《让子弹飞》的那句时髦台词，基德喜欢被动，这并非一个领袖应有的习惯。工作地点切换到菲尼克斯，情况依然没有太大的改变，基德连续三年赢得助攻王，是联盟炙手可热的王牌后卫，但他的球队距离最后的胜利还有相当的距离。

在新泽西基德终于发现，打开话匣子的确成效，训练营开始之前，他打电话跟队友保持交流，在场上将露出暴怒苗头的肯扬·马丁拉到一边，给予谆谆教诲，让他保持冷静。

基德开始率领球队更接近胜利的本质，2001/2002 赛季篮网打出 52 胜的队史最佳战绩。多年后拜伦·斯科特如此回忆：“克里斯·保罗确实很出色，但在我执教期间合作的控卫中，最完美的还是贾森·基德。人人都知道他不喜欢得分，人人都知道他会传球，可就是无法阻止他。”然而如日中天的湖人和马刺虽然无法阻止基德，却有办法搞定他的球队，连续两次折戟总决赛之后，联盟首席控卫似乎开始走下神坛。

34 岁的基德加盟小牛后，遭遇到后辈如潮一般的冲击，面对年轻的速度型控卫，他有心无力，更重要的是他没法再用以前的方式领导球队，只能另辟蹊径。事实上在 33 岁之时基德已经意识到自己必须改善外线投篮，这不仅仅是因为网队投篮教练鲍勃・塔特曾公开嘲笑他：“你能不能像你儿子一样准？”

在过去十年里，传球是基德的本能，然而在达拉斯他必须改变以前的打法，加强外线投射。“我的心里非常困惑，”基德说，“难道真的为了自己得分，放弃以前熟悉的打球方式？”功夫不负有心人，基德在职业生涯的暮年终于进化成让人不敢小视的三分机器。加盟达拉斯第一年，三分命中率达到 46.1%，2010/2011 赛季小牛登顶夺得总冠军，基德提供充足火力。值得一提的是，他大部分得分都来自三分线外。

在防守端，基德依然拿那些踩着风火轮一样的追风少年没有办法，但在错防侧翼时却取得了意想不到的效果。2011 年夺冠季，面对科比、杜兰特和詹姆斯这几位联盟顶级锋卫，基德将防守经验、分寸感和空间感发挥到了极致，在比赛前他将每个对位球员的进攻习惯、常用动作、切入方向铭记于心，提前占据最好的防守位置。

在纽约，尽管被巴克利讽刺为“92 岁”的老头，基德依然在影响着尼克斯的进攻哲学，他是弧顶出色的空间分配者，而且并不在乎传球是否能转换为助攻，他只是鼓励队友跑位，告诫他们如果球流动起来，得分就会更容易。

基德在职业生涯最后 10 场比赛里 17 投 0 中，一分未得，但这足以让我们确信这位老兵打光了最后一颗子弹。然而基德与篮球的情缘远没有结束，宣布退役不到十天，他就在篮网上岗，开始了教练生涯。2014 年 6 月，基德担任密尔沃基雄鹿的主教练，经过三个赛季的细心调教，如今的雄鹿已经成为生猛的东部新贵，这些对基德而言，这也许是他人生中最重要的一次变脸。

〈生涯高光闪回 / 断箭狂飙〉

高光之耀：作为闻名遐迩的三双之王（生涯 107 次三双，历史三双榜第三位），贾森・基德打出一场非典型比赛。虽然此战没有拿下三双，但更加全能，而且砍下生涯最高的 43 分，也命中了生涯单场最高的 16 球。

2001 年 3 月 29 日，2000/2001 赛季 NBA 常规赛，菲尼克斯太阳 90 比 85 击败休斯敦火箭，贾森・基德全场 34 投 16 中，其中 3 分球 11 投 5 中，罚球 8 罚 6 中，拿下 43 分，另有 9 个篮板、4 次助攻、4 次抢断、2 次盖帽，其中 43 分也是基德职业生涯最高。

"他在比赛 95% 的时间里面，都在持球、推进、传球、挡拆，不停地跑动，像个机器在运转，太不可思议了。"
——特雷西·麦格雷迪

●档案

托尼·帕克 /Tony Parker
绰号：法国跑车 / 位置：控球后卫
出生地：比利时布鲁日
出生日期：1982 年 5 月 17 日
身高：188cm/ 体重：82kg
效力球队：马刺
球衣号码：9

●荣耀

4 届总冠军：2003、2005、2007、2014
1 届总决赛 MVP：2007
6 届全明星：2006、2007、2009、2012~2014
2012 年技巧挑战赛冠军
2013 年欧锦赛冠军 &MVP& 得分王

6

♥

托尼·帕克

TONY PARKER

一支质朴凝重的马刺还不足以夺冠，帕克把灵动和多变带到这支球队，动静结合，逐渐形成王者之道。天才指挥官，随时接管比赛，全能攻击手，领袖，他一点点成就这个角色。如果你看一下统计，帕克一度成为联盟中内线得分最多的球员，足见其强大的突破得分能力。

马刺成就了帕克，让他从一个籍籍无名的欧洲少年成长为今天的国际巨星。2001 年，当时才 19 岁的帕克从法国来到美利坚，独自闯荡天下。

波波维奇虽以铁腕著称，但却不是不明是非的顽固主帅，1999 年慧眼识珠选下吉诺比利，他并未急于运作，而是让他留在欧洲建功立业。帕克的选秀顺位同样不高，首轮第二十八位才被选中，但波波维奇第一个赛季便让他打上了首发，场均 29.5 分钟上场时间，这种毫无保留的信任让帕克深感欣慰。2002/2003 赛季，马刺第二次夺冠，此时的帕克是马刺的主控，常规赛全勤，场均得分飙升到 15.5 分，已经是波波维奇最得意的指挥官。

在马刺的体系中，帕克的定位很明确：掌控节奏，调理比赛，让邓肯在最舒服的位置接球，果断突破制造杀伤，突破分球，搅乱对手防线。

早期的“GDP”组合是以邓肯为绝对核心的，帕克和吉诺比利在队中都相对隐没了一部分领袖才华，但这种自我牺牲换来的是三座总冠军奖杯。

而帕克也很庆幸，2007 年他在总决赛表现抢眼，场均 24.5 分、5 个篮板、3.2 次助攻，如愿捧得了至今唯一一座个人荣誉——总决赛 MVP！“GDP”组合达到了聚首以来的巅峰状态，邓肯、吉诺比利和帕克也将马刺带向巅峰。然而，2008 年以后的马刺开始被无情的岁月摧毁，他们更多的是靠波波维奇的妙手回春延续时代的寿命，2011 年和 2012 年，马刺都打出了极佳的战绩，高居西部之首，但最终没有重回巅峰。

从 2007 年马刺夺得第四冠之后到 2014 年第五冠之前，漫长的七年间，帕克和马刺经历了重生的阵痛：2011 年作为西部第一被灰熊黑八，2012 年在西部决赛被雷霆连扳四局，2013 年在总决赛被热火死里逃生。每一次近乎诡异到不可思议的突发灾难，对马刺的年轻人而言，都是一剂上佳的催熟剂。他们在血与火的掩映中成长起来，邓肯保持住了状态，那个邪恶闷骚的黑白王朝再次重生。

圣安东尼奥马刺，这只有着白银般的翅膀和玄铁般的铠甲的不死之鹰，在结束了对上一个十年的统治后，再一次张开垂云长翼，盘旋在联盟的天空，意欲扫荡世间所有的色彩和喧嚣。当年叱咤风云的邓肯和“妖刀”都老了，正当盛年的托尼·帕克，便悄然成为这只鹰最雄健的翅膀。

相对年轻的帕克在 2013/2014 赛季打出了个人生涯的代表作，场均 18.3 分、7.7 次助攻，他成为马刺队的战术核心，球队的进攻开始依赖帕克，他和邓肯的挡拆是马刺延续时代香火的重要手段。然而，年轻的雷霆摧毁了一切。

32 岁的帕克早已不是那个风驰电掣的法国小跑车，伤病开始不停侵袭，他的体力也不足以支撑他每场比赛都狂飙突进，在篮下翻江倒海。

2014 年季后赛，他的疲态和伤势有目共睹，对阵利拉德，他尚且能用经验和战术戏耍对手，但在面对雷霆和热火的时候，帕克积劳成疾，险些坚持不住。

总决赛的前两战，帕克都是 15 投 8 中，对热火的第三场，帕克打得一塌糊涂，但波波维奇拍着他的肩膀说：“没关系，托尼，你是领袖。”帕克之于马刺的重要性已毋庸置疑。他在对进攻的选择上优秀的把控力反映了这一点，并且对比赛节奏的阅读力很强。第四战他拿下 19 分，马刺胜出 21 分。第四战之后，帕克在季后赛职业生涯中总共投中了 1464 个进球，超过拉里·伯德，居 NBA 第十位。

第五战得到 16 分后，帕克在季后赛生涯中的总得分为 3705 分，超越了“魔术师”约翰逊 (3701 分)，排名 NBA 季后赛得分榜第十二位。

2014 年总决赛，马刺最终 4 比 1 复仇热火。帕克场均 18 分、4.6 次助攻，表现可圈可点。

如今多年的磨炼使帕克传球的视野与保罗和巅峰时期的纳什早已不相上下，随着伦纳德的崛起，帕克也不用再疯狂砍分，但他依然会是马刺进攻的核心。

2014 年 8 月 2 日，帕克以 3 年 4330 万美元续约马刺。2014/2015 赛季，他将率领马刺开启卫冕征程。

帕克职业生涯常规赛数据

赛季	球队	篮板	助攻	得分
2001/2002	马刺	2.6	4.3	9.2
2002/2003	马刺	2.6	5.3	15.5
2003/2004	马刺	3.2	5.5	14.7
2004/2005	马刺	3.7	6.1	16.6
2005/2006	马刺	3.3	5.8	18.9
2006/2007	马刺	3.2	5.5	18.6
2007/2008	马刺	3.2	6.0	18.8
2008/2009	马刺	3.1	6.9	22.0
2009/2010	马刺	2.4	6.6	16.0
2010/2011	马刺	3.1	5.7	17.5
2011/2012	马刺	2.9	6.6	18.3
2012/2013	马刺	3.0	7.7	20.3
2013/2014	马刺	2.3	7.6	16.7
2014/2015	马刺	1.9	5.7	14.4
2015/2016	马刺	2.4	5.3	11.9
2016/2017	马刺	1.8	4.5	10.1
场均数据		2.8	5.8	16.2

帕克职业生涯季后赛数据

赛季	球队	篮板	助攻	得分
2001/2002	马刺	2.9	4.0	15.5
2002/2003	马刺	2.8	3.5	14.7
2003/2004	马刺	2.1	7.0	18.4
2004/2005	马刺	2.9	4.3	17.2
2005/2006	马刺	3.6	3.8	21.1
2006/2007	马刺	3.4	5.8	20.8
2007/2008	马刺	3.7	6.1	22.4
2008/2009	马刺	4.2	6.8	28.6
2009/2010	马刺	3.8	5.4	17.3
2010/2011	马刺	2.7	5.2	19.7
2011/2012	马刺	3.6	6.8	20.1
2012/2013	马刺	3.2	7.0	20.6
2013/2014	马刺	2.0	4.8	17.4
2014/2015	马刺	3.3	3.6	10.9
2015/2016	马刺	2.2	5.3	10.4
场均数据		3.0	5.2	18.2

帕克全明星赛场均数据

1.8 篮板 / 4.7 助攻 /8.8 分

〈生涯高光闪回 / 倒转乾坤〉

高光之耀：马刺与森林狼的那一战是“法国跑车”威力的集中展现，值得一提的是，之后的帕克再也没有拿下 50+ 数据，当时赛后波波维奇没有特别称赞帕克，只是轻描淡写地来了一句：“他命中了那些应该命中中的进球。”

2008 年的 11 月 6 日标靶中心，马刺对阵森林狼，这场比赛也因为一个人而变得与众不同，那就是托尼·帕克。此役帕克 36 投 22 中砍下了他职业生涯最高的 55 分，外加 12 次助攻、8 个篮板、5 次抢断的逆天数据，创造了森林狼 20 年来让对手砍下的个人最高得分，可谓一人攻陷了标靶中心。最终马刺 129 比 125 艰难战胜森林狼。

在阿根廷，人们只承认两个球王，一个是踢足球的球王马拉多纳，另一个便是打篮球的吉诺比利。

吉诺比利职业生涯常规赛数据

赛季	球队	篮板	助攻	得分
2002/2003	马刺	2.3	2.0	7.6
2003/2004	马刺	4.5	3.8	12.8
2004/2005	马刺	4.4	3.9	16.0
2005/2006	马刺	3.5	3.6	15.1
2006/2007	马刺	4.4	3.5	16.5
2007/2008	马刺	4.8	4.5	19.5
2008/2009	马刺	4.5	3.6	15.5
2009/2010	马刺	3.8	4.9	16.5
2010/2011	马刺	3.7	4.9	17.4
2011/2012	马刺	3.4	4.4	12.9
2012/2013	马刺	3.4	4.6	11.8
2013/2014	马刺	3.0	4.3	12.3
2014/2015	马刺	3.0	4.2	10.5
2015/2016	马刺	2.5	3.1	9.6
2016/2017	马刺	2.3	2.7	7.5
场均数据		3.6	3.9	13.6

吉诺比利职业生涯季后赛数据

赛季	球队	篮板	助攻	得分
2002/2003	马刺	3.8	2.9	9.4
2003/2004	马刺	5.3	3.1	13.0
2004/2005	马刺	5.8	4.2	20.8
2005/2006	马刺	4.5	3.0	18.4
2006/2007	马刺	5.5	3.7	16.7
2007/2008	马刺	3.8	3.9	17.8
2008/2009	马刺	3.7	6.0	19.4
2009/2010	马刺	4.0	4.2	20.6
2010/2011	马刺	3.5	4.0	14.4
2011/2012	马刺	3.7	5.0	11.5
2012/2013	马刺	3.3	4.1	14.3
2013/2014	马刺	3.4	4.6	8.0
2014/2015	马刺	2.7	2.5	6.7
2015/2016	马刺	2.4	2.4	6.6
场均数据		4.0	3.8	14.1

吉诺比利全明星赛场均数据

3.0 篮板 /3.0 助攻 /7.5 分

● 档案

马努・吉诺比利 /Manu Ginobili
绰号：妖刀 / 位置：得分后卫
出生地：布宜诺斯艾利斯省布兰卡港
出生日期：1977 年 7 月 28 日
身高：198cm/ 体重：93kg
效力球队：马刺
球衣号码：20

● 荣耀

4 届总冠军：2003、2005、2007、2014
2 届全明星：2005、2011
1 届最佳第六人：2007/2008
2004 年雅典奥运会金牌 &MVP

6

♣

马努·吉诺比利

MANU GINOBILI

风一样的速度，蛇一样的突破，刁钻诡异的传球，永不放弃的精神。总是在马刺命悬一线的时候祭出“妖刀”，寒光闪过，是敌人倒下的身影和不可思议的表情。天才球员懂得如何阅读比赛，吉诺比利非常善于捕捉机会，这使得他在比赛中如灵蛇般穿梭，伺机猝然致命一击。

“马努属于那种天生的杀手，一丝一毫的血腥之气都会诱发其潜藏的原始冲动。很幸运，他站在我们一方的阵营里。”对于吉诺比利，波波维奇一言以蔽之。

“顺境看邓肯，逆境看帕克，绝境看吉诺比利。”这句话绝非妄语。无数次倒转乾坤、临危救主，马努扭动着银环蛇般的身躯，如地狱幽冥刺客般奇袭对手，将阿根廷人的市侩、狡黠以及强悍悉数用上，最大限度地谋取一场胜利。

波波维奇独具慧眼，伯乐识良驹，师徒携手成就马刺队和吉诺比利的一段传奇。

初识吉诺比利，不如说是先对他的头发有了印象。从意大利到圣安东尼奥，在那一段追风的岁月中你总能看到他在球场上飞奔：长发飘飞、活力四射，让人情不自禁地沉迷于他的灵动与飘逸。在那一刻，你会蓦然产生一种错觉，那丝丝飘飞的长发仿佛能为风之子带来能量，让他变得无所不能。你会看到他不知疲倦地折返、切入。一整晚的肆意飞奔，用他那极尽灵动与想象力的得分方式来展示他的神奇。对于观众来说，他那一连串的蛇形步法仿佛一段美妙的拉美探戈。他，吉诺比利，化身成了一个长发飘飞的拉丁舞师，把球场当作了他艺术表演的舞台。

如果说科比是技术和优雅的展示，韦德是速度和爆发力的结合，詹姆斯是暴力美学的呈现，那么吉诺比利就是匪夷所思的灵动和鬼魅。他并没有黑人球员那样坚实的身板，但灵活性、弹跳力、身体控制能力出色，空间感觉超乎常人。以飘逸灵动的步伐结合奇快的速度出其不意地以诡异的行进路线表演手术刀般犀利的突破，在身体极度扭曲变形的情况下得分，是“蛇形妖刀”的代名词。巅峰时期的吉诺比利，突破能力是顶级的，能利用节奏的合理变化摆脱防守者并躲避封盖，非常擅长挡拆切入，他的上篮匪夷所思，加上出球的姿势变幻莫测，加大了对手对他的封盖难度，经常能在球场上演2+1，时如“妖刀”直插对方心脏，又似“灵蛇”在长人堆里快速游动，令对手防不胜防。

“红衣主教”里德·奥尔巴赫解释“第六人”时曾说，他要在板凳预留最强悍的心脏和最冷静的头脑——这就是对吉诺比利角色的最好定位。在马刺这支球队里，吉诺比利牺牲了很多，以他的实力完全可以成为一支球队的首发，但在马刺，为了战术的需要，作为第六人而毫无怨言，这就是淡定、沉稳的吉诺比利。

吉诺比利的 NBA 生涯堪称励志传奇。

在 NBA 的第一个赛季，作为菜鸟的吉诺比利场均能得到 7.6 分，到了季后赛，他场均得分提到 9.4 分，并帮助马刺队夺得了该赛季的总冠军，虽然尚未坐稳主力位置，但吉诺比利的表现已经让马刺管理层如获至宝，逐渐成为球队不可或缺的主力，他和老大邓肯以及帕克组成的“GDP”，让对手闻风丧胆。也是这 5 年，马刺夺得了自邓肯和罗宾逊时代以后的第 3 个总冠军，成为新世纪联盟唯一可以跟湖人叫板的王朝球队。

2004 年雅典奥运会男篮半决赛，吉诺比利独砍 29 分，率领阿根廷 89 比 81 击败马刺队友邓肯领衔的美国队，让不可一世的“梦六”饮恨而归，并率队一鼓作气以 84 比 69 战胜意大利，夺得男篮金牌。

2005 年季后赛马刺 23 场，吉诺比利场均砍下 20.8 分、 5.8 个篮板、4.2 次助攻，命中率为 50.8%，最后马刺夺冠。吉诺比利成为自从 1998 年乔丹退役之后，单季季后赛打出场均 20+ 分、命中率 50%+ 的唯一一个外线球员。

2007 年 6 月 15 日，马刺 83 比 82 客场击败骑士，以总比分 4 比 0 夺得了 2007 年的 NBA 总冠军，9 年来第四次成功夺冠，5 年来第三次捧起奥布莱恩杯。吉诺比利最后 1 分 05 秒砍下 8 分，在下半场砍下 18 分，风头盖过帕克和邓肯。最终砍下 27 分的吉诺比利闪耀总决赛，“妖刀”出鞘的夺目寒光令小皇帝不敢逼视。

2007/2008 赛季在出场的 74 场比赛中，有 51 场是替补出场，吉诺比利场均贡献了职业生涯最高的 19.5 分、4.8 个篮板、4.5 次助攻和 1.47 次抢断，荣膺最佳第六人。

吉诺比利几乎完成了篮球界的“大满贯”：NBA 总冠军（2003/2005/2007/2014），奥运会金牌（2004），世锦赛亚军（2002）。其实吉诺比利应该感谢阿根廷，在这个神奇国度孕育出的他，狂放自由还透着一种狡猾，同时又不失马刺的严谨和风度，两种截然不同的气质构成了吉诺比利的迷人之处。

“妖刀”生锈了吗？2013年总决赛结束后，也许大家都有这样的疑问。但是又一年后，所有人都觉得自己杞人忧天。吉诺比利在2014年总决赛第五战一记石破天惊的爆扣，证明雄鹰老去却并未“折翅”。总决赛前两场，吉诺比利发挥出色，两场共拿下25分，25投12中，但马刺1胜1负。转战迈阿密，吉诺比利继续保持高命中率，在2014年总决赛场均14.4分、3个篮板、4.4次助攻，成为马刺第五冠的股肱之臣。

2015年季后赛首轮第七场，马刺的卫冕之路随着保罗的一记绝杀宣告结束。在过去的2014/2015赛季，吉诺比利的场均数据跌至上场22.7分钟，得到10.5分4.2助攻3.0篮板，除了助攻外，剩余两项数据都是他处子赛季以来的最低值。

2015年休赛期，马刺迎来阿尔德里奇，从“GDP”到“双德时代”，权杖的交接正悄然发生。数据的全面下跌并没有削弱这位阿根廷人于马刺的作用，他依然是板凳席上最值得信任的攻击点，球队顺风顺水地以队史最佳的67胜结束常规赛。然而在西部半决赛，面对天赋爆表的雷霆，马刺再次束手无策，止步第二轮。比失利更让圣城人难过的是，邓肯宣布了退役决定。马刺球迷随即把目光全部聚集在吉诺比利身上，阿根廷人接受了圣城人民的挽留，决定再战一季。

2016/2017赛季，吉诺比利更多的是扮演精神导师，但只要他一上场，逼人的妖气却不曾有半点消退。科怀·伦纳德已然成长为一名合格的领袖，年逾不惑的妖刀再无遗憾，这也恐怕真的是最后一季了。

在出产了马拉多纳等人的足球王国阿根廷，吉诺比利能在篮球场上取得成功简直让人不可思议。要知道在阿根廷，人们只承认两个球王，一个是踢足球的球王马拉多纳，另一个便是吉诺比利。而他的家乡布兰卡湾，因为他的关系，也成为阿根廷唯一一个热爱篮球比热爱足球的人更多的城市。

〈生涯高光闪回 / 单骑射日〉

高光之耀：一人战“MSN”，吉诺比利妖刀出鞘，杀得天昏地暗，日月无光。

2005年1月21日马刺做客菲尼克斯，挑战如日中天的太阳。战况惨烈，太阳五大先发轰下120分，全队命中率高达54%，马里昂席卷37分15个篮板，斯塔德迈尔贡献35分7个篮板，常规赛MVP纳什拿下16分13次助攻。

吉诺比利以一己之力支撑斡旋，他22投16中轰下48分5个篮板6次助攻，比赛末节，马刺队一度落后17分，但吉诺比利单节拿下17分，将比分扳平。

加时再战，吉诺比利仍然势不可挡，隔着两个人的扣篮打出气势，并且在终场前9秒钟两罚一中奠定胜局。此战，吉诺比利创造生涯最高得分，他拖着伤痕累累的身体，在充满敌意的美西球馆率领马刺历经一个加时赛后，128比123击败太阳。

“斯托克顿比乔丹还难防，他的基本功太扎实了，打挡拆时总能够做出正确选择，能够串联球队。”
——加里·佩顿

斯托克顿职业生涯常规赛数据

赛季	球队	篮板	助攻	得分
1984/1985	爵士	1.3	5.1	5.6
1985/1986	爵士	2.2	7.4	7.7
1986/1987	爵士	1.8	8.2	7.9
1987/1988	爵士	2.9	13.8	14.7
1988/1989	爵士	3.0	13.6	17.1
1989/1990	爵士	2.6	14.5	17.2
1990/1991	爵士	2.9	14.2	17.2
1991/1992	爵士	3.3	13.7	15.8
1992/1993	爵士	2.9	12.0	15.1
1993/1994	爵士	3.1	12.6	15.1
1994/1995	爵士	3.1	12.3	14.7
1995/1996	爵士	2.8	11.2	14.7
1996/1997	爵士	2.8	10.5	14.4
1997/1998	爵士	2.6	8.5	12.0
1998/1999	爵士	2.9	7.5	11.1
1999/2000	爵士	2.6	8.6	12.1
2000/2001	爵士	2.8	8.7	11.5
2001/2002	爵士	3.2	8.2	13.4
2002/2003	爵士	2.5	7.7	10.8
场均数据		2.7	10.5	13.1

斯托克顿职业生涯季后赛数据

赛季	球队	篮板	助攻	得分
1984/1985	爵士	2.8	4.3	6.8
1985/1986	爵士	1.5	3.5	6.8
1986/1987	爵士	2.2	8.0	10.0
1987/1988	爵士	4.1	14.8	19.5
1988/1989	爵士	3.3	13.7	27.3
1989/1990	爵士	3.2	15.0	15.0
1990/1991	爵士	4.7	13.8	18.2
1991/1992	爵士	2.9	13.6	14.8
1992/1993	爵士	2.4	11.0	13.2
1993/1994	爵士	3.3	9.8	14.4
1994/1995	爵士	3.4	10.2	17.8
1995/1996	爵士	3.2	10.8	11.1
1996/1997	爵士	3.9	9.6	16.1
1997/1998	爵士	3.0	7.8	11.1
1998/1999	爵士	3.3	8.4	11.1
1999/2000	爵士	3.0	10.3	11.2
2000/2001	爵士	5.6	11.4	9.8
2001/2002	爵士	4.0	10.0	12.5
2002/2003	爵士	3.2	5.2	11.2
场均数据		3.3	10.1	13.4

斯托克顿全明星赛场均数据

1.7 篮板 / 7.1 助攻 /8.1 分

档案

约翰·斯托克顿 /John Stockton
位置：控球后卫
出生地：华盛顿州斯波坎
出生日期：1962 年 3 月 26 日
身高：185cm/ 体重：77kg
效力球队：犹他爵士队
球衣号码：12

荣耀

9 届助攻王：1987/1988、1988/1989、1989/1990、1990/1991、1991/1992、1992/1993、1993/1994、1994/1995、1995/1996
2 届抢断王：1988/1989、1991/1992
10 届全明星：1989~1997、2000
1 届全明星 MVP：1993
2 届奥运冠军：1992、1996
NBA50 大球星
奈·史密斯名人堂

6

约翰·斯托克顿

JOHN STOCKTON

沉默着的斯托克顿就像是电影中的无声幽默，不懂的人视而不见，懂的人会心一笑。你看着他那瘦削的体格、扑克脸以及中分黑发，不止是你，即使是盐湖城，也往往会把他当成一个普通的职业者，而非震撼篮球历史的传奇，但这恰恰就是斯托克顿的吸引力之所在。

20 年里，他日复一日地传出匪夷所思的传球，一如既往地命中投篮、完成战术。他在联盟历史总助攻榜和总抢断榜上遥遥领先，15806 次助攻领先第二名近 5000 次，3265 个抢断领先第二名迈克尔·乔丹 750 次。1984 至 2003 年，盐湖城，他在 1526 场常规赛中仅仅 22 场缺阵。你能否再举出任何一位职业运动员与之媲美？即使是他的老搭档卡尔·马龙也无法达到。19 年的职业生涯中，斯托克顿有 17 个赛季全勤，这是 NBA 的一个记录。他职业生涯场均贡献 10.5 次助攻，其中包括两个历史最佳单赛季场均助攻数据：1989/1990 赛季的 14.5 次和 1990/1991 赛季的 14.2 次。他手握 34 次 20+ 助攻，并从 1987/1988 赛季到 1995/1996 赛季连续九个赛季垄断助攻王。

1984 年，犹他爵士在首轮第 16 位摘下斯托克顿，他的身前不远处是未来的名人堂巨星奥拉朱旺、乔丹和巴克利。斯托克顿后来承认，自己一直走在还击质疑者的道路上。即便马龙也说，1985 年他第一次来到爵士时，掂量着这位二年级控卫，他感到震惊：“我的第一印象是他的体型小得过头了，我觉得他会在比赛里被弄伤的。”

在斯托克顿的最初两个赛季，斯托克顿担任里基·格林的替补。他非常担心自己只能在 NBA 待一年，很快会失业。他什么也不敢买，甚至说自己在新秀赛季每天都在等待被裁掉的通知。度过了新秀赛季漫长的板凳岁月，第二个赛季，斯托克顿的出场时间增至 23.6 分钟，他的成绩是每场 7.7 分、7.4 次助攻。第三个赛季，即 1986/1987 赛季，他开始成为首发，但要和格林分享上场时间。斯托克顿每场出场 22.7 分钟，得到 7.9 分、8.2 次助攻。至此，他的学徒生涯结束了。当时的爵士主帅弗兰克・莱登回忆道：“他的决断力更出色，推进球的处理也更好。”

与此同时，爵士送走阿德里安・丹特利，卡尔・马龙开始成为球队首席得分手，与斯托克顿共同奏响了完美的挡拆进行曲。播音员年鉴上因此产生了一个被不厌其烦重复而又如此和谐的短语：“Stockton to Malone.”

1987/1988 赛季伊始，斯托克顿终于独自占有犹他主力控球后卫的位子，场均 13.8 次助攻，这个数字在接下来三年两次被他自己超越，这也是连续九次助攻王的第一次。整个赛季助攻 1128 次，打破了此前伊塞亚・托马斯保持的 1123 次的纪录。与此同时，他每场 2.95 次的抢断列联盟第三，57.4% 的恐怖命中率列联盟第四，还有 14.7 分的平均得分。他的数据比起上一年基本翻了一倍，之后入选最佳阵容二队。爵士以 47 胜 35 负的球队历史最好战绩进入季后赛，首轮击败开拓者后，他们与湖人队相遇。卫冕冠军经过七场恶战才得以过关。第五场比赛，尽管爵士以 109 比 111 惜败，斯托克顿却平了“魔术师“创下的季后赛单场助攻 24 次的纪录。十一场季后赛中，斯托克顿场均 19.5 分、14.8 次助攻。

1988/1989 赛季，斯托克顿首次入选全明星，奉上一场 11 分、17 次助攻的表演，力助队友马龙带走 MVP 奖杯。1989/1990 赛季斯托克顿缺席了前四场比赛，不过这不妨碍他场均 14.5 次助攻，把单赛季个人助攻记录刷新到 1134 次。1990/1991 赛季，他不厌其烦，1164 次助攻再次刷新自己保持的单赛季助攻总数纪录，场均 17.2 分平自己最好成绩。

下一个赛季，斯托克顿拿到连续第五个助攻王，第四次出席全明星赛。爵士的季后赛之路终于得到开拓，连续击败快船和超音速之后进入了西部决赛。在 16 场季后赛中，斯托克顿场均 14.8 分、13.6 次助攻、2 次抢断。入行十年，控卫黄金巅峰时代到来，他开始牢牢锁定传统控卫的最顶端。1993/1994，1994/1995 这两个赛季，他入选 NBA 最佳阵容一队，并在 1995 年成为 NBA 历史上的助攻王。1994/1995 赛季，斯托克顿助攻突破 10000 次，接下来的 1995/1996 赛季，他超过莫里斯・奇克斯成为历史抢断王，同时超越鲍勃库西成为第一个连续九次获得助攻王的球员。

但一如他整个职业生涯挥之不去的悲情氛围，悲情的根源恰在此时呈现出来：在他最为挥洒纵横的黄金年龄，他所在的球队却迟迟无法得到最后的拼图。如果说“魔术师”是控卫中最伟大的创造者，那么斯托克顿就是最伟大的决断者，两个牢牢占据伟大控卫排行榜前两名的球员，一个才华横溢，浓烈浪漫；一个低调朴实，冰冷如刀。没有人能干扰他的思考和节奏，没有人能左右他的推测和决断。他能够恰如其分地捕捉到一切机会，然后挥手送球犹如利剑刺穴。他智慧、狡猾乃至于阴险，让一切对位者如鲠在喉却又有苦难言，但在场下，他又是翩翩君子，光华内敛，是温和的约翰。

随着霍纳塞克的到来，爵士开始步入团队巅峰。1997 年西部决赛第六场，斯托克顿在最后时刻一记三分球掠过巴克利的指尖，压哨绝杀晋级，爵士杀奔总决赛。“闯入总决赛是我生涯的光辉时刻，”斯托克顿说，“我们曾六七次杀入分区决赛却输了球，越过这道坎是最令人激动的时刻。”这也是斯托克顿少见的情绪外露的时刻。他奔向马龙和霍纳塞克的怀中，尖叫着欢呼胜利，这和他平日的举止风度完全迥异。

但是他们迎面看到了迈克尔·乔丹和血红色的公牛。1997 年总决赛第四场最后 2 分钟，斯托克顿主导爵士队史上最著名的生死时速：在乔丹扣篮之后，斯托克顿立刻一记三分得手，乔丹还以一记跳投。终场前 1 分钟，斯托克顿抢断乔丹，接着快攻让乔丹赔上一次犯规，然后罚中三球。终场前 44 秒，乔丹在人群中穿梭折转，跳投不中，斯托克顿抓下篮板球送出跨场长传，卡尔·马龙如列车般呼啸着篮下打进。爵士以 74 比 73 反超。终场前 17 秒，马龙罚进两球，爵士 76 比 73 扩大领先。乔丹被迫尝试强行三分，未遂，斯托克顿再度抓下篮板长传，布莱恩·拉塞尔应声飞扣，爵士锁定胜局。短短的两分钟内，12 比 2 的致命冲击在球场上演了爵士队史上最激情的生死时速!

但这壮丽的抵抗最终只是公牛王朝和迈克尔·乔丹的帝王神殿里的点缀，两个 4 比 2，两次传世的绝杀，乔丹在复出后以爵士为背景，第二次完成了伟大的三连冠。犹他至此中衰，缩水赛季以联盟第一战绩半决赛负于开拓者后，球队更是一路下滑。作为这支球队的灵魂和指挥官，斯托克顿之后六年徒劳的坚守成为最悲壮的史话，当时间走到 2004 年，他终于停了下来，他为这支球队，这个城市，已经燃烧了一切。

当然，在结束时，他也已经超越了一切。无需任何声音，就像看着最伟大的无声电影，后人只需看着他的名字，便会不由自主地五体投地，沉醉于他给你的不可阻挡的“视觉享受”。

〈生涯高光闪回 / 助攻新高〉

高光之耀：稳定、高效、睿智，一个身高只有 1.85 米的白人控卫，能在巨人如林的 NBA 中笑傲岁月、独霸一方，两次率爵士登顶西部，杀入总决赛，足见斯托克顿的伟大与顽强。纵观整个 NBA 历史，他也绝对能成为控球后卫中教科书般的存在。

1991 年 1 月 15 日，在爵士对阵马刺的比赛中，斯托克顿送出了职业生涯最高的 28 次助攻，另外还得到了 20 分和 8 个篮板的准三双数据。他 34 次在比赛中打出单场 20 次以上助攻，并 1987/1988 赛季到 1995/1996 赛季，连续九年垄断了联盟助攻王。

5-2

黑桃 5 布雷克·格里芬 / **红桃 5** 科怀·伦纳德 / **梅花 5** 克莱·汤普森 / **方片 5** 达米安·利拉德
BLAKE GRIFFIN　KAWHI LEONARD　KLAY THOMPSON　DAMIAN LILLARD
黑桃 4 德马库斯·考辛斯 / **红桃 4** 丹尼斯·罗德曼 / **梅花 4** 保罗·加索尔 / **方片 4** 马克·加索尔
DEMARCUS COUSINS　DENNIS RODMAN　PAU GASOL　MARK GASOL
黑桃 3 德玛尔·德罗赞 / **红桃 3** 德雷蒙德·格林 / **梅花 3** 德里克·罗斯 / **方片 3** 凯文·乐福
DEMAR DEROZAN　DRAYMOND GREEN　DERRICK ROSE　KEVIN LOVE
黑桃 2 布兰顿·罗伊 / **红桃 2** 昌西·比卢普斯 / **梅花 2** 保罗·乔治 / **方片 2** 约翰·沃尔
BRANDON ROY　CHAUNCEY BILLUPS　PAUL GEORGE　JOHN WALL

格里芬职业生涯常规赛数据

赛季	球队	篮板	助攻	得分
2010/2011	快船	12.1	3.8	22.5
2011/2012	快船	10.9	3.2	20.7
2012/2013	快船	8.3	3.7	18.0
2013/2014	快船	9.5	3.9	24.1
2014/2015	快船	7.6	5.3	21.9
2015/2016	快船	8.4	4.9	21.4
2016/2017	快船	8.1	4.9	21.6
场均数据		9.4	4.1	21.5

格里芬职业生涯季后赛数据

赛季	球队	篮板	助攻	得分
2011/2012	快船	6.9	2.5	19.1
2012/2013	快船	5.5	2.5	13.2
2013/2014	快船	7.4	3.8	23.5
2014/2015	快船	12.7	6.1	25.5
2015/2016	快船	8.8	4.0	15.0
2015/2016	快船	8.8	2.3	15.0
场均数据		8.7	3.9	21.1

格里芬全明星赛场均数据

5.5 篮板 / 0.3 盖帽 /21.8 分

“当时他们找我去扣篮大赛，说没有任何规则，我想‘我能跳过一辆汽车’就这么做了。”

——布雷克·格里芬

档案

布雷克·格里芬 /Blake Griffin
绰号：给力芬 / 位置：大前锋
出生地：俄克拉荷马州俄克拉荷马城
出生日期：1989 年 3 月 16 日
身高：208cm/ 体重：114kg
效力球队：快船
球衣号码：32

荣耀

5 届全明星：2011~2015
最佳新秀：2010/2011
2011 年扣篮大赛冠军
2012 年伦敦奥运会金牌

5 ♠

布雷克·格里芬

BLAKE GRIFFIN

惊天动地不足以形容他扣篮的魅力，而石破天惊来形容又过于苍白。格里芬分明是来自异空间的红色骇客，作为布道者，来地球炫耀匪夷所思的暴力美学，凭的是那强悍到匪夷所思的身体素质。也许是格里芬的扣篮太过闻名，让人们往往忽略他是如此全能的球员。

1989 年 3 月 16 日，布莱克·格里芬出生在俄克拉荷马，父亲汤米是一位篮球教练，母亲盖尔是一位高中教师。这是一个非常传统的家庭，高中之前格里芬一直在家接受教育，陪伴他的是哥哥泰勒。

竞争充斥于兄弟的日常生活中，家务劳动、学习成绩、篮球和橄榄球，他们可以将所有的一切演变成对决。在自家车库前的迷你球场上，一对一斗牛经常演变成摔跤比赛。

每次训练，每次 HORSE 投篮比赛，每次一对一都像一场战争。直到高中时期，布莱克才第一次击败哥哥，扬眉吐气。正是这样的经历，让格里芬严肃地看待篮球比赛，他发现篮球成为自己唯一的爱好。从 13 岁开始，格里芬不再踢足球，高一时他又放弃了橄榄球，因为这些项目的赛程有太多冲突，他不想再赶场参加篮球比赛。

为了打好篮球，格里芬开始认真练习举重，注意饮食，母亲盖尔负责为他安排健康食谱。每天晚上，他在自家车库前的球场练习投篮几个小时，乐此不疲。

2003 年，格里芬追随兄长，加盟了父亲执教的俄克拉荷马基督高中，率队打出 106 胜 6 负的骄人战绩，赢得 4 个州冠军。毕业后，格里芬没有进入康涅狄格、杜克、北卡这样的篮球名校，而是选择了俄克拉荷马大学，因为那里是他的家乡。

大一赛季格里芬场均贡献 14.7 分、9.1 个篮板，入选新秀第一阵容。尽管在对位一流球员时还显得缺乏经验，但格里芬已经成为乐透秀的热门人选。大二赛季格里芬拿到 30 次两双，场均贡献 22.7 分、14.4 个篮板，上一个打出 22+14 的大学球员还是 1996/1997 赛季的蒂姆·邓肯。这一年格里芬几乎横扫了所有个人奖项，荣膺奈·史密斯奖、伍登奖和美联社年度最佳球员。

作为大学篮坛的赢家，格里芬理所当然地赢得了 NBA 球队的关注，2009 年选秀大会，快船用状元签选中了他。当人们兴高采烈地高谈阔论格里芬将如何大杀四方时，他们等到的却是悲剧的调调。完全统治夏季联赛，率领快船在季前赛取得 6 胜 1 负的战绩后，格里芬在一次灌篮后摔坏了膝盖骨，整季报销。

养伤期间，格里芬只能在主场比赛时坐在板凳上为队友加油，打客场时他会一个人在训练馆里练习罚球，为了保护膝盖，每次捡球都小心翼翼。格里芬的耐心帮他冲破了黎明前的黑暗，2010/2011 赛季他真正开启了 NBA 生涯。彼时快船主教练尼格罗发现对格里芬发出的所有命令都是徒劳，“有时你会试着去缓和他的情绪。”尼格罗说，“但他的斗志完全是与生俱来的，他变得越来越有侵略性，那是他的天赋。”

格里芬的菜鸟赛季堪称完美，打满 82 场，63 场拿下两双，历史上比他数据更漂亮的新秀，大概只有 1959/1960 赛季场均砍下 37.6 分、27 个篮板、2.3 次助攻的张伯伦，以及 1969/1970 赛季场均拿到 28.8 分、14.5 个篮板和 4.1 次助攻的贾巴尔。格里芬毫无争议地当选年度最佳新秀。但作为一个完美主义者，格里芬并没有满足现状。

格里芬的轰筐表演换来的不仅仅是闪光灯和赞誉，还有对手凶狠的犯规，2011/2012 赛季在被恶意侵犯的榜单上，他位居榜首。更糟糕的是，与新秀赛季相比，他的数据有所下滑，当媒体用历史上的超级巨星作为参照物，格里芬难免露出瑕疵。

进入 NBA 的第三个年头，批评接踵而至，有人指出格里芬的跳投每年都在变糟，射程没有实质性的提高，在防守端也存在致命的劣势，无论在篮下还是在外线，平庸的臂展都限制了他的防守能力。根据 DraftExpress 的数据统计，格里芬选秀时的臂展不足 2.06 米，站立摸高为 2.67 米，在 NBA 的数据库里，格里芬的站立摸高比身高相同的球员平均低了 6.6 厘米，与阿尔德里奇这样的长臂怪相比，他基本就是霸王龙的水平。格里芬始终无法依靠弹跳来解决静态盯防和高位协防时的缺陷，这也意味着他很难成为伟大的防守球员。

一个完美主义者无法达到完美境界，这也许是世界上最残酷的事情，但格里芬从未放弃进化，自从里弗斯执掌教鞭以来，他似乎开始脱胎换骨。2013 年夏天，格里芬每周在训练馆里泡五天，在投篮训练师鲍勃·泰特的指导下完成上千次投篮，痴迷于练习内线步法。每天格里芬都在与詹姆斯、杜兰特、安东尼和哈登的替身进行激烈对抗，只是为了在季后赛里战胜那几个真正的家伙。

格里芬慢慢撕掉扣将的标签，2013/2014 赛季扣篮 176 次，2014/2015 赛季已经骤降至 78 次。他的中投越来越好，甚至增加了打板投篮，保罗说：“当他能投进跳投时，没人能防住他。”如今格里芬可以吸引双人包夹，为队友创造机会，并且慢慢成为球队的领袖和进攻组织者。

2014/2015 赛季抢 7 战胜马刺后，专栏作家迪伦·墨菲说：“可以对 NBA 的大个子进行分类，篮筐守卫者、低位得分机器、大个组织者、挡拆三分手等等，而格里芬是联盟里唯一一个集所有技能于一身的大个子。”

快船正在经历着变化的时期，主要是来自核心层球员：保罗的意志力更加旺盛，但身体的下滑却是不争的事实，2015/2016 赛季的季后赛首轮受伤可不是偶然——毕竟，他已经是正步入 32 岁的老兵了，而接过大旗的是格里芬。可问题又来了，种种场内场外的因素（队内斗殴被联盟禁赛 4 场）加上伤病等问题始终在困扰着格里芬，导致其在 2015/2016 赛季只打了 35 场，重要的是在季后赛首轮面对开拓者在取得大比分上的领先后，保罗伤了，格里芬又受伤了，最后只能看着一帮拥有青年军的开拓者逆转晋级。

度过糟糕的 2015/2016 赛季之后，格里芬期待在 2016/2017 赛季重生，虽然缺席了 21 场比赛，但伤愈复出的 40 场比赛里，场均能交出 22.3 分、8.7 个篮板、5.1 次助攻的数据。正在努力通过比赛找到最佳状态彻底摆脱伤病的格里芬一定不会让大家失望，要知道在保罗因年龄问题数据出现下滑的时候，格里芬的稳定发挥就是对快船问题最好的弥补，同时也是里弗斯教练带领快船打出好成绩的最重要的一张王牌。

〈生涯高光闪回 / 飞跃传奇〉

高光之耀：2000 年后最震撼和刺激的一届扣篮大赛，如果没有了麦吉，乐趣就减少了一半。他的灌篮杂技般眼花缭乱，给我们带来不同以往的欢乐。至于格里芬，他没有辜负众望，预赛中他竟然在空中转体 360 度暴扣。决赛中他甚至动用了一辆汽车，还请来一个唱诗班，为他高歌“I believe I can fly”。飞跃汽车暴扣！这一扣，顺理成章为他赢得最终的冠军。

2011 年洛杉矶全明星扣篮大赛，最后一扣，唱诗班、汽车、天窗下的大胡子，只是陪衬，而格里芬接到队友传球之后飞跃汽车的双手扣篮，已飞跃了无数传奇。

格里芬最终以 68% 的得票荣膺扣篮王，也合理，毕竟，在如今的 NBA 中，格里芬这种纯暴力风格的球员已经越来越少。面对格里芬近乎完美的表演，麦吉作为回应的扣篮就略显苍白。

“科怀·伦纳德会是接管帕克、马努和邓肯的明星球员，他是联盟中极少数进攻和防守端都达到顶级水平的球员。”

——格雷格·波波维奇

伦纳德职业生涯常规赛数据

赛季	球队	篮板	助攻	得分
2011/2012	马刺	5.1	1.1	7.9
2012/2013	马刺	6.0	1.6	11.9
2013/2014	马刺	6.2	2.0	12.8
2014/2015	马刺	7.2	2.5	16.5
2015/2016	马刺	6.8	2.6	21.2
2016/2017	马刺	5.8	3.5	25.5
场均数据		6.2	2.3	16.4

伦纳德职业生涯季后赛数据

赛季	球队	篮板	助攻	得分
2011/2012	马刺	5.9	0.6	8.6
2012/2013	马刺	9.0	1.0	13.5
2013/2014	马刺	6.7	1.7	14.3
2014/2015	马刺	7.4	2.6	20.3
2015/2016	马刺	6.3	2.8	22.5
场均数据		7.2	1.5	14.7

伦纳德全明星赛场均数据

6.0 篮板 / 3.0 助攻 /17.0 分

档案

科怀·伦纳德 /Kawhi Leonard

绰号：卡哇伊 / 位置：小前锋

出生地：加州洛杉矶

出生日期：1991 年 6 月 29 日

身高：201cm/ 体重：102kg

效力球队：马刺

球衣号码：2

荣耀

1 届总冠军：2014

1 届总决赛 MVP：2014

2 届全明星：2016、2017

1 届抢断王：2014/2015

2 届最佳防守球员：

2014/2015、2015/2016

5♥

科怀·伦纳德

KAWHI LEONARD

毫无疑问，这个像邓肯一样面无表情的年轻人是圣城在“GDP”之后最大的惊喜。伦纳德有一双巨大的手，恐怖的臂展，完美的篮板嗅觉，强悍的单防能力。他令人窒息的断球技能甚至有了一个酷炫的专属名号：死亡缠绕。加入马刺以后，他从一个懵懂新秀一步一个脚印，成为一个敢于和勒布朗·詹姆斯正面叫阵的担当者。

1991年6月29日，科怀·伦纳德出生在美国加利福尼亚州河边市一个普通的黑人家庭中，他是家中最小的孩子，也是唯一的儿子。多年以后，河边市的数万市民做梦也不会想到，那个当年在洗车店后院玩耍的小男孩，会成为NBA总决赛的MVP。

与那些童年时代混迹街头，得到的第一个礼物是篮球的庸俗桥段不同，小伦纳德最先接触的运动却是橄榄球。在上九年级之前，科怀一直都梦想将来能够驰骋在NFL的赛场上，像布雷特那样威震四方。只可惜，后来的故事没有如伦纳德所愿，升入高中后，接纳他的并非校橄榄球队，而是篮球队，他的梦想轨迹也在这时出现转折。

2007年，伦纳德从谷泉高中转到了马丁路德金高中，并很快成为篮球校队的主力成员，“我是科怀的头号粉丝，这个称号谁都抢不走，”伦纳德的外婆旺达·罗伯森告诉记者。在高中，伦纳德展现出了极佳的天赋和领导力，在高四那年，他场均砍下22.6分、13.1个篮板，也正是从那时起，他的防守才华展露无遗。他带领球队拿下了30胜3负的战绩，并当选了加州篮球先生。

高中毕业后的伦纳德收到了来自诸如肯塔基、堪萨斯州立大学等名校的邀请函，但他最终选择了位于家乡南部的圣地亚哥州立大学："我不想离家乡太远，就这么简单。"时任球队主教的史蒂夫·费舍尔第一次见到伦纳德便被他的一双长臂所吸引，费舍尔回忆说："我告诉科怀，有朝一日，你会被更多的人谈论，以巨星的名义。"

大一赛季，伦纳德在34场比赛中，场均贡献12.7分、9.9个篮板，两项数据均为队内最高，他也因此成为该赛季仅有的全美四位得分篮板冠绝全队的大一新生之一。赛季结束后，他被评为西部山区联盟MVP，并入选了最佳阵容。大二赛季，出场时间骤增的伦纳德，数据更进一步，场均15.7分、10.4个篮板，他入选了《福克斯体育》的全美最佳阵容二队。2011年，伦纳德在首轮第十五顺位被印第安纳步行者队选中，但随后被交易到马刺，一切都改变了。

"他能够很好地吸收一切信息，他出色地完成自己的角色，卖力防守，满场飞奔，他的冷静沉着让他处理球时游刃有余。"能得波波先生如此称赞的球员，可见优秀非凡，而这恰恰是致使马刺在2011年选秀大会时做出"决定"的关键所在。

初入联盟的伦纳德便碰到了十年难遇的劳资纠纷，停摆让各队的训练营大门紧锁，他不得不回到母校圣地亚哥州大进行新秀赛季的准备。在圣地亚哥州大的两个赛季里，伦纳德的三分命中率只有25%，他的投篮弧线过低且效率极不稳定，而在波波的体系中，三分球对于侧翼球员有着极高的要求，伦纳德必须在三分线外投注更多的精力。新秀赛季结束后，马刺教练组惊喜地发现，那些对于伦纳德投篮难开发的担忧实属笑谈，他整季的投篮命中率达到了49.3%，三分命中率更是可观的37.6%。

此外，相比那些对季后赛望眼欲穿的同届新秀，伦纳德的幸福之处，是他可以轻松地体验到季后赛的滋味，新秀赛季他便随队杀进了分区决赛，第二年他更是作为主力球员站上了总决赛的舞台。与热火的第三场比赛，他拿下了14分、12个篮板、4次抢断，正负效率值达到+29，一举成为史上最年轻的总决赛两双球员。而在抢七大战中，伦纳德再度砍下19分、16个篮板的两双数据，但马刺遗憾不敌热火，痛失总冠军。

人生的第一次总决赛以失败收场，但伦纳德并不认为这是憾事，他的优异表现让马刺管理层看到了曙光，也让波波维奇若有所思。

2013/2014赛季的常规赛，伦纳德还是那个安静的少年，不慌不忙，稳步成长。场均12.8分、6.2个篮板的数据，相比上个赛季只能算小有提升，没有人会想到这竟然是他季后赛爆发的前奏，一如暴风雨降临前的宁静。

季后赛开始后，波波维奇将伦纳德的出场时间上调，从常规赛的场均29.1分钟，增加到32分钟，而随之上涨的还有他的得分和三分命中率，分别达到了14.3分和41.9%。事实上，总决赛之前的伦纳德与常规赛表现无异，真正让世人震惊的，是他在总决赛面对詹姆斯时的天神下凡。

波波维奇说，伦纳德只关心下一个回合。与热火连续两年决战总决赛，伦纳德和马刺先输一回合，这一次轮到他们复仇了。马刺 4 比 1 大胜热火成功夺冠，而伦纳德凭借后三场 29 分、20 分、22 分的爆炸演出，怒摘总决赛 MVP。整个总决赛期间，伦纳德在面对联盟第一球星勒布朗·詹姆斯防守时的投篮命中率达到了 65%，在第五场比赛的第一节，詹姆斯虽然 7 投 5 中，但他在伦纳德面前只尝试了一次出手。而在之后因为持续受到伦纳德的影响，他在后面的比赛中只有 14 投 6 中。今天在阵地战中，当面对伦纳德的防守时，詹姆斯只有 6 投 1 中，而在其他人面前则是 11 投 6 中。

总决赛成名的伦纳德从此多了一个名号——“皇帝终结者”，而他一双长臂覆盖对位进攻球员的防守绝技也拥有了一个恐怖的称谓——“死亡缠绕”。

职业生涯的第三个赛季，伦纳德便染指总冠军，更“意外”地获得了总决赛 MVP，他实现了很多传奇巨星穷其一生都未能完成的任务，但对于荣耀，伦纳德则轻描淡写。2015/2016 赛季，他连续两年荣膺最佳防守球员，成为第三位既获得最佳防守球员，又拿到总决赛 MVP 的球员。前两位分别是迈克尔·乔丹和哈基姆·奥拉朱旺。

2016 年夏天，邓肯正式退役，伦纳德接过前辈的火炬，继续率领马刺迈向新的征程。伦纳德的开局堪称梦幻，截至目前，他的 30+ 场次已经达到了 15 场，并连续第二年成为全明星先发，并以场均 25.3 分、5.8 个篮板的出色表现，成为联盟风头正劲的王牌球星。但面对这一切光芒四射的成就，伦纳德的反应还是一如既往的轻松：“我要成为球队的领袖，并确保自己清楚场上发生的一切。”事实上，这家伙并非对已获荣誉毫无感觉，只是他并不觉得这有何需要大书特书的。一如既往，从未改变。

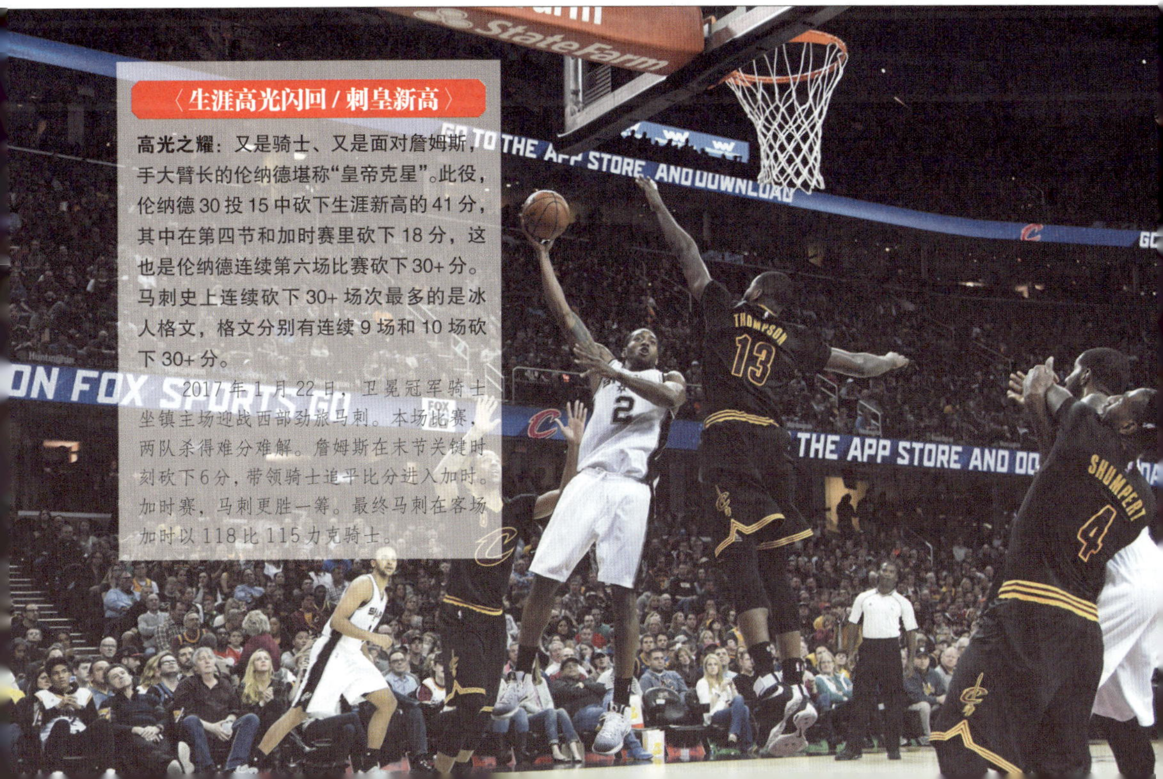

〈生涯高光闪回 / 刺皇新高〉

高光之耀：又是骑士、又是面对詹姆斯，手大臂长的伦纳德堪称“皇帝克星”。此役，伦纳德 30 投 15 中砍下生涯新高的 41 分，其中在第四节和加时赛里砍下 18 分，这也是伦纳德连续第六场比赛砍下 30+ 分。马刺史上连续砍下 30+ 场次最多的是冰人格文，格文分别有连续 9 场和 10 场砍下 30+ 分。

2017 年 1 月 22 日，卫冕冠军骑士坐镇主场迎战西部劲旅马刺。本场比赛，两队杀得难分难解。詹姆斯在末节关键时刻砍下 6 分，带领骑士追平比分进入加时。加时赛，马刺更胜一筹。最终马刺在客场加时以 118 比 115 力克骑士。

“汤普森和伦纳德的防守都很出色。但汤普森在进攻端更优秀，所以我倾向于汤普森是除詹姆斯之外的最全面球员。”
——查尔斯·巴克利

档案

克莱·汤普森 /Klay Thompson
绰号：佛祖 / 位置：得分后卫
出生地：加利福尼亚州洛杉矶
出生日期：1990 年 2 月 8 日
身高：201cm/ 体重：93kg
效力球队：勇士
球衣号码：11

荣耀

1 届总冠军：2015
3 届全明星：2015~2017
2016 年三分大赛冠军
2014 年世界杯冠军
2016 年奥运会金牌

汤普森职业生涯常规赛数据

赛季	球队	篮板	助攻	得分
2011/2012	勇士	2.4	2.0	12.5
2012/2013	勇士	3.7	2.2	16.6
2013/2014	勇士	3.1	2.2	18.4
2014/2015	勇士	3.2	2.9	21.7
2015/2016	勇士	3.8	2.1	22.1
2016/2017	勇士	3.7	2.1	22.3
场均数据		3.3	2.3	19.1

汤普森职业生涯季后赛数据

赛季	球队	篮板	助攻	得分
2012/2013	勇士	4.6	1.8	15.2
2013/2014	勇士	3.4	3.6	16.4
2014/2015	勇士	3.9	2.6	18.6
2015/2016	勇士	3.7	2.3	24.3
场均数据		3.9	2.4	19.8

汤普森全明星赛场均数据

3.0 篮板 / 4.0 助攻 /8.0 分

5

♣

克莱·汤普森

KLAY THOMPSON

汤普森三分球的威慑力并不逊于库里，同样令所有的防守者胆寒，2016年的西部决赛证明汤普森比赛越艰难发挥越稳定。我们都知道克莱是一个伟大的投手，甚至是现役最好的无球移动投篮大师，但他不只是投手，而且能把空切、上篮、中投、突破以及三分完美结合的全能得分手，可以手自从单节37分之后，克莱将单位时间的得分爆发力展现得淋漓尽致，至于纵贯全场的得分表演，三节60分就足以体现。

克莱·汤普森出生于运动世家，父亲米切尔·汤普森是1978年的NBA状元秀，曾经代表湖人3次夺得总冠军，母亲当年也是旧金山大学的排球明星。由于老汤普森的球员身份，克莱从小就混迹于NBA球馆。老汤普森效力开拓者时，德雷克斯勒很喜欢在更衣室逗克莱玩，而拉希德·华莱士会拉着这个小家伙打电玩。

早在克莱六年级时，米切尔就对妻子说家里将会诞生一位职业运动员："她根本没理会我，以为我在吹牛皮。"等到克莱升入圣玛格丽塔高中时，米切尔对儿子说了相同的话："利用好自己的天赋，谦逊好学，天空才是你的极限。"

高二的一场溃败成为汤普森学生时期的重大转折点，当时他们以44比74惨败于阿蒂西亚高中，对手的当家球星叫詹姆斯·哈登。"当时我只是个角色球员，校队的二年级生，第六人。"汤普森说，"替补出场，时不时命中几个空位三分，那就是我的角色。"

连续输给哈登和他的阿蒂西亚高中成为刺激汤普森前进的催化剂，他放弃了橄榄球，也不再玩棒球，开始专心致志地练习篮球。汤普森说："他们刺激了我，当时队里七八个高四的学长即将毕业，我知道自己必须成为球队的支柱。我不再从事其他运动，在AAU巡回比赛里玩命打球，每天例行公事地进行投篮训练。”这些努力让汤普森在高三时入选了加州高中联赛D-III第二阵容。高四那年他场均轰下21分，率队拿到30胜5负的战绩，在决赛中命中7个三分球，刷新纪录，并率队夺冠，荣膺州三级联赛年度最佳球员和联盟MVP。然而汤普森还是无法进入南加州大学和UCLA的法眼，他只能选择北上，选择名不见经传的华盛顿州大。大三赛季汤普森场均轰下21.6分，成为Pac-10区首席得分手。2011年Pac-10区锦标赛，汤普森曾投中8个三分，轰下43分，创下纪录。

2011年，克莱·汤普森在首轮第十一顺位被勇士选中，他的职业生涯始于圣弗朗西斯科湾，始于家乡加利福尼亚，始于一支年轻却又雄心勃勃的球队，汤普森称之为完美的选择。勇士之所以选择汤普森，目的很明显，他们需要一个能用投篮拉开空间的射手。NBA选秀网如此评价汤普森：“纯射手，他的角色就是成为高效的外围射手。”

进入2012年，汤普森似乎打通了任督二脉，他开始适应NBA的节奏，学会利用掩护创造机会，掌握正确的出手时机，在没有呼应战术的时候，他也懂得如何拉开空间，更重要的是在防守端他不再拖球队的后腿。1月份，汤普森证明自己越过了新秀墙，场均贡献7.9分，两分和三分球命中率提升至47.4%和46.7%。蒙塔·埃利斯被交易到雄鹿后，汤普森获得了更多的出场时间，整个赛季场均贡献12.5分，三分球命中率达到41.4%，凭借出色的表现入选最佳新秀阵容。

2012/2013赛季，水花兄弟声名鹊起，在库里身边，汤普森不再是一个可有可无的角色，他的投篮得到广泛认可。巴克利对他赞不绝口：“汤普森拥有最好的投篮技术。”

2007年之后勇士首次杀入了季后赛，首轮以4比2淘汰掘金，主帅马克·杰克逊称库里和汤普森是史上最好的投篮组合。季后赛第二轮，勇士与马刺进行了一轮艰苦的系列赛，克莱的三分命中率达到惊人的65%，第二场9投8中，砍下34分，。

2013/2014赛季，汤普森仍然在进步，场均贡献18.7分，成为队内第二得分手，然而在球队高层看来，他并不是非卖品。2014年夏天，森林狼兜售乐福，而勇士成为这场交易战的领跑者。勇士新任主帅史蒂夫·科尔坚决反对，不该拆散“水花兄弟”。

2014年10月31日，勇士以4年7000万的顶薪续约汤普森，交易流言肥皂剧戛然而止。汤普森也很快就证明了自己的价值，11月1日对阵湖人，汤普森18投14中，砍下41分，对位科比时完全占据上风。11月2日，面对开拓者，终场前8.9秒，勇士落后1分，汤普森顺利接球，强行杀入禁区，用一记后仰抛投完成准绝杀。克莱的神奇仍在继续，对阵国王，他轰下生涯最高的52分，其中第三节狂砍37分，刷新了NBA历史纪录，更恐怖的是，这一节他13投全中，NBA历史上从来没有人上演过这样的得分秀，包括那些最伟大的得分手，张伯伦在单场100分的比赛里没有做到，科比的81分之夜同样没有做到，乔治·格文和安东尼联手保持着单节 33 分的纪录，也已经成为过去式。

拿到顶薪，入选全明星，捧起总冠军奖杯，汤普森完成了完美的三级跳。

2015/2016 赛季，对克莱和勇士全队来说虽然错失总冠军，但是他们表现和成绩足以被载入史册。他们创造常规赛历史新纪录——73 胜 9 负，超越 1995/1996 赛季公牛的 72 胜 10 负战绩。勇士开局 24 连胜，常规赛主场 36 连胜，跨赛季主场 54 连胜等等纪录，这些都是克莱和勇士全队共同奋斗而来的。克莱单赛季三分球命中数纪录提高到 276 个，达到了在 NBA 历史上除了库里以外无人企及的高度。

到了季后赛，首轮面对火箭的第四场比赛，库里扭伤了自己的右膝盖，此前甘当绿叶的汤普森此时挺身而出。从库里受伤的那场比赛，到西部半决赛对阵波特兰开拓者队的首战，“汤神”连续三场比赛都轰进 7 记三分球，这一成就在历史上绝无仅有。

扭转乾坤的西部决赛第六场，汤普森三分球 18 投 11 中，创造了 NBA 季后赛单场三分球新纪录。从常规赛的 22.1 分，提升至季后赛的 25.9 分，季后赛得分高居联盟第三位。虽然总决赛最终遗憾输给骑士，但这个赛季的表现足以使他踏入联盟巨星行列。

2016/2017 赛季，杜兰特宣布加盟勇士，“水花升级，海啸来袭”，世人惊叹不已。其实杜兰特的到来影响了别人的出手，克莱场均 17 次出手命中 8 个，几乎和前两个赛季如出一辙。相反某种程度可能激发出了一个更强的克莱，2016 年 12 月 7 日，勇士 142 比 106 狂屠步行者，甲骨文球馆再次为克莱一人而疯狂。只出战三节比赛、上场 29 分钟，33 投 21 中，三分球 14 中 8，罚球 11 中 10，他的 60 分创球队近 42 年来新高。

自此，克莱·汤普森可以与詹姆斯·哈登并世而立，同为联盟第一分卫。

〈生涯高光闪回 / 逆转乾坤〉

高光之耀：汤普森 30 投 14 中，三分 18 中 11，狂揽 41 分，率队逆袭，直入抢七。本场胜利，彻底将系列赛的胜负天平逆转，此后兵败奥克兰的杜兰特心灰意冷，萌生去意，从而加盟勇士。追根溯源，说是克莱的神迹颠覆了联盟的权力格局，一点也不为过。

2016 年 5 月 29 日，西部决赛第六场。命悬一线的勇士面对主场作战的雷霆，对手已将内线防守做到极致，汤普森天神下凡般地投进 11 记三分狂砍 41 分，率领勇士完成了一场惊世骇俗的“大逃杀”，将比赛拖入抢七！

此战雷霆继续对库里疯狂包夹，汤普森扛起了进攻大旗。次节雷霆一度建立起 13 分的领先优势，半场结束时，汤普森一人轰进 6 记三分球，帮助勇士将分差缩小到 5 分。

易边再战，末节勇士依然落后，“汤神”再次站了出来，连续两次高难度三分为勇士续命，而此已经命中 9 个三分球，追平季后赛个人单场三分纪录。然而表演还没有结束，在迎着罗伯森投中一记超远三分后，又在最关键时刻命中反超三分，锁定胜局，最终勇士以 108 比 101 险胜对手。

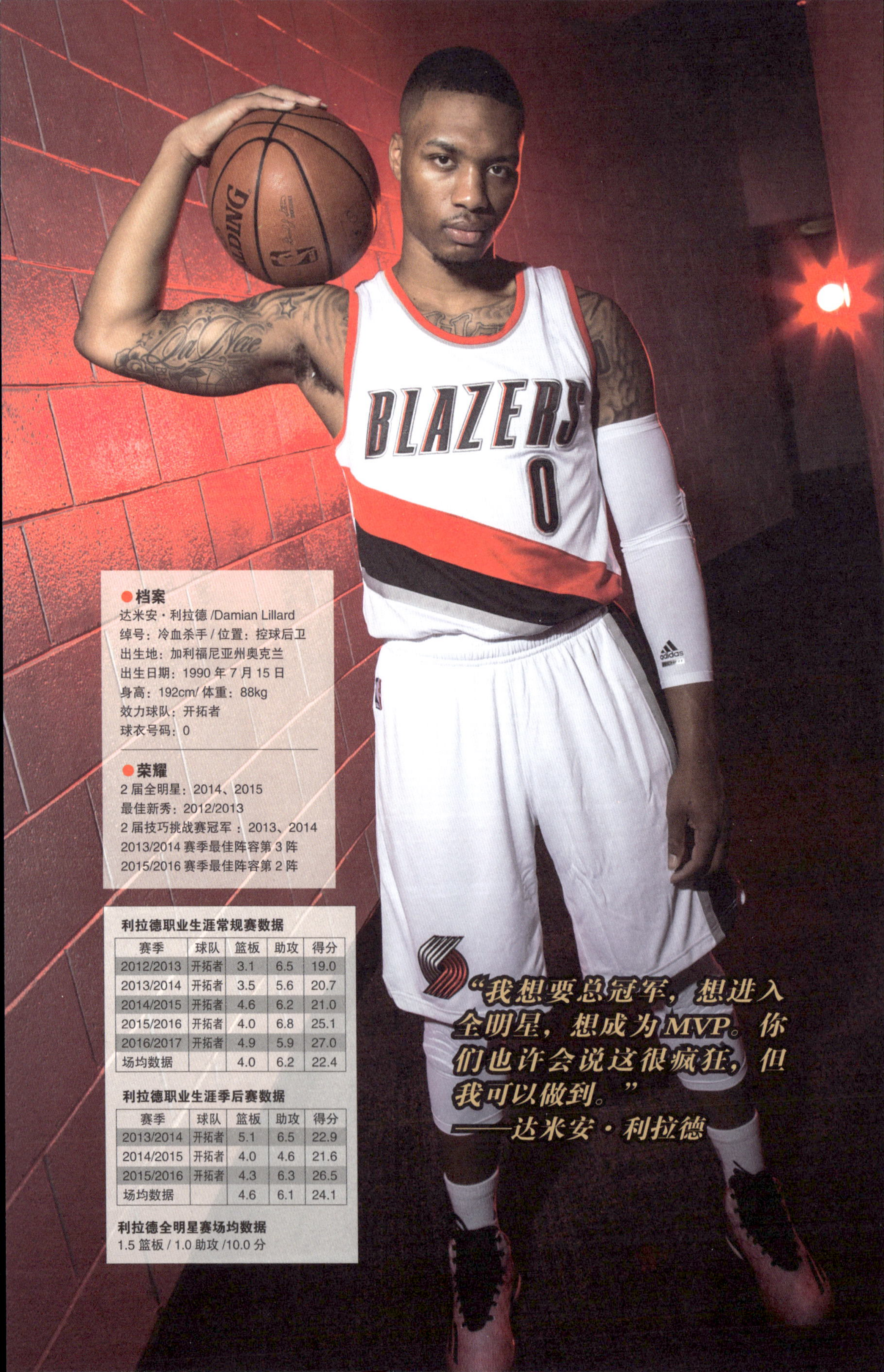

档案

达米安·利拉德 /Damian Lillard
绰号：冷血杀手 / 位置：控球后卫
出生地：加利福尼亚州奥克兰
出生日期：1990 年 7 月 15 日
身高：192cm/ 体重：88kg
效力球队：开拓者
球衣号码：0

荣耀

2 届全明星：2014、2015
最佳新秀：2012/2013
2 届技巧挑战赛冠军 ：2013、2014
2013/2014 赛季最佳阵容第 3 阵
2015/2016 赛季最佳阵容第 2 阵

利拉德职业生涯常规赛数据

赛季	球队	篮板	助攻	得分
2012/2013	开拓者	3.1	6.5	19.0
2013/2014	开拓者	3.5	5.6	20.7
2014/2015	开拓者	4.6	6.2	21.0
2015/2016	开拓者	4.0	6.8	25.1
2016/2017	开拓者	4.9	5.9	27.0
场均数据		4.0	6.2	22.4

利拉德职业生涯季后赛数据

赛季	球队	篮板	助攻	得分
2013/2014	开拓者	5.1	6.5	22.9
2014/2015	开拓者	4.0	4.6	21.6
2015/2016	开拓者	4.3	6.3	26.5
场均数据		4.6	6.1	24.1

利拉德全明星赛场均数据

1.5 篮板 / 1.0 助攻 /10.0 分

“我想要总冠军，想进入全明星，想成为 MVP。你们也许会说这很疯狂，但我可以做到。”

——达米安·利拉德

5

达米恩·利拉德

DAMIAN LILLARD

他犀利如刀，虽然不够稳定，但面对他时，防守者会感到凛冽的杀气。他在进攻中的自信和果断让人吃惊，外线超远距离毫无预兆的出手，令人猝不及防。他的突破分球已经成了开拓者的主要进攻发动机，一切的战术都是围绕他的突破来展开。利拉德爆发力十足，在一对一的情况下，他的直线加速就能甩开所有防守者，直杀篮下得分。

对利拉德而言，进入 NBA 之前的岁月几乎都处于黑暗之中，因为偏见和质疑无处不在。“当我还是个孩子时，就不停地告诉自己要成为 NBA 球员，”利拉德说，“可读高中那会儿，我还得先争取奖学金，如果连学费都没着落，还谈什么 NBA 呢？”利拉德高二时还就读于加利福尼亚的圣母·约瑟夫高中，那是贾森·基德的母校，由于父母无力承担昂贵的学费，教练也认定他没有前途，利拉德便转学到了奥克兰高中。

在高中联赛里，一个 15 岁的篮球明星时常处于众星捧月的位置，在新学校利拉德没有好高骛远，而是脚踏实地地打球，最终借良好的表现赢得韦伯州立大学的奖学金。

从大一开始利拉德就进入韦伯州立大学的先发阵容，他的勤奋让所有人吃惊。

罗尼·普莱斯当时也就读于韦伯州大，他认为利拉德天赋异禀：“如果他大三时没有受伤，那年就参加选秀了，也许冥冥之中自有天意。”瑞赫还记得利拉德受伤那天晚上在办公室的对话，他告诉利拉德应该充分利用这段时间，后者反问：“我该怎么做呢？”这也许是利拉德篮球生涯中唯一一次稍纵即逝的怀疑，重伤足以击倒意志脆弱的球员，但一定不包括利拉德。

受伤期间，利拉德成为健身房里的训练狂，不需要任何外在的动力。由于无法跑步，利拉德开始增强上肢力量，回顾比赛录像，分析自己的利弊，在本子上记下自己需要改进的不足之处。他发现自己跳投的弧度太低，每天坐在椅子上命中 200 球，然后站着投中 600 个。得到医生允许后，利拉德又开始争分夺秒地打球。重新归来时利拉德已经脱胎换骨，大四赛季场均贡献 24.5 分、5 个篮板、4 次助攻，三分命中率高达 40.9%。

2013 年 NBA 选秀大会，波特兰开拓者用 6 号签选中利拉德，接受采访时他表示自己要顺应潮流："我想成为这样的控卫，德里克·罗斯、威斯布鲁克和帕克既可以得分，也可以让球队融入比赛，最重要的是他们可以帮助球队赢球。"尽管在乐透顺位被选中，利拉德在那个夏天还是明显感受到了轻视，在集体训练中他被那些名校出身的球员冷落，没人愿意跟他一组，这些不愉快的经历成为利拉德改变命运的动力。

前三场比赛利拉德的得分都超过 20 分，上一个打出如此优秀表现的菜鸟是 1994 年的格兰特·希尔。菜鸟赛季利拉德打满 82 场，成为 NBA 历史第八个包揽所有月最佳、第四个全票当选的年度新秀。场均 19 分、6.5 次助攻的数据在当届新秀中一骑绝尘，同时命中 185 个三分球，打破新秀单季命中纪录和队史单季命中纪录。

2013 年 12 月 15 日，开拓者作客底特律，利拉德在加时赛最后时刻一击致命，两天之后移师克利夫兰，对决欧文，新生代控卫的较量引人注目，然而这个夜晚注定属于利拉德。终场前 7.1 秒，两队战成 116 平，利拉德已经砍下 33 分、8 个篮板、10 次助攻，开拓者最后一攻。面对阿隆佐·基咄咄逼人的贴防，利拉德并不慌张，闲庭信步地运球到三分线附近，一个虚晃，抬手便射，这个三分球直插对手心脏，比赛就此结束。

常规赛的连环绝杀让利拉德扬名立万，然而真正的杀手需要在大场面上留下传奇，首次参加季后赛的利拉德做到了。2014 年季后赛首轮对火箭第六场的最后时刻，利拉德与时间来了一次极速赛跑，在 0.9 秒的时间里让休斯敦从天堂跌入地狱。利拉德的三分绝杀直接终结了系列赛，淘汰火箭，也结束了开拓者 13 年未过首轮的尴尬历史。

2013/2014 赛季，他的职业生涯第二个赛季，已经打出场均 20.7 分和 5.6 次助攻的数据，创纪录地参加全明星周末的五项比赛。随后的 2014/2015 赛季，尽管他将数据提升到 21.0 分和 6.2 次助攻，但这次球迷和教练都没将他选进全明星，只是得益于布雷克·格里芬因伤退出，他才能以替补身份入选全明星。

2015/2016 全明星赛前，利拉德打出场均 24+7 的数据，却无缘全明星，连替补都没有捞到。要知道，在过去 20 年里，所有打出场均得分 24 分以上、助攻 7 次以上的球员都进入了全明星赛，利拉德成了唯一的例外。为了报"落选之恨"，全明星周末之后的利拉德大开杀戒，面对风头正劲的勇士，独砍 51 分，三分球 12 投 9 中，率领开拓者掀翻领头羊，从此一发不可收拾，连续 5 战砍下 30+，在联盟中掀起惊涛骇浪。

撕裂之城这些年多灾多难，罗伊和奥登早早陨落，上赛季出现大面积伤病，让许多人滋生逃离的念想。阿尔德里奇、巴图姆、马修斯和罗宾·洛佩斯，开拓者的四大主力都在 2015 年夏天离开，就连第六人阿弗拉罗也离开。2015/2016 赛季开打之前的开拓者被视为一支要在全联盟倒数的球队，根本没人能想到能够杀进西部前八。但开拓者还有利拉德，被推上新领袖的位置的他得到 5 年 1.2 亿美元的天价合同后，不负众望，率领的青年军也杀入季后赛，用行动让质疑者们闭上了嘴。

2016/2017 赛季，为了保持住不错的势头，开拓者续约了 C.J. 迈克鲁姆，还有从自由市场挖来了埃文·特纳和费斯图斯·埃泽利，总薪金总额仅次于骑士队，排在联盟 NO.2。此赛季利拉德场均上阵 35.9 分钟，交出 25.7 分 5.8 车助攻 4.9 管篮板的成绩单，表现可谓不俗。但要想在虎狼环伺的西部有番作为，谈何容易。

利拉德，撕裂之城的少当家，一位来自地狱的杀手，他目光凛冽，如寒潭玄冰；身手如电，似刀锋箭簇。他也许不是联盟中最耀眼的巨星，但确实最不可忽视的那一位。他毫无征兆地出手，杀伐决断有前贤遗风；他锱铢必较，有江湖人的恩怨分明。

也许，他不能成为王者，但足以成为笑傲一方的枭雄。

〈生涯高光闪回 / 一剑封喉〉

高光之耀：从地狱到天堂需要多久？昔日开拓者当家球星罗伊给出 0.8 秒答案，而如今新当家利拉德交出了 0.9 秒的答卷。同样的对手，同样的出手位置，这一球犹如罗伊附体，旧人离去，新神登基！

2014 年 5 月 3 日季后赛首轮第六场，开拓者主场迎战火箭。前 5 战火箭 2 比 3 落后，背靠悬崖，此战不容有失。最后时刻火箭 98 比 96 领先，而留给开拓者队只剩 0.9 秒，眼看休斯敦人就拿下此战，回师再决。

然而 最后 0.9 秒时，利拉德利用单挡掩护奔向弧顶，在距三分线还有一步远的地方接球，出手，帕森斯补防不及，球在空中划出一道美丽的弧线，伴随着计时器的亮起，命中篮筐！利拉德命中三分绝杀，开拓者队最终以 99 比 98 险胜火箭，总比分 4 比 2 挺进西部半决赛。

“德马库斯可以用多种方式打球，他可能是球队最好的传球手，也可能是 NBA 技术最好的大个子。”
——乔治·卡尔

考辛斯职业生涯常规赛数据

赛季	球队	篮板	盖帽	得分
2010/2011	国王	8.6	0.8	14.1
2011/2012	国王	11.0	1.2	18.1
2012/2013	国王	9.9	0.7	17.1
2013/2014	国王	11.7	1.3	22.7
2014/2015	国王	12.7	1.7	24.1
2015/2016	国王	11.5	1.4	26.9
2016/2017	国王	11.0	1.3	27.0
场均数据		10.8	1.2	21.2

考辛斯全明星赛场均数据

5.5 篮板 / 0.0 盖帽 /12.5 分

档案

德马库斯·考辛斯 /DeMarcus Cousins
绰号：考神 / 位置：中锋
出生地：阿拉巴马州莫比尔
出生日期：1990 年 8 月 13 日
身高：211cm/ 体重：122kg
效力球队：国王、鹈鹕
球衣号码：15、0

荣耀

3 届全明星：2015~2017
2014 年世界杯冠军
2016 年奥运会金牌
2014/2015 赛季最佳阵容第 2 阵
2015/2016 赛季最佳阵容第 2 阵

4♠

德马库斯·考辛斯

DEMARCUS COUSINS

你很难看到一个重型七尺长人可以在三分线外发起进攻，可以空中拉杆躲闪上篮，可以施展万花筒一样的内线脚步把球送进篮筐，他真是一个了不起的天才，技术全面，天赋超群。只要他能够控制住自己的脾气，他就是这个时代“会投三分的鲨鱼”。

在同龄人里，考辛斯一直是一个庞然大物。无论在什么地方，莫尼克·考辛斯都要紧紧盯住儿子，身材高大、四肢颀长的考辛斯总是不小心撞到行人，引发冲突，没人相信他还是个乳臭未干的孩子。“他们知道他的年龄，才会冷静下来。”莫尼克·考辛斯说，“他们只看到了他的身体，如果听他说两句话，一切都昭然若揭。”

当年加里·威廉姆斯在AAU联盟的伯明翰风暴队担任助教，他一直在寻找有天赋的球员，第一次见到考辛斯时他以为这个大个子已经高中毕业，但实际上考神正在读七年级。在阿拉巴马州长大的考辛斯梦想进入NFL，对加盟风暴队没有太多兴趣，他担心加入一支AAU球队后要面对疲惫而乏味的旅行，莫尼克·考辛斯便连哄带骗地让儿子穿上了风暴队的战袍。

风暴队主帅丹尼·普里切特认为威廉姆斯夸大了考辛斯的个头，然而亲眼看到这个孩子从车里钻出来时，他不由地自言自语：“我的天哪！”考辛斯进步神速，不到两年的时间就被评为全美最好的九年级生。为了守住这个排名，他付出了很多代价。

“当对手无法跟他竞争时，只能使用非常规手段。”普里切特说，“他必须面对成长的烦恼，我告诉他，抓下 10 个篮板，扣 5 次篮，这才是报复对手的方式。”其他球队频繁过来挖角，他们的筹码包括免费的机票和球鞋，职业比赛的门票，以及同龄人喜欢的任何东西。然而招募者吃了闭门羹，考辛斯明确表示不会离开普里切特和风暴队。贾里尔·考辛斯说：“大哥很少让人走进他的生活，他不希望身边围着一群虚伪的人。”

在埃尔文高中，考辛斯不可或缺，但在这支充斥着高年级学生的球队里，他并不是领袖，不过他尊重学长的领导。考辛斯的问题出在场外，与校车司机发生肢体冲突后，学校禁止他参加二年级赛季后半段的比赛，这件事影响了他的高中生涯。

随后，考辛斯辗转至乐福勒高中，主教练休利对他提出了严格要求：“如果谁想揍你，让他们自己找棍子，不要授人以柄。”随后篮球变成了考辛斯的一切，他错过了很多普通高中生应有的生活。“他从不做其他孩子做的那些平常事，比如约会。”莫尼克·考辛斯说，“他为了打球牺牲了一切。”

2009 年考辛斯场均砍下 24.1 分、13.2 个篮板、4.6 次助攻、5.1 次抢断和 3.2 次盖帽，率队进入阿拉巴马州 5A 级半决赛，遗憾负于伯明翰的帕克高中。考辛斯沮丧不已，但在媒体看来，他仍然是未来的希望之星。

高中毕业，考辛斯加盟名校肯塔基，与约翰·沃尔、布莱德索和丹尼尔·奥顿成为队友。卡里帕里告诫考辛斯，集中精力抓下每一个能够抓到的篮板。“他教会我用其他的方式统治比赛。”考辛斯说，“他教导我们努力打球，比赛不只是得分。”

考辛斯和卡利帕里在比赛中经常吵得不可开交，但他们将分歧归类为激烈的讨论。卡利帕里对此安之若素：“人们看到我们反反复复地争吵，以为我们都是好斗的人。事实上，他就像我的儿子，他需要指导，并不是一个一意孤行的家伙。”

由于经常陷入犯规麻烦，考辛斯场均只能上场 23.5 分钟，依然贡献 15.1 分、9.8 个篮板。考辛斯糟糕的投篮表现导致球队在精英八强赛中负于西弗吉尼亚，但肯塔基在那个赛季取得 35 胜 3 负的战绩，考辛斯与沃尔也双双入选全美最佳阵容。

赛季结束，卡利帕里让考辛斯决定自己的未来。“考辛斯是家庭的一分子。”莫尼克·考辛斯说，“当他在乐福勒高中时，那是一个家庭；当他效力肯塔基时，那也是一个家庭；所以他认为，进入 NBA 后，那同样是一个家庭。”

2010 年 5 月，HOOPS WORLD 的专栏作家特拉维斯·海斯如此评价考辛斯：“他是这届选秀中最有天赋的球员，可能是大学篮球界最强壮的内线，柔和的手感让他可以在内线肆意碾压。不过在防守端有些懒惰，可能无法一直保持身材，在场上常常会被干扰。最大的问题在于，他服不服管教？如果想要最好的天赋，那就选他吧！”

选秀前，考辛斯跟随训练师基斯·威廉姆斯一起训练，对于媒体的质疑，他一直耿耿于怀。“一场比赛没打，所有的负面消息都被刊登出来。”考辛斯说，“他们说我无法在 NBA 立足。”凯文·杜兰特是威廉姆斯的客户之一，他曾在训练营里与考辛斯一对一斗牛。杜兰特持球突破后扣篮命中，随后考辛斯胯下运球，用扣篮予以回应。杜兰特非常吃惊："他真的是一个中锋？"

2010 年选秀大会，考辛斯在第 5 顺位被国王选中。显然萨克拉门托对考辛斯寄予厚望，阿科球馆外面也悬挂着他与泰瑞克・埃文斯的巨幅海报。2010/2011 赛季揭幕战，考辛斯在关键时刻的冷静表现帮助球队赢得开门红，这是国王自 2003 年首次赢下首战。考辛斯在第四节短暂的 1 分多钟里连得 5 分，帮助国王稳住阵脚。

好景不长，萨克拉门托很快就见识了考辛斯的坏脾气，他先是与教练组发生摩擦随后又在训练中被韦斯特法尔驱逐出场。对阵勇士，考辛斯在比赛中作出不恰当手势，遭到球队罚款，并从球队的先发名单中除名。为了使考辛斯平稳过渡，国王特意聘请了他的高中教练休利，但考辛斯承认，他在萨克拉门托感受到针对他的敌意。"老实说，糟糕透顶。"考辛斯说，"来到这里，听到的就是'你要做这个，你得做那个'。在打第一场比赛之前，任何东西都是消极的，从一开始就无比艰难，他们压根就不信任我。"

新秀赛季，考辛斯无法和韦斯特法尔完成良性沟通，巨大的代沟让两个人只能遥遥相望。2010/2011 赛季，国王只赢下 24 场比赛，考辛斯成为千夫所指的对象，毕竟他没有打出高效的表现，同时制造了太多的冲突，他很奇怪自己为什么无法像队友一样轻松完成比赛，坊间认为国王阵中缺乏能够指导考辛斯的老将。更重要的是，考辛斯与韦斯特法尔的矛盾不断激化。2012 年 1 月，韦斯特法尔公开批评考辛斯，声称这位年轻中锋要求离开球队。几天后，韦斯特法尔被炒，助理教练基斯・斯玛特接任，他认为考辛斯大概需要 5 年时间才会慢慢成熟。

第二个赛季，考辛斯的表现既让人激动又让人沮丧。整个赛季，考辛斯场均贡献 18.1 分、11 个篮板，36 次两双，PER 值达到 21.7，265 个进攻篮板冠绝联盟，进攻篮板率高达 14.2%。抛却场外因素，考辛斯仍然是联盟最有前途的大个子之一。唯一遭人诟病的是，作为一个内线球员，他的命中率还无法让人满意。

2012 年 11 月，由于无法接受马刺解说员希恩・埃利奥特的批评，考辛斯与之发生争执，被 NBA 禁赛 2 场。12 月输给快船的比赛中，考辛斯与斯玛特爆发言语冲突，整个下半场被禁止出场，随后国王总经理杰夫・佩特里宣布，对考辛斯无限期禁赛。2013 年夏天，萨克拉门托发生了翻天覆地的变化，以印度 TIBCO 软件公司总裁维微克・拉纳戴夫为首的财团收购了球队，任命迈克・马龙为主教练，然而球队并不希望更换球队的基石，他们为考辛斯送上了一份 4 年 6200 万的合同。

事实上，拉纳戴夫对续约考辛斯心存疑虑，考虑到这个火爆的大个子与教练、队友起冲突的斑斑劣迹，产生这样的怀疑并不意外。全新的管理层需要与考辛斯达成共识，打消所有疑虑，为此他们奔赴阿拉巴马州，亲自登门拜访。除了续约合同之外，总经理德亚历桑德罗还与考辛斯讨论了球队的名单。"这种感觉棒极了。"考辛斯说，"像这样同舟共济，全力以赴，我觉得我们可以打出名堂。”

搞定合同，马龙直截了当地告诉考辛斯，新赛季从零开始，他希望考辛斯能成为真正的领袖。考辛斯自发组织休赛期训练，打电话挨个通知队友，询问他们是否愿意提前归队，他甚至还组织了一些场外的球队聚会。“迈克真是不可思议。”考辛斯说，“他不是那种自认为通晓一切的教练，他会承认错误，表示自己仍然在学习。每个人都喜欢他，我们都更努力地团结在一起。”

2013/2014 赛季，考辛斯场均贡献 22.7 分、11.7 个篮板，PER 值高达 26.1。除了打出更好的数据，赢得胜利之外，考辛认为最重要的是改变名声：“毫无疑问，这很困扰我。我相信自己已经成熟了，但坏名声却挥之不去。”

当年乔治城大学功勋主帅约翰·汤普森如此评价考辛斯：“让一个傻瓜安静下来，总比让死人起死回生要简单得多。”安静下来的考辛斯更上一层楼，2014/2015 赛季，他场均贡献 24.1 分、12.7 个篮板，替补科比入选全明星。NBA 官方宣布考辛斯入选时着重强调，他足以比肩大卫·罗宾逊、沙奎尔·奥尼尔、凯文·加内特、蒂姆·邓肯和凯文·乐福，因为 20 年来只有以上几位打出 23+12 的惊人数据。

“领袖才能就是尽你所能，成为队友的好榜样，每场比赛都值得依靠的家伙。”考辛斯说，“领袖的能量和光环可以左右身边的队友。我已经做了一段时间的领袖，只是还没找到最佳的领导方式，我还要继续成长，成为一名更棒的球员和更出色的领袖。”

马龙卸任对考辛斯产生了很大的影响，他与新任主帅卡尔并不合拍，师徒反目的流言层出不穷，然而国王已经明确，考辛斯是非卖品。国王副总经理迪瓦茨说：“考辛斯应该忘记从前发生的事情，过去的已经过去，他即将迎来一个有着奋斗方向的赛季，我期待他能漂亮地完成任务。”

2015/2016 赛季的考辛斯，整个赛他一直都在延续着相当火热的状态，他场均可以得到 26.9 分，另外他的场均篮板球也达到了 11.5 个，是“20+10”俱乐部的“铁杆会员”。最重要的是他在场上的攻击手段也是不断地丰富着，除了犀利的持球进攻和超强的背身单打能力外，考辛斯本赛季还把自己的三分球也给开发了出来。他不仅能投三分，而且还具备了一定准头。到目前为止，他的三分球命中率达到了 33.3%，作为一个传统内线的大个子球员来讲，能靠后天努力将自己的外线三分投射水平锻炼出来，实属不易，也证明其实“爱冲”的考辛斯也是勤奋刻苦、有上进心的。

虽然他现在还是会心直口快，虽然他还是会在媒体面前表现出不耐烦，但是起码在篮球场上，考辛斯正学着一点点变得成熟，也希望能够更好地帮助球队前进。

2016 年夏天考辛斯随美国男篮“梦十二”队出征里约，帮助美国队夺取了奥运金牌，考辛斯的名字也载入了美国男篮的史册。经过奥运会的历练，考辛斯成长为了一名真正的巨星。国王对于考辛斯在奥运会上的表现非常满意，重新将他视为球队的长期建队基石，也聘请了前灰熊主帅乔格尔，同时考辛斯也非常喜欢乔格尔的执教风格，管理层为的就是让国王能复兴起来。

2016/2017 赛季开始了，球队战绩并没有明显的起色，但考辛斯的火爆脾气却让国王的管理层忍无可忍，在 2017 年全明星刚落幕就立刻做了决定震惊联盟的重磅交易：考辛斯送到鹈鹕，鹈鹕送出巴迪·希尔德、泰瑞克·埃文斯、兰斯通·加洛韦，2017 年一个首轮选秀权和一个次轮选秀权，考辛斯联手神兽“浓眉”安东尼·戴维斯！至此，历史上最强的内线双塔诞生。

考辛斯加盟后并没有为鹈鹕马上带来质的飞跃，因为融入一个全新体系永远都不会很容易，但前景可期。考辛斯虽然心智不够成熟，但他的技术可是有目共睹。

从数据上看，他就是这个时代的第一中锋，你很难看到一个重型七尺长人可以三分线外发起进攻，可以空中拉杆躲闪上篮，可以施展万花筒一样的内线脚步把球送进篮筐，他真是一个了不起的天才，技术全面，天赋超群。只要他能够控制住自己的脾气，他就是这个时代“会投三分的‘鲨鱼’”。

〈生涯高光闪回 / 三双神兽〉

高光之耀：关于联盟第一中锋之争，一直都是一个颇具争议的话题，不过考辛斯的成长，让他“坐实”了第一中锋的位置。

2015 年 4 月 3 日，虽然国王在主场以 111 比 115 不敌火箭，但考辛斯砍下 24 分 21 个篮板 10 次助攻的超级三双。在 NBA 有数据统计以来 30 年的历史上，只有过 6 人曾打出过 20+20+10 级别的三双。更何况，考神本场还贡献了 6 次盖帽，算上盖帽，这样的数据是史上首次。

也许一场“超级三双”的表演还不能完全证明考神无愧联盟第一中锋的称号，但再看看他上赛季的表现，在得分、篮板和盖帽这三项考量中锋的重要数据上，考辛斯在中锋的排名中分别是第 1、第 3 和第 11，其全面性无人能及。

罗德曼职业生涯常规赛数据

赛季	球队	篮板	盖帽	得分
1986/1987	活塞	4.3	0.6	6.5
1987/1988	活塞	8.7	0.5	11.6
1988/1989	活塞	9.4	0.9	9.0
1989/1990	活塞	9.7	0.7	8.8
1990/1991	活塞	12.5	0.7	8.2
1991/1992	活塞	18.7	0.9	9.8
1992/1993	活塞	18.3	0.7	7.5
1993/1994	马刺	17.3	0.4	4.7
1994/1995	马刺	16.8	0.5	7.1
1995/1996	公牛	14.9	0.4	5.5
1996/1997	公牛	16.1	0.3	5.7
1997/1998	公牛	15.0	0.2	4.7
1998/1999	湖人	11.2	0.5	2.1
1999/2000	小牛	14.3	1.1	2.8
场均数据		13.1	0.6	7.3

罗德曼职业生涯季后赛数据

赛季	球队	篮板	盖帽	得分
1986/1987	活塞	4.7	1.1	6.5
1987/1988	活塞	5.9	0.6	7.1
1988/1989	活塞	10.0	0.7	5.8
1989/1990	活塞	8.5	0.7	6.6
1990/1991	活塞	11.8	0.7	6.3
1991/1992	活塞	10.2	0.4	7.2
1993/1994	马刺	16.0	1.3	8.3
1994/1995	马刺	14.8	0.0	8.9
1995/1996	公牛	13.7	0.4	7.5
1996/1997	公牛	8.4	0.2	4.2
1997/1998	公牛	11.8	0.6	4.9
场均数据		9.9	0.6	6.4

罗德曼全明星赛场均数据

8.5 篮板 / 0.5 盖帽 /4.0 分

档案

丹尼斯 · 罗德曼 /Dennis Rodman
绰号：大虫 / 位置：大前锋
出生地：新泽西州特伦顿
出生日期：1961 年 5 月 13 日
身高：201cm/ 体重：100kg
效力球队：活塞、马刺、公牛、湖人、小牛
球衣号码：10、70、73、91

荣耀

5 届总冠军：1989/1990、
2 届全明星：1990、1992
7 届篮板王：1991/1992、1992/1993、1993/1994、1994/1995、1995/1996、1996/1997、1997/1998
2 届最佳防守球员：1989/1990、1990/1991

4
♥

丹尼斯·罗德曼
DENNIS RODMAN

凭借着超强的弹跳和弹速，顽强、凶猛的卡位、抢位，敏锐、准确的落点判断，巅峰时期的罗德曼赛季最高场均篮板数可达 18.7 个，更有单场抓下 34 个篮板的疯狂纪录，如此恐怖的数据让同一时代四大中锋奥拉朱旺、尤因、大卫·罗宾逊和穆托姆博也感到汗颜。

尽管只有 2.03 米的身高，但他却能在四大中锋的头上摘下七个篮板王。尽管他五冠在手早已功成名就，但他却远非其他冠军队友那样成为成功的典范。本着貌不惊人誓不休的信条，他不断地变幻着新奇的发式和发色，以及斑斓密布的文身。“大虫”罗德曼在 NBA 中绝对是一个另类，他的横空出世开创了球员标榜鲜明自我的先河。

我们该怎么描述他，异装癖、自恋狂、行为主义者、NBA 视觉系鼻祖或者哗众取宠的臆想家？他出自传、踢记者、朝教练扔冰袋、上拉斯维加斯豪赌、缺席训练、技术犯规创纪录、骂裁判、嫖妓、持枪，是一个地地道道的反派。他满头五彩、鼻唇舌环、墨镜出场、雌雄莫辨。尽管身为历史上最出色的篮板高手之一，但是他的职业球员形象早已淹没在了他的文身、垃圾话、百变的发色以及离经叛道的行事风格之中。

如果说活塞时期的罗德曼还算是个正常人的话，那么转会马刺队之后他就逐渐步入“不正常人类中心”的大门。

众所周知，罗德曼当年和娱乐界头号女星麦当娜有过一段情史，和麦当娜逢场作戏之后不久，罗德曼便闪电般地与艳星卡门结婚，两人的八卦无疑给肌肉横飞的 NBA 带

来了一点别样的色彩。

不过赛场上的罗德曼可丝毫不含糊，他视篮板球为至宝而视得分如粪土，毫不抱怨地干着各种脏活累活。坚韧型防守悍将，激情型篮板高手，甚至公牛时期还是一个策应三角进攻的行家里手，绝对是一个完美的蓝领天王。除此之外，假摔、破坏对手情绪的嘲弄、挑起全队情绪的张扬动作外加偶尔投进些让对手头疼的球，丹尼斯的作用可真不小，甚至 1997/1998 赛季还能以 37 岁的“高龄”打足 80 场从而荣膺篮板王。

“我从不想得分，从不。我只想抓篮板球，我要打破连续夺得篮板王头衔时间最长的纪录。若能做到，他们就必须承认我是有史以来最佳的球员之一。”罗德曼轻视得分，痴迷于争抢篮板，这是他成为伟大蓝领的不二法门。

出道时的罗德曼其实并不高调，他在活塞“坏孩子军团”中成长为一名蓝领猛将，并随队在 1990 和 1991 年两度问鼎总冠军，立下汗马功劳的他也蝉联最佳防守球员。转至马刺后，他在场下生活中出格的叛逆个性开始冒头，球队虽战绩不错，却与时任马刺总经理波波维奇的严谨性格格格不入，最后被交易至公牛。罗德曼在马刺和活塞期间都身披 10 号球衣，和樱木花道巧合地一致。

来到公牛的罗德曼，和第一次复出的乔丹联手，缔造了队史第二度三连冠霸业。“大虫”场下花边变本加厉，头顶裁判、脚踹记者都是他身上不光彩的标签。唯一不变的是他对篮板球的灵敏嗅觉，和让对手头疼的狡黠防守。如不是他在内线为球队成功护航，公牛王朝能否再度建立仍是疑问，而他平行地面的飞身救球、与马龙的摔跤式缠斗也注定成为经典画面。

5 枚总冠军戒指，2 次最佳防守球员，7 次年度最佳防守阵容，7 届篮板王，2 届全明星，单看这些荣誉，入个名人堂都不算什么，但我们说的这个人是罗德曼，特立独行、独一无二的罗德曼。

正如罗德曼自己所言，大卫·斯特恩愿意付出任何代价把自己赶出联盟来维护 NBA

形象，希望联盟里都是像格兰特·希尔那样风度翩翩的人。但是罗德曼永远也不可能成为那样的人，对他来说，就是要成为场内场外最另类、最桀骜、最独特的那个人，就是必须要我行我素。

从小缺父爱导致罗德曼认为人根本不需要父亲，长期觉得自己可能是双性人，有过自杀念头；还被俩姐妹和老妈嘲弄、进高中时才 168 公分连上篮都不会、野鸡大学出身、看飞机场时偷过手表、视戴利为老爹、依靠防守和篮板绝活成为明星、和麦当娜搞在一起；擅长撒泼耍赖、善使小动作、假摔天才、表演大师、嬉皮笑脸、染发帝、文身王、直言不讳地抨击 NBA 的黑暗面、毒舌嘲弄起人来六亲不认。

这就是罗德曼，亦正亦邪。他是自传中那个“我该立毙”的花花太岁？还是在球衣退役仪式时潸然泪下的真情汉子？

也许只有上帝才能评判！

〈生涯高光闪回 / 单场篮板王〉

高光之耀：此战用罗德曼自己的话说，他知道每一个球的落点，篮板就像朝着自己飞来一样。活塞以 58 比 38 的总篮板数压制着步行者，而罗德曼一人的篮板数就达 34 个，几乎等于步行者全队的总和 。

1992 年 3 月 5 日，底特律活塞在主场加时险胜步行者。就是在这一场比赛里，罗德曼拿到了自己职业生涯最高的单场 34 个篮板，打破了之前鲍勃·兰尼尔保持了 20 年的活塞队史纪录。其中 34 个篮板中有 18 个前场篮板，同时也超越了厄尔·威廉姆斯 13 个前场篮板的队史纪录。

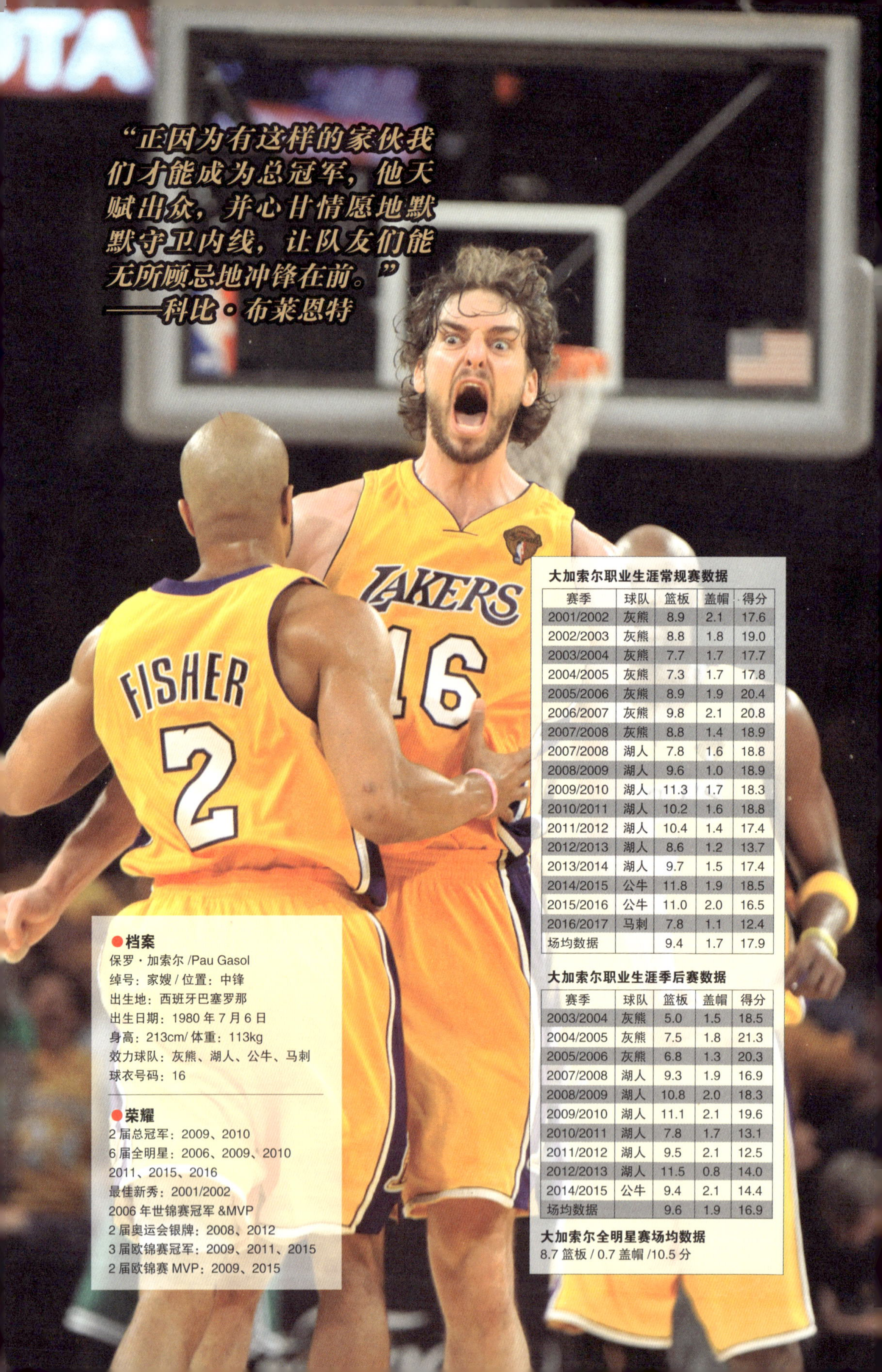

“正因为有这样的家伙我们才能成为总冠军，他天赋出众，并心甘情愿地默默守卫内线，让队友们能无所顾忌地冲锋在前。”

——科比·布莱恩特

大加索尔职业生涯常规赛数据

赛季	球队	篮板	盖帽	得分
2001/2002	灰熊	8.9	2.1	17.6
2002/2003	灰熊	8.8	1.8	19.0
2003/2004	灰熊	7.7	1.7	17.7
2004/2005	灰熊	7.3	1.7	17.8
2005/2006	灰熊	8.9	1.9	20.4
2006/2007	灰熊	9.8	2.1	20.8
2007/2008	灰熊	8.8	1.4	18.9
2007/2008	湖人	7.8	1.6	18.8
2008/2009	湖人	9.6	1.0	18.9
2009/2010	湖人	11.3	1.7	18.3
2010/2011	湖人	10.2	1.6	18.8
2011/2012	湖人	10.4	1.4	17.4
2012/2013	湖人	8.6	1.2	13.7
2013/2014	湖人	9.7	1.5	17.4
2014/2015	公牛	11.8	1.9	18.5
2015/2016	公牛	11.0	2.0	16.5
2016/2017	马刺	7.8	1.1	12.4
场均数据		9.4	1.7	17.9

大加索尔职业生涯季后赛数据

赛季	球队	篮板	盖帽	得分
2003/2004	灰熊	5.0	1.5	18.5
2004/2005	灰熊	7.5	1.8	21.3
2005/2006	灰熊	6.8	1.3	20.3
2007/2008	湖人	9.3	1.9	16.9
2008/2009	湖人	10.8	2.0	18.3
2009/2010	湖人	11.1	2.1	19.6
2010/2011	湖人	7.8	1.7	13.1
2011/2012	湖人	9.5	2.1	12.5
2012/2013	湖人	11.5	0.8	14.0
2014/2015	公牛	9.4	2.1	14.4
场均数据		9.6	1.9	16.9

大加索尔全明星赛场均数据

8.7 篮板 / 0.7 盖帽 /10.5 分

档案

保罗·加索尔 /Pau Gasol

绰号：家嫂 / 位置：中锋

出生地：西班牙巴塞罗那

出生日期：1980 年 7 月 6 日

身高：213cm/ 体重：113kg

效力球队：灰熊、湖人、公牛、马刺

球衣号码：16

荣耀

2 届总冠军：2009、2010

6 届全明星：2006、2009、2010

2011、2015、2016

最佳新秀：2001/2002

2006 年世锦赛冠军 &MVP

2 届奥运会银牌：2008、2012

3 届欧锦赛冠军：2009、2011、2015

2 届欧锦赛 MVP：2009、2015

4♣

保罗·加索尔
PAU GASOL

他是不折不扣的欧罗巴之王，世锦赛与欧锦赛双料MVP。他手感柔和、技术细腻，内线策应、指挥调度如沧海灯塔般洞悉万象，但却一直被扣上“软蛋”的标签。直到2010年总决赛，他怒目咆哮，须发戟张，化身雄狮傲视百兽之林。他数度单打加内特，才为自己证明。

要知道，这世界其实是戴着有色眼镜的。如果一个白人或者黄种人进入NBA，无论他们打出多么精彩的比赛，都会被人冠以“软蛋”的标签！即便这个白人是“大鸟”伯德、“德国战车”诺维茨基，抑或保罗·加索尔也都不能幸免。

2001年，当加索尔顶着蓬松的短发，背负着加泰罗尼亚人的期望站在孟菲斯偌大的球场上，迎接他的并不是潮水般汹涌的欢呼，反而是一道道冷漠的质疑目光——所有人都怀疑这个长相俊俏，像个白面书生的娃子能否帮助这支沉沦许久的球队重获新生。

事实上，这个娃子做得不错，在世纪初如狼似虎的内线之中，新秀赛季就砍下17.6分9个篮板的数据，捧起了当季最佳新秀的奖杯。从第二个赛季开始，他就学着用自己尚显稚嫩的肩膀扛起这支球队的千斤重担，试着凭借一己之力把球队从失利的泥沼之中拖出来。他一度很成功，甚至把孟菲斯带进了季后赛，然而好景不长。尽管他年年都能交出不错的技术统计，五年内也三次带队杀入季后赛，但是上天却偏偏和他开了一个玩笑：三次季后赛，他没法带领球队再进一步，甚至拿下一场胜利都成了奢望。每一次他都是在季后赛的舞台上刻下“加索尔带领孟菲斯到此一游”的字样便匆匆离去。

更让加索尔饱受诟病的是：三次季后赛之旅，无论他面对邓肯、斯塔德迈尔或者诺维茨基，虽然说不上全无还手之力，但几乎完全被对手压制。而作为球队核心，他被对方球星的碾压，也让他几乎坐实了“软蛋”之名。加索尔自然希望给自己正名，然而上天却不给他这个机会，从他在孟菲斯的第六个年头开始，伤病找上了门。2006/2007 赛季开始，他频繁穿着西装出现在替补席，神色复杂地看着球场上队友们奋勇拼搏。

2008 年 2 月，湖人送出大前锋夸梅·布朗、后卫雅瓦里斯·克里丹顿、阿隆·麦基、2008 年和 2010 年两个首轮选秀权以及保罗·加索尔的弟弟马克·加索尔的签约权从灰熊队交换到保罗·加索尔和 2010 年的第二轮选秀权。在交易到湖人后剩下的 27 比赛里，他场均拿下 18.8 分、7.8 个篮板和 3.5 次助攻，协助科比一路披荆斩棘杀入总决赛，然而总决赛当湖人面对来势汹汹的波士顿三巨头，当加索尔面对跨世纪最伟大的前锋之一的凯文·加内特，他似乎又变成了那个孟菲斯的“软蛋”，场均 14.7 分 10.1 个篮板似乎不难看，但对比常规赛，以及对方阵中加内特在他面前的予取予求，就似乎有些说不过去了。

2 比 4，湖人输得不算难看，毕竟阵容才刚刚算是过了磨合期，只是加索尔又被无数专家和球迷打上了大大的“问号”，他到底能不能成为科比最得力的助手？

2008/2009 赛季，他和拜纳姆组成湖人“双塔”，成为球队比赛打开局面的利器。两人在“禅师”的调教之下，配合娴熟，互为犄角牵制撕裂对手防守体系。外线搭配由科比领衔的一众干将，加上奥多姆万金油一般的润滑，洛杉矶一度锋芒无量，顺利从西部群雄中突围，杀入季后赛，而那个赛季加索尔也再次交出场均将近 19+10 的答卷。

2009 年季后赛，当他被休斯敦的内线群羞辱，在科比偏执狂一般的督促下，“西班牙软蛋”终于露出凶狠的獠牙。西部决赛对阵掘金，第一战，他 20 投 14 中，36 分 16 个篮板 8 次助攻 3 次盖帽。天王之战他送出五记火锅！待到总决赛，他的强硬愈发露骨！面对“魔兽”德怀特·霍华德，拜纳姆经验上的缺失暴露无遗，经常受困犯规无法上场，而加索尔则挺身而出，开始在内线肉搏“魔兽”，而整个系列赛，他竟然单防成功了 38 次，因为作为战术核心的魔兽被他困住，奥兰多的战术体系也彻底土崩瓦解。湖人最终站在了世界篮球的巅峰！

接下来的 2009/2010 赛季，加索尔再接再厉，常规赛湖人依旧风卷残云，他也已经打卡上班，“18+11”的数据似乎已经信手拈来。季后赛，他职业生涯的高光时刻如期而至！整个季后赛他的 PER 值高达 24.0。首轮对阵雷霆，他场均 18 分 12 个篮板，还在第六场最后 1 秒完成一记震惊联盟的补篮绝杀！次轮面对犹他爵士，他百尺竿头更进一步，场均 24 分 15 个篮板，狠狠地羞辱了以强力著称的大前锋卡洛斯·布泽尔，仿佛在向世人宣告，他不但不是“软蛋”，更直接晋身“硬汉”行列！西部决赛，他连续两场打爆斯塔德迈尔；天王山之战，他再次砍下 21 分 9 个篮板 5 次助攻，帮助球队拿下赛点。

总决赛，面对加内特，第六战，他砍下 17+13+9 的准三双数据，为已经站在悬崖边上的球队扳回一城！第七战，他拿下 19 分 18 个篮板，其中 9 个进攻篮板。终场前 1 分半，加索尔完成了那次著名的，也是他人生中最硬最霸道的一次低位单打。加索尔怒吼了起来，这不是他第一次怒吼，但这是他第一次在两眼喷火的情况下怒吼。他化身雄狮，傲视百兽之林。凭借此球，湖人领先六分，稳操胜券。

2011 年“禅师”的最后一季陷落在洛杉矶父子恩仇的肥皂剧里，似乎受此牵连，加索尔开始有些心气不足，2011 年季后赛他被诺维茨基羞辱得满地找牙。2011/2012 赛季，他的境地更加不堪，“禅师”和奥多姆的先后归隐，带走最适合他的战术体系，从此他似乎有些一蹶不振。频繁换帅、F4 风波、依赖单调且混乱无比的战术体系，彻底让他绝望。

2014 年长草期，加索尔无心洛杉矶的声色犬马，宣布加盟芝加哥公牛，草草结束了自己在洛杉矶的六年岁月。芝加哥的第一场比赛，他就砍下 29 分 14 板，一周之后，他对阵联盟新贵金州勇士，狂轰 22+20，所有人都傻了。待到转过年来，已是“大爷”的加索尔彻底发威，1 月 2 日，他劈头盖脸的 9 个盖帽，把丹佛的野兽派们拍了个七荤八素，顺带抓了 17 分 7 个篮板 4 次助攻。两天后面对凯尔特人，打出 29 分 16 个篮板 5 个盖帽。再然后是 1 月 11 日，把年轻的密尔沃基雄鹿彻底打服气了，46 分 18 个篮板，刷新个人生涯得分纪录。

然而，加索尔的好运似乎又到了尽头，公牛核心陆陆续续地伤病，待到季后赛人才勉强凑齐了，但加索尔却累倒了，季后赛他缺阵两场，公牛也 2 比 4 出局。

加索尔又在芝加哥混了一年，2016 年 7 月，他一纸协议加索尔加盟马刺，从此顶上了邓肯的缺口。在坐拥伦纳德和阿尔德里奇的圣安东尼奥，他无需像之前那么拼命地砍分和抢篮板了，但是他也依旧起到了很多至关重要的作用。在前 17 场比赛，他依旧能得到 11.1 分，7.2 个篮板，2.6 个助攻和 1.2 个盖帽，无论在禁区内外，他的能量依旧清晰可见。

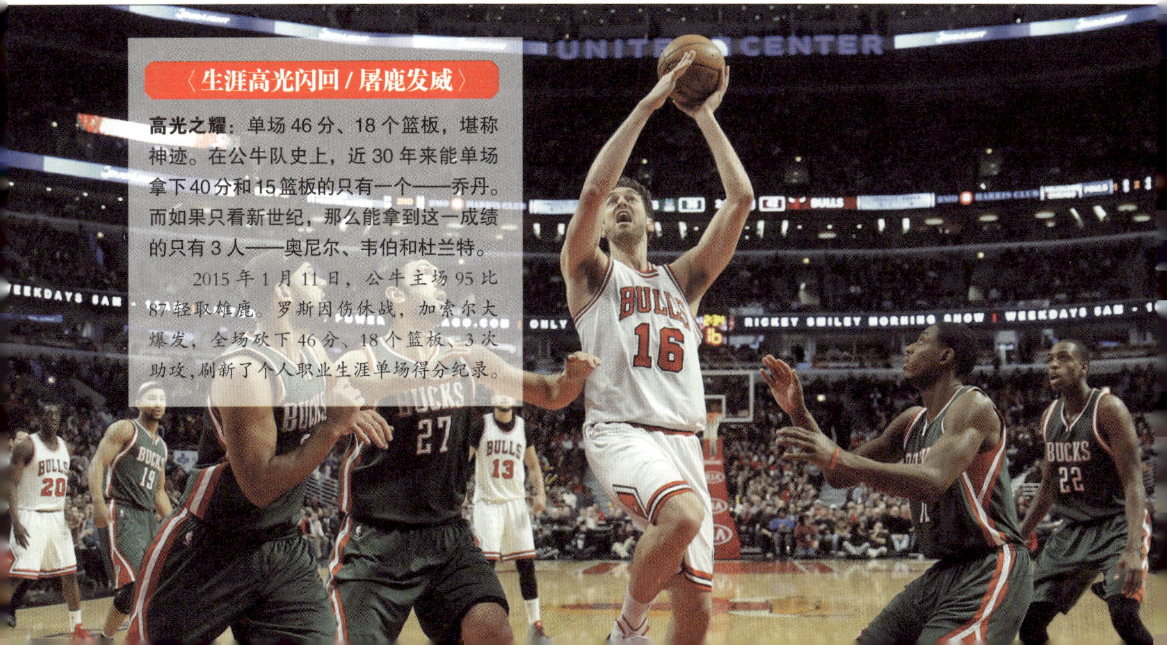

〈生涯高光闪回 / 屠鹿发威〉

高光之耀：单场 46 分、18 个篮板，堪称神迹。在公牛队史上，近 30 年来能单场拿下 40 分和 15 篮板的只有一个——乔丹。而如果只看新世纪，那么能拿到这一成绩的只有 3 人——奥尼尔、韦伯和杜兰特。

2015 年 1 月 11 日，公牛主场 95 比 87 轻取雄鹿。罗斯因伤休战，加索尔大爆发，全场砍下 46 分、18 个篮板、3 次助攻，刷新了个人职业生涯单场得分纪录。

档案

马克·加索尔 /Marc Gasol
绰号：白熊 / 位置：中锋
出生地：西班牙巴塞罗那
出生日期：1985 年 1 月 29 日
身高：216cm/ 体重：120kg
效力球队：灰熊
球衣号码：33

荣耀

3 届全明星：2012、2015、2016
1 届最佳防守球员：2012/2013
2014/2015 赛季最佳阵容一阵
2 届奥运会银牌：2008、2012

小加索尔职业生涯常规赛数据

赛季	球队	篮板	盖帽	得分
2008/2009	灰熊	7.4	1.1	11.9
2009/2010	灰熊	9.3	1.6	14.6
2010/2011	灰熊	7.0	1.7	11.7
2011/2012	灰熊	8.9	1.9	14.6
2012/2013	灰熊	7.8	1.7	14.1
2013/2014	灰熊	7.2	1.3	14.6
2014/2015	灰熊	7.8	1.6	17.4
2015/2016	灰熊	7.0	1.3	16.6
2016/2017	灰熊	6.3	1.3	19.5
场均数据		7.6	1.5	14.9

小加索尔职业生涯季后赛数据

赛季	球队	篮板	盖帽	得分
2010/2011	灰熊	11.2	2.2	15.0
2011/2012	灰熊	6.7	1.9	15.1
2012/2013	灰熊	8.5	2.2	17.2
2013/2014	灰熊	7.7	0.9	17.3
2014/2015	灰熊	10.3	1.7	19.7
场均数据		9.2	1.9	16.9

小加索尔全明星赛场均数据

6.5 篮板 / 0.0 盖帽 /5.0 分

4 ♦

马克·加索尔

MARC GASOL

十年前，世人谈及马克·加索尔，都习惯用一句“保罗·加索尔的弟弟”，仿佛这个巨人会一直活在哥哥的影子里。但故事并未按照套路发展，十年后，“哥哥好汉弟软蛋”的悲剧并没有上演，马克·加索尔成为独当一面的联盟顶级中锋，甚至比哥哥更具统治力。

1985 年 1 月 29 日，马克·加索尔出生于巴塞罗那一个富裕的体育世家，他的父亲奥格斯汀和母亲玛丽萨年轻时都曾效力于西班牙篮球联赛，马克在家中排名老二，他的哥哥正是日后名满天下的保罗·加索尔。强大的基因，塑造了加索尔家族天赋异禀的运动能力。年长 5 岁的哥哥保罗·加索尔率先开始接受专业的篮球训练，并迅速在当地的一些少年比赛中崭露头角，同时获得了“场上将军”的美誉。

1992 年，马克和哥哥一起在家乡目睹了“梦一队”横扫世界的壮举，迈克尔·乔丹、“魔术师”约翰逊和拉里·伯德摧枯拉朽的表演，让加索尔兄弟第一次对美国篮球产生了触目惊心的感受。当时只有 7 岁的马克只是目瞪口呆于那些匪夷所思的快攻扣篮，但站在一侧的哥哥已经暗下决心：“有朝一日，我一定会跟他们一起同场竞技。”

1998 年，保罗·加索尔率领巴塞罗那青年队夺取了当年的欧青赛锦标，13 岁的马克也开始接受系统的篮球训练。中学时代，马克在巴塞罗那当地的中学联赛中小有名气，但彼时西班牙媒体谈论更多的，却是已经跻身西甲联赛且才华横溢名盖一时的保罗·加索尔，在学校里，人们也喜欢称呼马克为“保罗的弟弟”。

2001 年，哥哥保罗被老鹰队选中后交易至灰熊，加索尔夫妇就带着三兄弟保罗、马克和阿德里亚一起飞抵孟菲斯，并且租下一间三居室定居下来：父母一间，保罗一间，马克与弟弟阿德里亚挤在一间里。就这样，保罗·加索尔开始了自己的 NBA 生涯，而马克也进入了劳萨恩高中，开始了自己的征程。

劳萨恩高中的篮球水平不高，所参与的赛事级别也颇为有限，马克因此轻而易举地成为比赛统治者。教练们甚至特别开恩，允许他在快攻中投三分，让马克在球场上打得尽量欢乐。然而在专业人士的眼中，虽然有身高、有手感，但当时的马克不过是一个身体素质平庸的傻大个而已。“那时候的他还有点婴儿肥。”球队助教皮特斯说。

得益于哥哥的身份，马克经常会作为球员家属出现在灰熊的训练场上，等训练间隙，便与保罗进行一对一斗牛。高中毕业的马克，只收到了几所 NCAA 小学校的邀请，名校孟菲斯大学也仅仅愿为马克提供篮球普通校队的邀请，万般无奈之下，马克只好回到西班牙。幸运的是 2003 年，巴塞罗那俱乐部给了马克一个机会。

回到西班牙的马克·加索尔，开始减重、磨炼低位技巧，他放弃了那些在当时还被视为不合理的三分选择，专心篮下攻坚。几个月后，当灰熊队受邀前往欧洲进行季前赛时，霍林斯被眼前这个大个子震惊了：“这是保罗的弟弟吗？天呐，跟之前完全是判若两人！”很快，小加索尔成长为巴塞罗那队主力中锋，并在 2006 年首次入选国家队，出征日本世锦赛，帮助球队最终在大加索尔决赛伤缺的逆境中击溃希腊，加冕世界冠军。

经历过西班牙联赛和国家队的多重磨砺之后，小加索尔的天赋和才华打动了 NBA 的球探。2007 年 NBA 选秀大会上，他被湖人队在第二轮第 48 顺位选中，但球队并没有与他进行签约，自觉登陆 NBA 时机尚未成熟的小加索尔得以在西班牙联赛继续锤炼。2007/2008 赛季联赛常规赛季最后一轮比赛，小加索尔砍下 14 分、14 个篮板、3 次助攻、2 次封盖，再次获得轮 MVP 称号，从而打破了萨博尼斯 1994/1995 赛季在皇家马德里所创造的单赛季十次获得轮 MVP 称号的记录（11 个轮 MVP）。

2008 年 2 月，灰熊与湖人的一笔重磅交易刷爆了美国体育媒体的版面，湖人送出夸梅·布朗、克里坦顿、阿隆·麦基、2008 年和 2010 年的两个首轮选秀权以及小加索尔的签约权，从灰熊队换来了大加索尔。这笔交易在当时被称为湖人“打劫之作”，媒体和坊间一致认为灰熊此举无异于助攻。但多年以后，再回头看这笔交易，堪称双赢之选。

2008 年 6 月，已经在欧洲联赛出落成型的马克决定登陆 NBA，与灰熊队签约。不过，在踏入 NBA 之前，小加索尔还有一项更重要的使命，就是与哥哥一起参加奥运会。他们联手率领西班牙杀进决赛，惜败“梦八”队屈居亚军，但在决赛后，科比告诉媒体：“我看了他的表现，他的块头真大，而且手感很柔和，也许这有点马后炮，可是我们也许本不该在得到保罗的交易中放弃他，我们应该把马克也留下来。”

马克的生涯并不如哥哥那样一帆风顺，但当苦尽甘来，一切都似乎指向同一宿命——

加索尔家族的爷们儿个个生猛。小加索尔在灰熊的处子赛季足以用惊艳形容，首秀面对火箭，小加索尔得到 12 分、12 个篮板的两双数据，整个赛季，马克打满了全部 82 场比赛，首发 75 场，场均贡献 11.9 分、7.4 个篮板、1.1 个盖帽，投篮命中率高达 53%，成功入选新秀第二阵容。

“四五年之前，我对这个孩子一无所知，我并不知道他是否能够成为一个好球员，但事实是，他已经做到了。”时任尼克斯主教的德安东尼如是说。在 2006 年世锦赛中，德安东尼作为“小 K”教练（拉里·克里斯科维亚克）的助手，对年纪尚轻的小加索尔有一丝记忆。“他在场上非常有效率，而且非常聪明。也许他会成为两个加索尔中更好的那一个。谁知道呢？不过他的确是个非常好的球员。”

经过 2006 年的世锦赛、2007 年的欧锦赛和 2008 年的奥运会后，越来越多的西班牙体育记者开始相信一个事实：马克的职业生涯会比保罗更成功，无论是在 NBA 还是 FIBA。从“保罗的弟弟”到“可能是更好的加索尔”，马克经历了美妙的蜕变，他的职业生涯开始朝着更好的方向进发。

2009/2010 赛季，马克·加索尔场均数据逼近两双，14.6 分、9.3 个篮板的数据让人感叹“保罗的弟弟”不容小觑。更恐怖的是，他的进攻效率之高令人咋舌，投篮命中率高达 58%，但遗憾的是，灰熊队依然与季后赛无缘。2010 夏天，马克·加索尔再次随队出征世锦赛，但球队最终不敌阿根廷，屈居第六名。

2010/2011 赛季，小加索尔与兰多夫的内线组合开始展现威力，尽管这个赛季，马克的各项数据都出现不同程度的下滑，但灰熊在通往季后赛的道路上高歌猛进，赛季结束，他们最终以第八名的身份杀回了阔别 5 年的季后赛。首轮面对西部头名马刺，马克与兰多夫的“黑白双煞”组合令波波维奇一筹莫展，他们成功地以 4 比 2 的总比分逆袭成功，完成了 NBA 历史上第三次“黑八奇迹”。半决赛与雷霆青年军鏖战七场饮恨，也恰恰是从这个赛季开始，小加索尔开始逐渐取代哥哥保罗，成为球迷口中“更好的那个加索尔”。

“我个人认为，如果把他们俩的职业生涯做一个横向的比较的话，马克显得更成熟一些。”时任灰熊主教练霍林斯说，“保罗就像个大孩子，喜欢玩耍也爱寻开心，总是会讲一些笑话什么的；而马克显得稍稍严肃一点。我觉得，这可能是因为马克是家里的第二个孩子，因此他在成长的过程中就不自觉地有了一个榜样和标杆，从而成长得要比保罗更快一些。”

黑八赛季结束后的夏天，已经是自由球员的马克·加索尔收到了尼克斯、火箭等多支球队的报价，但他最终选择了与灰熊续约——4 年 5785 万美元。2012 年，小加首次入围 NBA 全明星阵容，但在该赛季的季后赛首轮，他们抢七败在快船手下，遗憾地未能延续黑马本色。

尽管如此，小加索尔的表现还是赢得了队友的一致认可，瓦斯奎斯告诉《篮圈世界》：“马克是联盟中最好的中锋之一，而且他将会在未来 2~3 年内成长为 NBA 最好的中锋。他与扎克的化学反应非常好。除此之外，马克也是一个领袖，他是人们效仿的模范。”

2013 年 3 月 21 日，小加索尔在比赛还剩下 0.9 秒的时候补篮绝杀雷霆，这是他职业生涯首次在比赛的第四节或者加时赛剩时少于 30 秒的情况下投中扳平或者反超比分的投篮。而在常规赛季结束后，他更是成功当选了年度最佳防守球员，成为了灰熊队史第一个荣膺此奖项的球员。季后赛中，灰熊一路杀进西部决赛，但最终 2 比 4 不敌马刺，无缘总决赛。

此后的几年，马克·加索尔的统治力完全盖过了已经日渐衰老的哥哥保罗，他甚至被很多球迷推上了“联盟首席中锋”的王座。2015 年，小加索尔首次被选入西部全明星先发，当正赛开打时，站在他对面的是已经转会公牛的哥哥，他们联手创造了兄弟全明星赛跳球的佳话。

2015 年 7 月 7 日，小加索尔与灰熊达成了一份 5 年 1.1 亿的续约合同，他的身价比 4 年前翻了一番。而在谈到孟菲斯这座城市时，马克·加索尔告诉《孟菲斯商报》的记者罗纳德·蒂勒里：“我一直都在说，孟菲斯是我的第二故乡。罗伯特（灰熊老板）知道这一点，我知道这一点，我的队友们也都知道，这些才是重要的事情。我活在当下，我也不知道自己以后会在哪里，只有时间才能说明一切。但是目前我看不出做出改变的理由。我现在为什么要改变呢？”

如今，马克·加索尔已经成为无可争议的灰熊领袖。本赛季，他场均砍下20.4分、6.2个篮板、4.4次助攻、2.33次盖帽，并且开发出了一手39%的三分球。2017年1月28日，灰熊客场不敌开拓者的比赛中，马克砍下32分，成为灰熊队10年来第二个完成连续三场得分30+的球员。第一个是谁？答案：马克的哥哥——保罗·加索尔。

再也不会有人去讨论“who's the better Gasol”这样无聊的话题了，36岁的保罗如今身在圣城，演绎着“廉颇老矣，尚能饭否”的不老传奇，31岁的马克正经历着生涯最美妙的时光，当被问到快要到来的季后赛时，马克跟记者打趣：“我希望跟保罗在季后赛相遇。”别争了，保罗·加索尔独自带队从未赢得过一场季后赛的胜利，如今，他的弟弟早已率队赢下了多轮系列赛。加索尔兄弟的传奇还在上演，只是主角已从保罗变为马克——那个“熊”霸天下的男人。

小加索尔绝对是全联盟最“稀有”的球员了，他是个真正的传统内线，就像曾经的姚明那样，精通各种内线技巧，稳扎稳打，有着漂亮的投篮和精妙的传球技巧，懂得利用体型和力量的优势去取得胜利，还是个真正用脑子打球的团队球员。本赛季，他还开发出了三分球。人们都说他是个天生的“孟菲斯人”，马克·加索尔还真有些“孟菲斯”的本质。他一言一行、一招一式，都简单而纯粹，干净而质朴，聪明而不狡黠，强壮但不粗鲁，缓慢而有节奏，举手投足间有一种另类的优雅。

〈生涯高光闪回 / 乾坤独断〉

高光之耀：面对西部最好的内线之一——“浓眉”戴维斯，小加索尔打得畅快淋漓，全面制胜。

2015年12月2日，灰熊客场挑战鹈鹕，灰熊最终以113比104逆转鹈鹕，小加索尔不仅限制了戴维斯，而且22次投篮命中了11个，16次罚球全部命中，得到38分、13个篮板、6次助攻、4次盖帽，刷新了得分纪录，打出了个人本赛季最好的单场成绩。

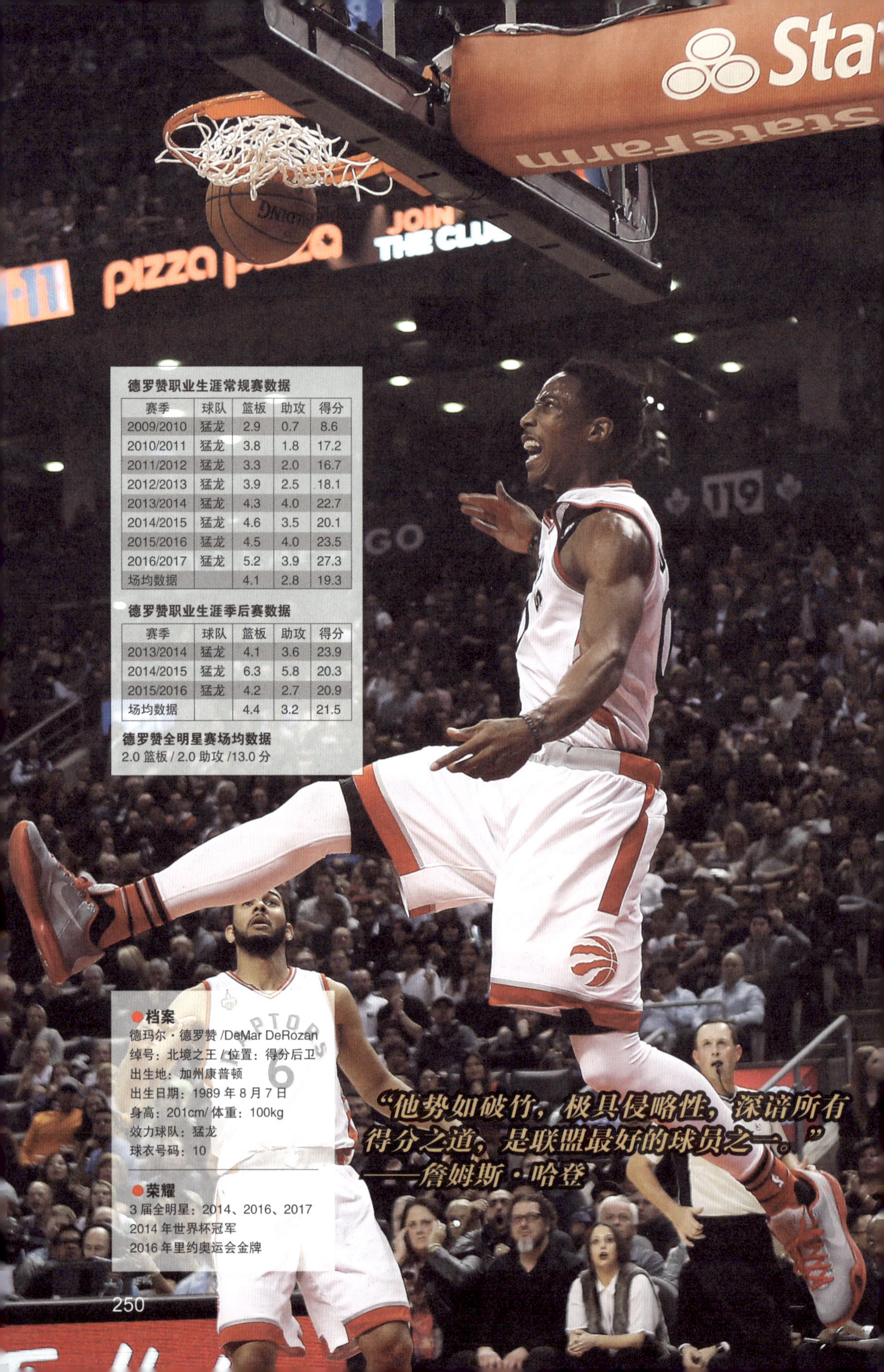

德罗赞职业生涯常规赛数据

赛季	球队	篮板	助攻	得分
2009/2010	猛龙	2.9	0.7	8.6
2010/2011	猛龙	3.8	1.8	17.2
2011/2012	猛龙	3.3	2.0	16.7
2012/2013	猛龙	3.9	2.5	18.1
2013/2014	猛龙	4.3	4.0	22.7
2014/2015	猛龙	4.6	3.5	20.1
2015/2016	猛龙	4.5	4.0	23.5
2016/2017	猛龙	5.2	3.9	27.3
场均数据		4.1	2.8	19.3

德罗赞职业生涯季后赛数据

赛季	球队	篮板	助攻	得分
2013/2014	猛龙	4.1	3.6	23.9
2014/2015	猛龙	6.3	5.8	20.3
2015/2016	猛龙	4.2	2.7	20.9
场均数据		4.4	3.2	21.5

德罗赞全明星赛场均数据

2.0 篮板 / 2.0 助攻 /13.0 分

●档案

德玛尔·德罗赞 /DeMar DeRozan
绰号：北境之王 / 位置：得分后卫
出生地：加州康普顿
出生日期：1989 年 8 月 7 日
身高：201cm/ 体重：100kg
效力球队：猛龙
球衣号码：10

●荣耀

3 届全明星：2014、2016、2017
2014 年世界杯冠军
2016 年里约奥运会金牌

“他势如破竹，极具侵略性，深谙所有得分之道，是联盟最好的球员之一。”
——詹姆斯·哈登

3 ♠

德玛尔·德罗赞

DEMAR DEROZAN

德罗赞运动能力一流，隔人扣篮从来不在话下，但他从来不是一个优秀的进攻发起点，也不是一个优秀的篮板手。在二号位上，他甚至身高偏矮——这样一个纯得不能再纯的中距离得分手，本应该出现在上世纪八九十年代。这就是德罗赞——二号位上的古典主义者。

出生于加利福尼亚州康普顿地区的德罗赞，自幼过着低调的生活。尽管他的身边充斥着各种市井街头的诱惑，但他洁身自好，从不随波逐流。当他的死党们流连于街头巷陌，在匪帮说唱的聒噪声中吸食大麻或者泡妞时，德罗赞却独自在球场上练习着投篮。进入高中后的德罗赞，已经是康普顿地区的头号明星，高一时他就有场均 26.1 分、8.4 个篮板的表现，而随后的两年时间里，他都是队内头号得分手。

在康普顿高中的最后一年，德罗赞场均 29.2 分、7.9 个篮板、3.9 次助攻、3 次抢断，率领球队连续两年赢得摩尔联盟冠军。他成功当选摩尔联盟最有价值球员，入选 Parade 杂志评出的全美最佳阵容一队以及西岸最佳阵容一队，还入选麦当劳全美高中明星队并获得扣篮大赛冠军，受邀参加乔丹经典赛以及耐克巅峰赛，并在耐克巅峰赛上得到全队最高的 17 分。

德罗赞已然成为全美瞩目的天才高中生，Scout 网站将他排进了 08 届选秀的前十，Rivals 网站则预测他会将进入前三甲。随后，北卡给他开出了录取通知书，但德罗赞以一个十分流川枫式的理由选择了南加州大学——因为离家近。

2007 年，德罗赞正式进入南加大（USC），开始大学生涯。他有着强烈的求胜和进步欲望，似乎从不疲倦，且严于律己。谦虚的态度让他赢得了主帅的喜爱，更在球队中得到了更多的支持。大一赛季，德罗赞场均得 13.9 分、5.7 个篮板、1.5 次助攻，投篮命中率为 52.3%。在整个赛季的 35 场比赛中，他全部首发出场。

2009 年，多伦多猛龙在首轮第九顺位选中了他，而 NBA 官网给出的球员描述是：爆发力、弹跳、身体条件和综合能力都已具备成为超级巨星所需要的一切潜质。而猛龙队则对这位天才锋卫摇摆人垂涎三尺，他们希望德罗赞能够成为球队的未来之星。

被猛龙选中，他不得不背上行囊前往异国他乡——多伦多。他第一次走进加拿大航空中心球馆时，对这里的一切感到陌生，职业队跟大学和高中完全不同，而更让他头疼的是北方的天气。他的菜鸟赛季中规中矩，场均 8.6 分、2.9 个篮板。这个赛季，菜鸟德罗赞参加 NBA 全明星扣篮大赛，最终仅以微弱劣势不敌内特·罗宾逊，屈居亚军。他的一记大风车扣篮，赢得满分 50 分，也让所有人见识到他恐怖的弹跳和天赋。

2010 年，“龙王”克里斯·波什远走迈阿密，猛龙队进入新一轮的重建期，巴尼亚尼成为新的核心，而德罗赞则获得了更多的出场时间。二年级的他在 2010/2011 赛季场均出场时间增加至 34.8 分钟，表现是惊艳的，打满 82 场比赛，场均 17.2 分、3.8 个篮板。随后的缩水赛季，德罗赞依旧保持了稳定的发挥，虽然得分数据有所下滑，但在新教练凯西的体系中，他已经成为不可或缺的球员，并大有成为核心之势。

2012/2013 赛季，猛龙队签下了火箭控卫凯尔·洛瑞，开始朝着季后赛的目标大踏步前进，而德罗赞再次享受到了进步的快乐，赛季初，猛龙队同他签下了 4 年 3800 万美元的合约，而该赛季他又一次全勤出战，场均贡献 18.1 分、3.9 个篮板、2.5 次助攻。

2013/2014 赛季，肩负起队长重任的德罗赞的表现愈发抢眼，而他的好搭档洛瑞也开始迸发出顶级控卫的能量，两人联手将猛龙带进了季后赛球队的行列，德罗赞首次入选了全明星。在 2014 年 1 月 23 日主场战胜小牛的比赛中，德罗赞砍下 40 分，刷新生涯单场得分纪录。赛季结束后，德罗赞场均得分飙升至 22.7 分，另有 4.3 个篮板、4 次助攻，这显然是一份顶级侧翼的成绩单。猛龙在他的带领下，时隔 6 年重回季后赛，只可惜首轮抢七惜败篮网。首次进入季后赛的德罗赞，在七场比赛中场均贡献 23.9 分，但投篮命中率只有 38.5%。2014 年，对于德罗赞来说的确是丰收的一年，他成功入选了美国国家队，随队出征西班牙男篮世界杯，场均 4.8 分、1.2 个篮板、1.2 次助攻，帮助球队夺得冠军。

2014/2015 赛季，德罗赞稳定在场均 20+ 的顶级侧翼水准，2014 年 11 月 14 日，他生涯总得分达到 6587 分，超越巴尼亚尼，排名队史第三，仅次于波什和卡特。2015 年 3 月 31 日，猛龙主场战胜火箭，德罗赞 27 投 14 中得到 42 分和 11 个篮板，再次刷新生涯单场得分纪录。这个赛季，他还首次斩获月最佳荣誉，但无奈球队还是在季后赛首轮惨败而归，奇才队成功下克上，将他们横扫出局。

从 2009 年进入联盟，到 2014 年成为全明星，德罗赞仅用时 4 年的时间，他的进步有目共睹。本赛季，德罗赞依旧有着场均 20+ 的表现，是球队不可动摇的第一得分点。在凯西教练的战术板上，德罗赞享有自主进攻的特权，但他并不甘于只做进攻箭头。他逐年增长的助攻数据显示出，他拥有一颗成为多面手的心。

2015/2016 赛季，德罗赞打出了生涯最好的一季，常规赛场均可以砍下 23.5 分 4.5 个篮板 4 次助攻，率领猛龙拿到了破天荒的 56 胜，创队史常规赛最佳战绩。而在季后赛之中，猛龙杀进东部决赛，并且在 0 比 2 落后的情况下顽强的连扳两局，惊出骑士一身冷汗。在那两场东部决赛之中，德罗赞一扫之前的阴霾，连续两场砍下 32 分，命中率达到 55.3%。更为让人惊讶的是，他在这两场没有命中哪怕一粒三分球，这也就意味着，他全是靠着自己在罚球线的跳投，以及杀向内线造杀伤拉得分的。在这个时代还能看到这样的表演，让很多球迷都感到热血沸腾。

到了 2016/2017 赛季，德罗赞光靠着运球后的干拔中投，场均就可以得到 15 分左右，位于联盟之首。本赛季至今，德罗赞打了 54 场球，场均三分球出手只有 1.5 次，但依然场均砍下 27.8 分，并且在赛季刚开始的时候他场均砍下 34 分，一度雄踞得分榜榜首，命中率高达 52.8%。值得一提的是本赛季开季 9 场比赛，德罗赞有 8 场砍下 30+，要知道上一个做到这点的球员，是 30 年前的乔丹。

德罗赞是现代世界里的古典摇摆人，喜欢在中距离寻找杀机，喜欢不断地冲击篮筐搏得罚球，喜欢进攻时候有球在手。当科比、卡特、韦德和吉诺比利英雄迟暮，顶级得分后卫成为濒危的物种，哈登、汤普森和比尔足够出色，但与传统的分卫相比，灵巧有余而劲爆不足时，德罗赞无疑是新生代分卫中的另类，从他身上能感受到前辈球员中的某些气质，他的扣篮、自信、执著以及欲望，给足了球迷对于传统的幻想。

〈生涯高光闪回 / 斗法哈登〉

高光之耀：1985 年至今，此前只有两个人曾在对阵火箭的比赛中砍下 42+11 这样的数据，分别是诺维茨基（2004 年）和拉里·伯德（1988 年），此役，德罗赞如那两位巨星一般不可阻挡，堪称全场最闪亮之人。。

2015 年 3 月 31 日，猛龙主场 99 比 96 战胜火箭，德罗赞堪称头号功臣。虽然哈登砍下 31 分 5 篮板 5 助攻，但德罗赞全场 27 投 14 中，三分球 4 投 2 中，罚球 17 投 12 中，狂砍生涯新高 42 分，还抓下 11 个篮板。在和哈登的斗法中，他笑到了最后。

档案

德雷蒙德・格林 /Draymond Green

绰号：追梦 / 位置：大前锋

出生地：密歇根州萨吉诺

出生日期：1990 年 3 月 4 日

身高：201cm/ 体重：104kg

效力球队：勇士

球衣号码：23

荣耀

1 届总冠军：2015

2 届全明星：2016、2017

2 届最佳防守阵容一阵：2014/2015

2015/2016

2016 年里约奥运会金牌

3 ♥

德雷蒙德·格林

DRAYMOND GREEN

他或许赶不上“海啸兄弟”对比赛观赏性的加成，但却是“死亡五小”中能够横扫联盟最关键的一环。无论球队领先还是落后，只要格林在场上，他的情绪和热情就能感染队友。从某种角度而言，格林就是一个“坏人”，他从不掩藏对胜利的渴望，也从不掩藏对球友的不满。

提到密歇根州立大学，球迷们的第一印象或许是那里诞生过 NBA 史上最伟大的控球后卫——埃尔文·约翰逊，在很长一段时间里，“魔术师”都是密歇根州大的名片，不管是后来的史蒂夫·史密斯，还是贾森·理查德森和扎克·兰多夫，在进入联盟后都以魔术师校友为荣，对自己的名门出身感到自豪。德雷蒙德·格林同样如此。

2008 年，格林进入密歇根州大，就被时任球队主教练伊索一眼看中：“德雷蒙德是那种能给球队带来无穷自信和底气的家伙，从我第一次见他就对这一点深信不疑。”作为密歇根本地人，格林出生于塞诺基一个普通的黑人家庭，与大多数后来功成名就的球员一样，篮球是他童年时期最忠实的伙伴。

格林的母亲在儿子成名后，总是跟记者强调，他是一个对篮球拥有炙热情感的家伙，“德雷蒙德的生活其实很简单，吃饭和打篮球。”少年时的格林体型偏胖，并且个性极强，在社区的野球场上，他会和比他年龄大的孩子甚至大人一起打球，而且无论如何都死赖在球场上不下去。“我那时候真的很坏，坏得没救了，”格林说，“现在我经常会在 NBA 球场上和人互喷垃圾话，但这些跟我小时候比起来都不是事儿。”

格林的篮球启蒙来自于他的叔叔贝伯斯，他教会了小格林包括运球、投篮和防守在内的一切基本动作，还在一定程度上开发出了他“骂人”的潜力。“我告诉他（格林）任何事情都能用到垃圾话里，但不要咒骂，也不要对对方不敬，”贝伯斯说，“一旦你的目标变成了对方，就会把垃圾话变成攻击性的对话，他可能会因此而动手。”

环境塑造了格林的个性，儿时扎实的基本功则让他在后来的职业道路上获益匪浅。进入萨吉诺高中后，格林开始展现自己非凡的篮球天赋，但时任球队主教练的卢·道金斯则认为这个孩子需要沉下心来：“有时候太要强并不是件好事，他必须懂得谦虚。”格林被下放到了新生队，哪怕他当时已经比大部分校队成员都优秀。

除此之外，在格林通往卓越的篮球道路上，还有一个人起到了至关重要的作用，那就是他的母亲玛丽。在得知格林因为作弊被抓后，严厉的玛丽命令格林走路去暑期学校上学，并兼职打工，罚他整个暑假不能打球。在母亲大人的控制下，格林逐渐收敛了锋芒，开始乖乖地读书、打球，一切按部就班。中学期间，格林的 GPA 一直维持在 3.0 以上，而道金斯教练也决定让他担当球队的核心。

格林为萨吉诺高中赢得了两个州冠军，他迸发出了强大的领导能力，整个高中生涯，他场均 20 分 13 个篮板，帮助球队取得了 27 胜 1 负的骄人战绩，《今日美国》将他列为全美第四的高中生。毕业后，他收到了来自肯塔基、密歇根、印第安纳和密歇根州大等名校的邀请函，而他最终选择了偶像“魔术师”约翰逊的母校——密歇根州立大学。

质疑和嘲讽接踵而至，沃顿甚至认为格林会像其他高中明星一样，在实力强劲的 NCAA 联盟中沦为路人。但随后，格林展示出了自己非凡的一面，他的训练强度一天比一天大，而且斗志充沛。此后的三年，格林逐渐成为密歇根州大的主力球员，大二赛季，他场均数据达到 9.9 分、7.7 个篮板，被雅虎体育评为全美最佳第六人。大三赛季，他再进一步，场均 12.6 分、8.6 个篮板、4.1 次助攻，并成为密歇根州大史上继“魔术师”和查理·贝尔之后，第三位砍下三双的球员。

2011/2012 赛季是格林在密歇根州大的最后一个赛季，他场均拿到大学生涯最高的 16.2 分、10.6 个篮板、3.8 次助攻，并率队拿下了大十区冠军，当选了该赛区年度最佳球员。此外，格林是自 1996/1997 赛季以来，继蒂姆·邓肯之后第一个场均达到 15 分 10 个篮板 3 次助攻的球员，入选美联社、体育新闻、美国篮球作家协会以及 CBS 体育评选的全美最佳阵容。在整个大学期间，德雷蒙德·格林共得到 1096 个篮板，成为密歇根州大历史篮板王，得分 1517 分，排名校史第 17 位，117 次盖帽和 180 次抢断均位列第二位。

激情澎湃的大学生涯，为格林积累了足够的名气，但在唯天赋论的 NBA 选秀中，他没有得到太多球队的赏识。2012 年格林直到第二轮第 35 顺位才被勇士选中，几乎所有人都表示这是个无关痛痒的选择，但 3 年后再看，再也没人敢这样认为。

假如史蒂夫·科尔没有成为勇士主帅，德雷蒙德·格林可能真如 SCOUT 预测的那样：

作为一个角色球员融入某支球队，在三号位的位置上为某支季后赛球队提供好的补充。当勇士在第二轮摘得格林时，当时的勇士助教皮特·迈尔斯认为他的篮球智商是他所见过的新秀中最好的："格林的篮球智商要远远超过我所见过的所有新秀。他对自己非常了解，他有着顽强的意志品质，乐于与对手进行身体对抗，你会很想让他打满全场的。"

杰克逊和迈尔斯的眼光不错，但碍于体系需要，他们无法让格林随意展现优越性。格林新秀赛季只获得了场均 13.4 分钟的出场时间，贡献 2.9 分、3.3 个篮板，投篮命中率为可怜的 32.7%，三分命中率更是只有 20.9%。2013/2014 赛季，马克·杰克逊开始让格林承担更多的组织任务，在出场时间增加的情况下，格林的回报是 6.2 分、5 个篮板、1.9 次助攻，尽管那个赛季勇士首轮便被快船淘汰出局，杰克逊也被解雇，但马大帅留下了现在看来是极富预见性的观点："当你和我谈到德雷蒙德·格林时，最好别跟我提他的数据，我不在乎他是否能场均砍下 20 分。他帮助改变了球队的文化——一位年轻人以一个比赛研究者的身份登场打球，这就是他为球队所带来的东西。一个未来的教练，一位胜利者，是一个不说废话的人。总有一日，他会以领袖的身份走入我们的更衣室。"

感谢史蒂夫·科尔和他的教练团队，让格林实现了马克·杰克逊和皮特·迈尔斯的伟大预言。2014/2015 赛季，科尔将格林提入先发，并坚信他会是改变勇士命运的关键球员。在整个赛季中，格林在攻防两端支配着勇士的战术体系，场均 31.5 分钟的出场时间里，贡献 11.7 分、8.2 个篮板、3.7 次助攻、1.6 次抢断，到了季后赛，数据更是涨幅到 13.7 分、10.1 个篮板、5.2 次助攻、1.8 次抢断、1.2 次盖帽。

赛季结束后，他入选了年度最佳防守阵容一队，并帮助勇士队时隔 40 年重夺总冠军。

在总决赛第六场与骑士的比赛中，格林拿下了 16 分、11 个篮板、10 次助攻，成为勇士队史上首位在总决赛中拿到三双的球员，创造了历史。

2015 年夏天，勇士成功以 5 年 8200 万同格林完成续约，留下了这位攻防俱佳的全能战神。2015/2016 赛季，格林的表现愈发抢眼，包括对阵火箭、掘金和黄蜂的三双帽子戏法，从而成为联盟历史上第 15 位连续三场比赛拿到三双的球员。他的数据统计为场均 14.5 分、9.4 个篮板、7.2 次助攻、1.4 次抢断、1.3 次盖帽，亘古罕见的全能表现。

勇士一路刷新着 NBA 的各项历史记录，24 连胜、主场 40 连胜、半程胜率纪录。而格林也凭借出色的表现入选了 2016 年多伦多全明星赛。从一个二轮秀到全明星，格林仅用了 3 个赛季的时间。常规赛中，勇士取得了 73 胜的战绩，所向披靡，格林全能的身手、强悍的防守让这支球队看起来是那么无坚不摧。以往人们谈及勇士，总是在说"水花兄弟"，但从这个赛季开始，你逐渐听见有人开始喊勇士三巨头，没错，格林也是其中之一。常规赛期间，勇士能够取得 73 胜，格林功不可没。 常规赛期间，格林场均可以送出 14 分 9.5 个篮板 7.4 次助攻，单赛季砍下了 13 次三双。全明星他进了，最佳阵容还有最佳防守阵容，他也榜上有名。以往人们总在说，格林是贫民版的勒布朗，但这个赛季，

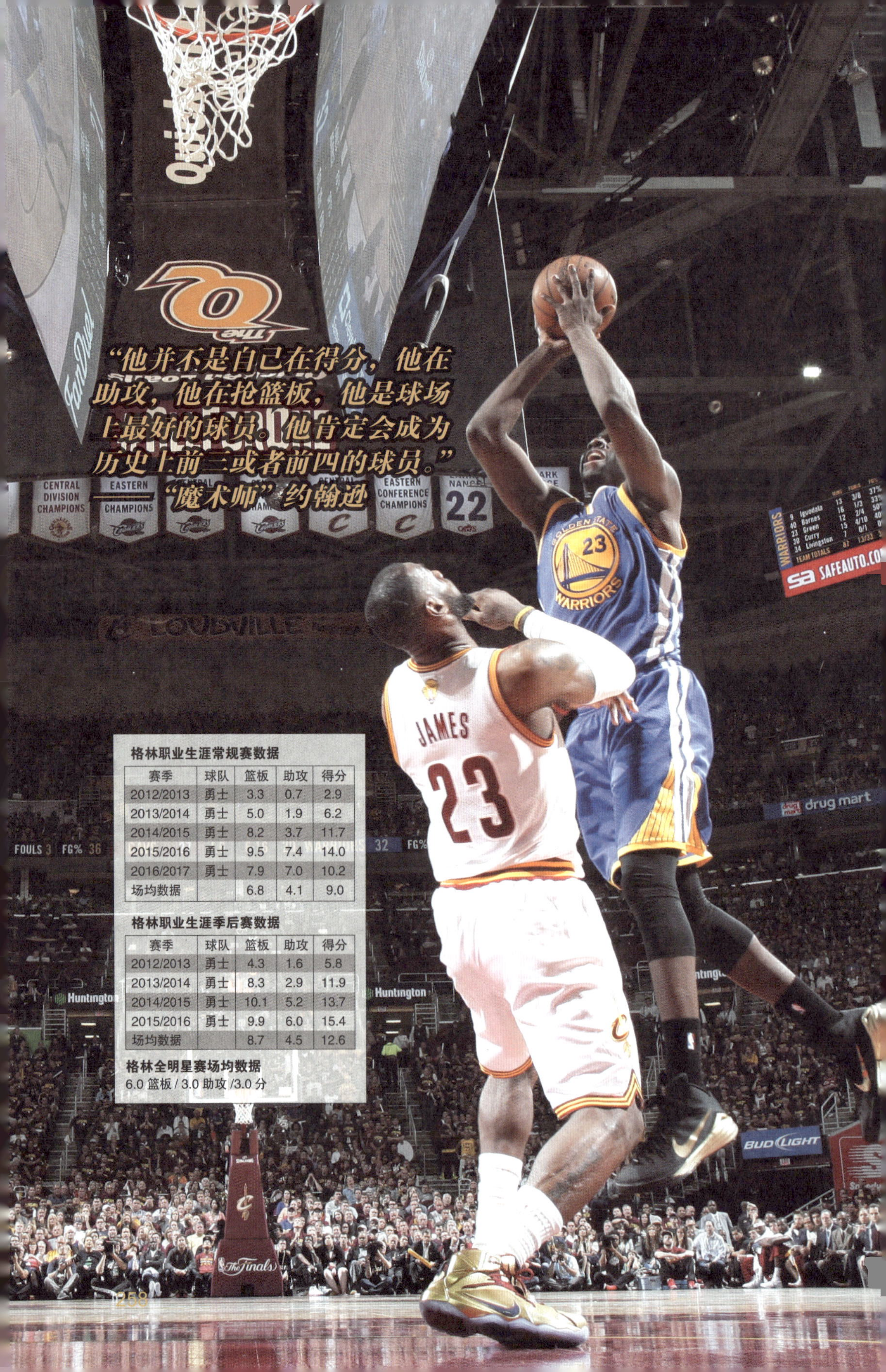

“他并不是自己在得分，他在助攻，他在抢篮板，他是球场上最好的球员。他肯定会成为历史上前三或者前四的球员。”

——“魔术师”约翰逊

格林职业生涯常规赛数据

赛季	球队	篮板	助攻	得分
2012/2013	勇士	3.3	0.7	2.9
2013/2014	勇士	5.0	1.9	6.2
2014/2015	勇士	8.2	3.7	11.7
2015/2016	勇士	9.5	7.4	14.0
2016/2017	勇士	7.9	7.0	10.2
场均数据		6.8	4.1	9.0

格林职业生涯季后赛数据

赛季	球队	篮板	助攻	得分
2012/2013	勇士	4.3	1.6	5.8
2013/2014	勇士	8.3	2.9	11.9
2014/2015	勇士	10.1	5.2	13.7
2015/2016	勇士	9.9	6.0	15.4
场均数据		8.7	4.5	12.6

格林全明星赛场均数据

6.0 篮板 / 3.0 助攻 /3.0 分

德雷蒙德·格林用行动摆脱了山寨，用行动证明自己有能力打出巨星表现。

格林全面、坚韧、好胜，这让勇士队所向披靡，2015/2016 赛季是格林真正迈向巨星的一个赛季，但是到了季后赛，格林冲动的性格也拖了球队后腿。西部决赛中，格林脚踢亚当斯的裆部，外界一片哗然，有人说格林打球太脏，也有人说勇士被联盟保送，一片负面消息迎面而来，这不仅影响到了格林本人，他的队友们也遭了殃，陷入舆论之中不能自拔，导致系列赛一度 1 比 3 落后。当然了，勇士最终还是顽强地活了下来，杀入了总决赛中。总决赛的舞台上，他们碰上了上赛季的对手克里夫兰骑士队，前两场比赛，他们将克里夫兰打得满地找牙，系列赛第三场，勇士输了，但很多人认为他们有放水之嫌，因为在外界看来，勇士想回到家门口夺冠。谁曾想，意外发生了，这一次又是德雷蒙德·格林，在系列赛第四场中，格林对詹姆斯有一个报复性的掏裆动作，一而再再而三，联盟终于决定不再隐忍，对格林实施禁赛。而这也成了总决赛的转折点，格林掏裆的那一下似乎败光了勇士队所有的人品。总决赛第五场，没有格林镇守内线，勇士主场告负。系列赛第六场，因为担心再次获得恶意犯规，格林收敛了许多，结果勇士从开局输到了最后。

在 2016/2017 赛季，库里，汤普森，格林和杜兰特，再加上常规赛习惯装死但是实力不可小觑的伊戈达拉，当年的“死亡五小”如今晋级成为“死神五小”。由于他们都是属于球商极高的球员，所以本赛季勇士队主打团队篮球，每个人都不贪功，都会将得分的机会让给队友——场均 31 个助攻稳居联盟之首就充分说明了这个问题。

防守才是格林的首要任务，尤其在这样一支内线羸弱的球队，有着不算高的身材的格林用他足够强劲的力量和快速的脚步，带起了整个球队的防守体系，捍卫了禁区。

格林对于比赛的作用在某种程度上改变了传统篮球体系对于球员价值的评估标准，他不仅仅是一个“全情投入的球员”或者是“激情领袖”。

〈生涯高光闪回 / 三双壮举〉

高光之耀：在威斯布鲁克与哈登三双“二人转”的 2016/2017 赛季，但赛季能得到 10+ 的三双，无疑是项壮举。

2016 年 2 月 21 日，在勇士战胜快船的比赛中，格林得到 18 分 11 个篮板 10 次助攻，这是他本季第 11 次三双，追平现役球员单季三双纪录。2014/2015 赛季，威斯布鲁克也曾得到 11 次三双。而效力卫冕冠军的球员上一次单季得到至少 11 次三双，还是 1988/1989 赛季的“魔术师”约翰逊（17 次）。

本场是勇士本季第 54 场比赛。单季前 54 场就拿下 11 次三双的格林，也追平了“魔术师”，在近 30 年中并列第二，仅次于 2007/2008 赛季的贾森·基德（前 49 场 12 次）。

“当他冲起来的时候，没有人能够阻止他。因为他已经进入攻击模式。”
——汤姆·锡伯杜

档案

德里克·罗斯 /Derrick Rose
绰号：玫瑰 / 位置：控球后卫
出生地：伊利诺伊州芝加哥
出生日期：1988 年 10 月 4 日
身高：193cm/ 体重：86.2kg
效力球队：公牛、尼克斯
球衣号码：1、25

荣耀

1 届常规赛 MVP：2010/2011
3 届全明星：2010~2012
最佳新秀：2008/2009
2 届世锦赛冠军：2010、2014

罗斯职业生涯常规赛数据

赛季	球队	篮板	助攻	得分
2008/2009	公牛	3.9	6.3	16.8
2009/2010	公牛	3.8	6.0	20.8
2010/2011	公牛	4.1	7.7	25.0
2011/2012	公牛	3.4	7.9	21.8
2013/2014	公牛	3.2	4.3	15.9
2014/2015	公牛	3.2	4.9	17.7
2015/2016	公牛	3.4	4.7	16.4
2016/2017	尼克斯	3.8	4.4	18.0
场均数据		3.7	6.0	19.5

罗斯职业生涯季后赛数据

赛季	球队	篮板	助攻	得分
2008/2009	公牛	6.3	6.4	19.7
2009/2010	公牛	3.4	7.2	26.8
2010/2011	公牛	4.3	7.7	27.1
2013/2014	公牛	9.0	9.0	23.0
2014/2015	公牛	4.8	6.5	20.3
场均数据		4.8	7.1	23.7

罗斯全明星赛场均数据

1.3 篮板 / 4.0 助攻 /11.0 分

3
♣

德里克·罗斯

DERRICK ROSE

他无疑是一柄利剑，锋锐无伦，充满张力，集速度、灵巧、爆炸力、冲击力于一身，他的比赛就像绽放的玫瑰，总给人最浓烈的视觉体验。只是命途多舛，伤病缠身，但他会回来的。顺便说一句，受伤前的罗斯有着堪比威少的极致天赋。

罗斯的童年时代里，篮球是混沌世界的唯一亮色，从懂事起他就成为公牛的铁杆球迷。为公牛效力是芝加哥少年共同的梦想，2008 年选秀前夕罗斯公开游说公牛管理层，希望他们用状元签选中自己。“如果公牛叫到我的名字，我会激动得晕倒，”罗斯说，“所以我需要一个陪护者。但如果没被芝加哥选中，我会憎恨那个结果。”

这是一个勇敢的决定，NBA 历史上从未出现过像迈克尔·乔丹那样以一己之力将一座城市扛在肩上的球员，后人还能复制这样的伟业吗？绝大多数球员都不愿意尝试，他们清楚在乔丹的阴影下打球是赔本的买卖。公牛队也一度反对挑选芝加哥本土的孩子，因为除了在朋友、亲人面前比赛的压力之外，熟悉的环境总会分散球员的注意力。

只有罗斯在阴霾中看到了阳光。“德里克对加盟公牛毫不迟疑，”公牛总经理约翰·帕克森说，“敢于在此地开始职业生涯，意味良多。”芝加哥人对罗斯的热爱程度甚于乔丹，因为“篮球上帝”从未专属于芝加哥，他是全世界球迷的偶像，在夏洛特长大，在华盛顿结束职业生涯，芝加哥更像是工作地点。而罗斯和整座城市已经融为一体，他承诺死也不会离开家乡。一些风城的出租车司机彼此约定，如果乘客是前往联合中心采访公牛的外地记者，他们不会索要小费，只是希望媒体能替罗斯多说些好话。

也许罗斯天生属于公牛队，那些曾困扰芝加哥新秀的烦恼对他从来不是问题。2010年夏天，一贯谦逊的罗斯在媒体面前难得高调了一回：“我为什么不能拿MVP？难道我不能成为联盟最好的球员吗？”12月罗斯登上了《SLAM杂志》的封面，在那张醒目的图片里罗斯双臂交叉，一脸严肃，标题异常醒目：“罗斯想要成为MVP。”

罗斯的自信不是一张空头支票，他的变化显而易见。2010/2011赛季，尚在新秀合同期间的罗斯，显然受到公牛对詹姆斯追逐的刺激。随着赛季的推进，他的表现也越来越像MVP，用完美表现征服了所有人，场均可以得到25分4.1个篮板7.7次助攻，他带领公牛打出联盟最佳的62胜战绩，成为史上最年轻的常规赛MVP。

梦想照进了现实，当罗斯捧起那尊小金人时，全联盟都认为他当之无愧，竞争对手詹姆斯也为他点赞：“罗斯的表现不可思议，即使在球队遭遇伤病困扰时依然能率领公牛拿到东部第一的位置，我认为MVP应该属于他。” 遗憾的是MVP没有让公牛在当季笑到最后，在与前任MVP詹姆斯的较量中，罗斯败下阵来，在对抗更激烈的季后赛，他的BUG无处遁形。罗斯很快就明白，球场上的对手并不算什么，伤病才是最可怕的敌人。2012年季后赛首轮第一战，罗斯猝然倒地，噩耗传来，他左膝十字韧带撕裂，整季报销。

严重的伤病引发了坊间大讨论，比如罗斯打球的方式，每一次爆发力惊人的突破、切入、内线冲击以及失去平衡的落地，最终让这位劲爆的控卫付出了代价。某种意义上罗斯将篮球变成对身体的超负荷使用，每个动作都在挑战肌肉和韧带的极限，他的比赛很有观赏性，但是很难持久。让罗斯没有想到的是，第一次复出的时间表引发了巨大的争议，2013年2月他恢复了训练，在他自认为做好准备之前，公牛宣布队医给了罗斯上场许可。曾在公牛担任过助教的林赛·亨特透露，按照芝加哥的传统，球队老大做好充分准备之前，球队不会强迫他复出。然而在这场复出闹剧中，公牛似乎不断在暗地里施加压力，促使罗斯上场。2012/2013赛季，NBA为公牛安排了26场全国直播，绝大多数被安排在2月至4月，公牛官网记者萨姆·史密斯说：“这是联盟考虑到罗斯届时可能会回归。”罗斯的哥哥雷吉·罗斯认为，公牛需要罗斯来卖票。

乔金·诺阿认为没有经历过类似伤病的旁观者应该闭嘴，最终这场闹剧让罗斯和公牛两败俱伤，公牛此前无视球员健康的内幕以及庸医故事被频频曝光，罗斯则被坊间讥讽为自私的胆小鬼、软蛋，当然更悲剧的是罗斯在短暂复出后再次轰然倒地，再次迎来漫长的康复期，球迷能做的只有耐心地等待。最近两年公牛的窘迫进一步证明，芝加哥需要一个健康的风城之子。沉默寡言的罗斯也许永远也吼不出“I’ m back”这样的经典台词，他更擅长用行动证明自己。他承认自己的球风已经开始发生转变，谈及与几年前的最大区别时他说：“对身体的控制，我能更好地掌控速度，而不是一味向前冲。我会打得更聪明，但花了整整7年时间才领悟到这一点，实在让人抓狂。我想明年你就会见到了，大量运用抛射、急停跳投之类的技术减少身体对抗。上次复出我太急于求成了，这次我会更加顺其自然，找到比赛的节奏。我还会保持侵略性，但与此同时会用一种更巧妙的方式去掌握比赛，以控卫的身份梳理好全队的进攻。”

罗斯始终在与病魔做抗争，在 MVP 赛季后就逐渐从希望的化身转变为一个悲剧人物。2012/2013 赛季，他为养伤错过了全部比赛；2013/2014 赛季，他复出后仅仅打了 10 场球，却旧伤复发，赛季再度报销。之后的两年，为了延续自己的篮球生命，罗斯开始适当调整自己的打法。 2015/2016 赛季公牛阵中，由于吉米・巴特勒的崛起，罗斯的生存空间被极大压缩。战术体系与罗斯的发挥有着密不可分的关系，经历韧带撕裂大伤后，罗斯早已经不是那个能轻松跃起暴扣的球员，但他仍认为自己是公牛绝对的全明星级球员，而不是根据自己目前在球队中的角色进行必要的调整。

2016 年休赛期，罗斯被交易到了纽约尼克斯而罗斯和尼克斯则一路坎坷。今年休赛期，罗斯一直受性侵案困扰，虽说最终被判无需承担任何责任，但这对他的声誉已经造成无可挽回的损失。 随着常规赛的深入，罗斯有很大机会在纽约重新开始自己的职业生涯并走出挣扎的状态。当然，外界对罗斯本赛季个人发挥的期望并不高。

2016/2017 常规赛至今，罗斯场均能贡献 17.6 分、4.0 个篮板和 4.4 次助攻的数据。理论上讲，这是一份还不错的控卫数据，毕竟如今身边拥有安东尼和波神（波尔津吉斯）等顶级得分手。但球迷与舆论并不满意，因为他是罗斯，曾经风化绝代的最年轻 MVP。我们终于不能不承认，连罗斯自己也终于妥协屈服，那个在 2011 年睥睨群英的罗斯真的再也回不来了。他依然可以每场贡献近 20 分的火力，但他不再是那个一动念就把防守者甩开一光年的德里克・罗斯了。现在的罗斯中规中矩，很少力挽狂澜，如果你强求他去做，他多半会把事情搞砸——更窝心的是，纽约尼克斯的球队氛围比去年的芝加哥好不到哪去。

曾经的风城玫瑰，依然还会绽放，但错过了那样的雨季、那样的花期，开出来的花朵，也不再拥有沁人心脾的芬芳和夺人心魄的艳丽。

〈生涯高光闪回 / 高分拔刺〉

高光之耀：罗斯是除乔丹之外近 25 年里唯一一位能够在马刺头上砍下 40+ 的公牛球员，而且是唯一获得胜利的那位公牛 40+ 先生。

2011 年 2 月 18 日，罗斯在与当赛季全联盟第一的马刺队的比赛中得到生涯新高 42 分，并且得到 8 个助攻 5 个篮板，帮助公牛队以 109 比 99 取得胜利，用一场完美的表现阐释了 MVP 的内涵。值得一提的是飞人在近 25 年里一共 4 次对马刺拿到 40+，四次对马刺的 40+ 比赛，公牛全部以失利而告终，而罗斯在拿到 40+ 的基础上成功带领公牛队取胜。

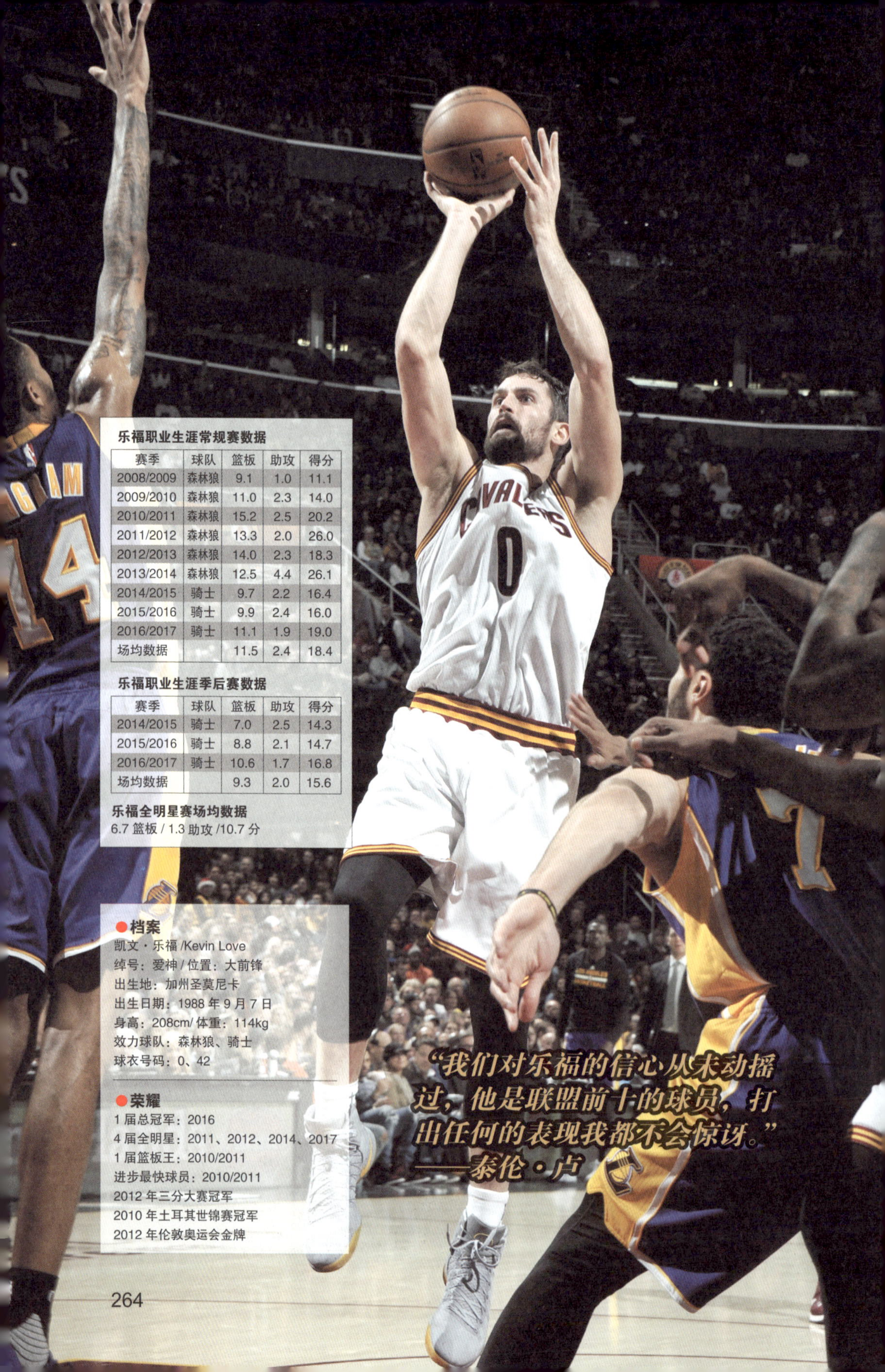

乐福职业生涯常规赛数据

赛季	球队	篮板	助攻	得分
2008/2009	森林狼	9.1	1.0	11.1
2009/2010	森林狼	11.0	2.3	14.0
2010/2011	森林狼	15.2	2.5	20.2
2011/2012	森林狼	13.3	2.0	26.0
2012/2013	森林狼	14.0	2.3	18.3
2013/2014	森林狼	12.5	4.4	26.1
2014/2015	骑士	9.7	2.2	16.4
2015/2016	骑士	9.9	2.4	16.0
2016/2017	骑士	11.1	1.9	19.0
场均数据		11.5	2.4	18.4

乐福职业生涯季后赛数据

赛季	球队	篮板	助攻	得分
2014/2015	骑士	7.0	2.5	14.3
2015/2016	骑士	8.8	2.1	14.7
2016/2017	骑士	10.6	1.7	16.8
场均数据		9.3	2.0	15.6

乐福全明星赛场均数据

6.7 篮板 / 1.3 助攻 /10.7 分

档案

凯文 · 乐福 /Kevin Love
绰号：爱神 / 位置：大前锋
出生地：加州圣莫尼卡
出生日期：1988 年 9 月 7 日
身高：208cm/ 体重：114kg
效力球队：森林狼、骑士
球衣号码：0、42

荣耀

1 届总冠军：2016
4 届全明星：2011、2012、2014、2017
1 届篮板王：2010/2011
进步最快球员：2010/2011
2012 年三分大赛冠军
2010 年土耳其世锦赛冠军
2012 年伦敦奥运会金牌

“我们对乐福的信心从未动摇过，他是联盟前十的球员，打出任何的表现我都不会惊讶。”
——泰伦 · 卢

3

凯文·乐福

KEVIN LOVE

一个满血归来的乐福，是骑士纵横沙场的硬弩长弓，有了他，骑士足以笑傲东部，并有与西部勇士一决高下的本钱。
虽然过于低调，使得乐福在骑士三巨头中最被忽视的一位，但发起飙来的他依然能砍下单节 34 分，足见其恐怖的得分爆发力。

1988 年 9 月 7 日，当他出生在美国加利福尼亚州圣塔莫尼卡时，他篮球生涯的未来就已经被悄悄地写就。凯文的父亲斯坦·乐福，是一个打过 4 年 NBA 的职业球员，1971 至 1978 年，老乐福曾效力于巴尔的摩子弹队、洛杉矶湖人队和圣安东尼奥马刺队。尽管篮球生涯短暂而平庸，但斯坦对篮球的热爱炽热无比，这直接影响到了年幼的凯文。

“我梦想成为像父亲那样的人，”凯文·乐福说，“他从小就给我灌输永不服输的体育精神，并带给了我无穷的动力。”当同年龄段的孩子还沉浸在电子游戏中时，凯文·乐福却把大把的时间用来练习投篮手型、脚步和各种训练：在以 10mph 行驶的汽车上，他会在打开的车窗边上练习运球，或者进行所谓的“50 罚篮练习”，也就是投进 10 个球，再罚进 10 个球，反复进行三四遍。

勤奋的乐福，很快在 AAU 联赛大显身手，他碰到了日后在 NBA 相遇的小伊赛亚·托马斯和布兰登·詹宁斯，每次热身过后，乐福都会要求跟两位天才控卫一对一单挑。一个矮胖的大前锋试图封锁鬼魅无常的控球手，这一幕把 ABCD 训练营的观众们逗乐了。但每一次乐福被他们打爆时，他们都会惊讶地发现这个白人内线一定会在下一个回合强势回应，从不服软。

2006 年，乐福参加了在拉斯维加斯举办的锐步大时代锦标赛，他所效力的南加州明星队击败了德里克·罗斯领衔的芝加哥队。比赛最后时刻，乐福成功盖掉了罗斯的上篮。14 个月后，乐福进入 NCAA 豪门 UCLA，并在这里认识了一生的挚友——拉塞尔·威斯布鲁克。尽管两人只做了一年队友，但乐福很快便和拉塞尔建立了深厚的友谊。2016 年，当乐福在《球星看台》上发表长文缅怀自己的大学岁月时，他将一半的笔墨留给了威少，“我们拥有共同的目标，并一起为此奋战，我们亲如一家人。”

2008 年 NBA 选秀，凯文·乐福在首轮第 5 顺位被灰熊队选中，但随后被交易到了明尼苏达森林狼队，他与大学时代的对手 OJ 梅奥互换了东家。彼时的森林狼正处于后加内特时代最艰难的时期，百废待兴。明尼苏达的球迷们希望这个师出名门的白人内线能够成为下一个“狼王”。新秀赛季，乐福场均 11.1 分、9.1 个篮板的准两双数据，让他成功入选了年度最佳新秀阵容，尽管森林狼依旧距离季后赛非常遥远。2009/2010 赛季，乐福依然无法获得稳定的首发机会，受困于伤病影响，他整个赛季缺席了 22 场比赛，但场均 14 分、11 个篮板的两双表现可圈可点。2010 年夏天，森林狼送走球队过去三年的内线核心艾尔·杰弗森，乐福正式被扶正，成为球队新的领袖。这个赛季，也成为乐福走向巨星之路的转折点。他打出了一系列令人侧目的华丽表现。

2010 年 11 月 13 日，森林狼迎战尼克斯，乐福全场狂砍 31 分、31 个篮板，创 NBA 生涯单场得分和篮板新高，成为 NBA 历史上自 1982 年的摩西·马龙之后，首位单场比赛交出双 30 成绩单的球员，也是森林狼队史单场双 30 第一人，31 个篮板创森林狼队史纪录。2011 年 3 月 8 日，乐福又刷新了摩西·马龙单赛季连续 50 场的两双纪录。

2010/2011 赛季结束时，乐福场均 20.2 分、15.2 个篮板、2.5 次助攻，他首次荣膺联盟篮板王，并获得了进步最快奖的殊荣。2011/2012 赛季，乐福再接再厉，场均得分达到了 26 分，他开发出了一手稳定的三分投射，并夺得了三分大赛冠军。2012 年年初，森林狼同乐福达成续约协议，4 年价值 6082 万美元。

2012/2013 赛季，由于手掌骨折，乐福只出战了 18 场比赛，森林狼依旧挣扎在西部下游。频繁的受伤，以及对球队现状的不满，让乐福在 2013/2014 赛季再一次打出了场均 26.1 分、12.5 个篮板的恐怖两双数据。只可惜，连续 6 年无缘季后赛的悲催表现，使乐福对球队开始绝望，他烦透了年复一年的提前放假。2014 年夏天，他做出了同 2007 年加内特一样的决定——离开，因为对胜利无限的渴望和对冠军的梦想。

2014 年 8 月 23 日，森林狼同骑士、76 人达成三方交易，乐福作为最大筹码被换到骑士，同先前回归克利夫兰的勒布朗·詹姆斯以及凯里·欧文组成了新的“三巨头组合”。

2014/2015 赛季，乐福的个人得分骤降近 10，从上个赛季的 26.1 下降到 16.4，他的投篮效率也出现了大幅度的下滑，综合表现并没有达到球迷和媒体的预期。于是，“伪巨头”、“软蛋”、“拖后腿”等论调接踵而至。骑士最终在那个赛季拿下东部第一，乐福也迎来了生涯首次季后赛之旅，但噩运随之而来。与凯尔特人的首轮第四场比赛中，奥利尼克的野蛮犯规，直接导致乐福肩膀脱臼，无缘接下来的比赛。随后的故事，大家都清楚了，詹姆斯以一己之力率队力战勇士，最终惨遭逆转。

就在业内和坊间热议乐福的克利夫兰生涯行将结束时，2015 年 7 月 2 日，骑士队官方宣布同乐福达成续约协议，双方签订了一份 5 年价值 1.1 亿美元的巨额合约，这也粉碎了外界对他和詹姆斯不和的传闻。2016 年季后赛，这一次乐福没有再重蹈去年的覆辙，他以健康之躯站在了分区决赛的舞台上，并最终助队挺进总决赛，成就了史诗般的华丽逆袭。总决赛第 7 场，乐福全场得到 9 分、14 个篮板、3 次助攻和 2 次抢断，并在关键的一次防守中，封锁了库里，帮助球队以总比分 4 比 3 战胜对手，为克利夫兰骑士队赢得第一座 NBA 总冠军奖杯。

2016/2017 赛季，乐福迎来了大爆发，这可能是他打得最舒心的一个赛季，场均 20.2 分 11.1 个篮板 1.9 次助攻，并曾创下单节 34 分的神迹。此外他的传球智商和篮板天赋也令所有人震惊：他总能先于对手抢到正确的位置，吸盘大手把篮球牢牢钳在手中；他懂得每个队友的跑位和出手习惯，总能送出最棒的传球；他能背打，也能中投，射程能远到三分线；他那练过瑜伽的身体柔韧而富有张力，总在场上最需要出现的地方出现。

凯文·乐福，这个永远不知疲倦的篮球狂人，也将进入新的人生篇章。

“一切都是因为爱，对篮球的爱，对胜利的爱，对梦想的爱。”

Because of love。

〈生涯高光闪回 / 单节爆表〉

高光之耀：乐福的单节 34 分一举创造了 8 项纪录，个人在骑士生涯单场最高分、个人职业生涯单节最高分、NBA 历史首节最高分、骑士队史单节最高分（原纪录是詹姆斯的 24 分）、个人生涯单场三分球命中数、个人单节三分球命中数、骑士队史单节三分球命中数。

2016 年 11 月 24 日，骑士在主场迎战开拓者。凯文·乐福在开场后的 4 分 25 秒里，便 7 投 7 中（三分球 6 中 6）狂砍 20 分。首节过后，乐福 14 投 11 中（三分球 10 投 8 中、罚球 4 中 4）狂砍 34 分，比开拓者全队的 31 分还多。

NBA 历史单节得分纪录

序号	球员	赛季	对阵	单节得分
1	克莱·汤普森	2014/2015	勇士 VS 国王	37
2	凯文·乐福	2016/2017	骑士 VS 开拓者	34
3	卡梅隆·安东尼	2008/2009	掘金 VS 森林狼	33
3	乔治·格文	1977/1978	马刺 VS 爵士	33

● 档案

布兰登・罗伊 /Brandon Roy
绰号：黄曼巴 / 位置：得分后卫
出生地：华盛顿西雅图
出生日期：1984 年 7 月 23 日
身高：198cm/ 体重：98kg
效力球队：开拓者、森林狼
球衣号码：3、7

● 荣耀

3 届全明星：2008~2010
最佳新秀：2006/2007
2008/2009 赛季最佳阵容 2 阵
2009/2010 赛季最佳阵容 3 阵

罗伊职业生涯常规赛数据

赛季	球队	篮板	助攻	得分
2006/2007	开拓者	4.4	4.0	16.8
2007/2008	开拓者	4.7	5.8	19.1
2008/2009	开拓者	4.7	5.1	22.6
2009/2010	开拓者	4.4	4.7	21.5
2010/2011	开拓者	2.6	2.7	12.2
2012/2013	森林狼	2.8	4.6	5.8
场均数据		4.3	4.7	18.8

罗伊职业生涯季后赛数据

赛季	球队	篮板	助攻	得分
2008/2009	开拓者	4.8	2.8	26.7
2009/2010	开拓者	2.3	1.7	9.7
2010/2011	开拓者	2.2	2.8	9.3
场均数据		3.3	2.6	16.3

罗伊全明星赛场均数据

7.0 篮板 / 5.0 助攻 /16.0 分

2

♠

布兰顿·罗伊

BRANDON ROY

曾经是波特兰玫瑰花园中最为意气风发的篮球王子，如今却成为那里最早凋零的一朵玫瑰，无尽的伤病让这位天才剑客过早地收起锋芒，叹息之余，我们依然会对他以往的神迹时刻津津乐道，比如那0.8秒绝杀火箭，宛如其璀璨而又短暂的职业生涯的点睛之笔。

很难说得明白提起布兰登·罗伊的时候，是一种什么样的感受。大约有点遇见天使跌落凡间的遗憾、目睹昙花一现的震撼，以及对“光阴流转”的扼腕叹息，总之有些百感交集，感慨上帝的玩笑总是有点无情。明明先天有所缺憾、资质平庸的一个少年，眼看就要靠着自己的努力，转身化作鲜衣怒马的白衣公子，却在最关键的时刻，一记无法痊愈的伤痛，再次被打回原形。这样的人生，哪怕只是目睹，心都会隐隐为之作痛。

然而这却是布兰登·罗伊人生的真实写照。

对于篮球这种运动，对于NBA，罗伊从一开始就比别人有着明显的先天隐忧——他的半月板先天性缺失、左脚先天性骨骼异常，这对篮球这种对腿部运动负荷相当高的运动来说，他一开始就落在了别人的后面。至于他的身体素质也就那么一回事，在他选秀的体测报告上，他的垂直弹跳为34英寸，最大腾空高度为41英寸，注定就不是什么飞来飞去的“空中飞人”，卧推84公斤级他只能完成6次，也就比杜兰特好上那么一点点。至于禁区折返跑，他大概需要11.13秒，连看起来就跑不动的JJ.雷迪克都不如。

可是，就是这么个看起来就不可能是篮球明星料子的少年，在他短暂若流星的生涯里，却依旧绚烂无比，带给了我们一场场精彩绝伦的赛事。

高中时代，罗伊就读于西雅图加菲尔德高中，高中毕业，他原本打算直接进入 NBA 参加选秀，但是因为罗伊的成绩实在惨不忍睹，最终只好改道华盛顿大学。先进入大学联赛，一待就是四年，在华盛顿大学主教练奥马尔手下，罗伊逐渐成长起来，虽然身体素质平平，但罗伊的球商、球场大局观却是上乘。

大四那年，罗伊完成质的飞跃，场均得分从 12.8 蹿升到 20.2 分，还能送出 4.1 次助攻，带领球队打出 26 胜 7 负，杀入 NCAA16 强。那个赛季后，罗伊正式宣布参加选秀，而此时，他已经将太平洋十大联盟最佳球员、全美明星阵容收入囊中了！

那个时候的罗伊，在赛场上，总是一副慢悠悠来游山玩水的姿态，只是在球队存亡的危急时刻，才偶尔露出那么一丝峥嵘。他的教练们多少都对罗伊这一点有些意见。他上高中，琼斯教练会一直在场下吼他：“你 ×× 怎么这么懒啊！”“能不能努力点？”到了华盛顿大学也是一样，奥马尔教练也会吼他：“你能不能打起点精神来？”

哪怕到了 NBA，他这种慢悠悠的精神头似乎也没多少变化。在玫瑰花园球场的每一场比赛，你都能听见麦克米兰对他无奈的怒吼：“布兰登，你赶紧推进到前场啊！”

但无论什么时候，他总是无奈地对教练耸耸肩：“教练，我在做啊！”

别看罗伊这样，关键时刻的他，确实无比靠得住的。他虽然永远都似乎睡不醒一般，但却依旧能够在慢悠悠的节奏里找到对手的破绽，然后——一剑封喉！

这就是罗伊，看起来漫不经心，但只是表象，骨子里的他老辣、冷静，看似古井无波，却永远没有人知道他的深浅。唯一知道的就是，他自从进入 NBA 就仿佛在球场上已经泡了 N 多年的老球痞一样，知晓这个赛场上所有的打法、路数。以至于，他在联盟刚刚成名，里弗斯教练就录了他的比赛，回去给儿子杰里米亚上课，希望儿子能从他身上学到篮球的真谛——不是依靠身体素质，而是依靠球场判断、节奏、无私、团队合作等等。

言归正传，2006 年他进入 NBA 之前的波特兰监狱者队是个什么爷爷样子，自然无需赘述。2006 年他刚刚入行，处女秀就交出 20 分的答卷，整个赛季为开拓者出战 57 场比赛，在 35.4 分钟时间内场均能贡献 16.8 分、4.4 个篮板、4.0 次助攻和 1.18 次抢断，球场表现沉着冷静稳定；二年级，他和一起选中的阿尔德里奇已经配合得相得益彰，很快带领球队打出惊艳的 13 连胜。全季总共出战 74 场，场均得到 19.1 分、4.7 个篮板、5.8 次助攻，球队领袖的地位逐步确立。优异的表现让罗伊赢得了全联盟的一致认可，成功入选西部全明星阵容。

然后就是他的巅峰——2008/2009 赛季。

那一年的波特兰是一支典型的“地板流团队作战”球队，他和阿尔德里奇领先的首发阵容打得异常老辣——他们每场比赛都会按照教练的战术安排积极跑动，无私地传球，周密地掩护。首发阵容异常老道的同时，替补却是另一番景象：费尔南德斯、奥特洛领

先的替补阵容充满朝气，每场比赛都能在板凳席上贡献激情和能量。

即便那个时候他们都没有那么成熟——彼时，巴图姆还没开发出覆盖全场的火力，阿尔德里奇也只面框中距离的高手，大帝还在板凳席上磨砺心智和记忆，就连罗德里格斯和贝勒斯也只停留在气势汹汹的外在，但他们自上而下的年轻活力和战术执行力以及团队的完整度，则是彼时所有青年军中最优秀的，甚至远超后来杀入总决赛的雷霆。

于是乎，那个赛季，波特兰的玫瑰花园开始座无虚席，而罗伊作为球队的领军人物，场均 22.6 分、4.7 个篮板、5.1 次助攻几乎无可挑剔。人们开始在议论得分后卫的时候，把他的名字也加入前三之中，他的冷血老辣更是屡屡被人提起并赞叹。赛季初，他就打出连续七场得分 20+ 的比赛，11 月份更是有 3 场连续得分 30+，季后赛更是一度将数据飙升至 26.7 分 4.8 个篮板。

那个赛季，他在对阵太阳的比赛中全场 27 投 14 中，狂轰 52 分，让世人顿时醒悟——他看似漫不经心的状态，只为外表。对阵奇才，他更是送出 10 次抢断，追平队史记录。他的表现，赢得了球迷们的追捧，在全明星票选中，他再次入选全明星。

也正是从那个赛季开始，波特兰在他的带领下一洗之前的颓废之气，摇身一变成为常年 50 胜的西部劲旅。

但之后的岁月，上帝就不再对他那般恩宠，先是 2009/2010 赛季，球队遭遇大面积伤病，奥登、费迪南德斯、巴图姆等人先后倒在伤病之下。罗伊这个时候，挺身而出，揭幕战 20 投 12 中，狂砍 42 分、6 个篮板。那个赛季的收官阶段，伤病终于找上了他，因为半月板撕裂，他接受了手术，本该在病榻上修养 4 至 6 周的他，却为了球队的季后赛而提前复出，在球队 2 比 1 落后的时刻，再次挺身而出，那场比赛他出战 27 分钟，砍下 10 分，并投中制胜 3 分球。帮助球队把大比分追平。

带伤复出，让罗伊的伤势加剧，2010/2011 赛季，他因为半月板的伤势只打了 47 场，并在赛季中通过手术摘除了两个膝盖的半月板。11 年 1 月 18 日，他接受了关节镜修复手术，然后在那一年的 4 月 23 日，季后赛首轮对阵达拉斯的第四场比赛，他在第四节狂揽全场 24 分中的 18 分，并在最后时刻，命中关键跳投，带领球队完成 23 分的惊天大逆转！

这几乎，也是他在 NBA 最后的辉煌时刻了，从那之后，因为膝盖伤势，他打打停停，终于在医生的“威胁”下，宣布退役。（彼时，医生告诉罗伊，如果他坚持打篮球，下半生将在轮椅上度过。）

后来，他没忍住对篮球的热爱，在森林狼复出一小段时间，但最后还是因为职业生涯第七次的膝盖手术，再次宣告了退役。

这就是罗伊的生涯，被伤病摧毁的天才不计其数，罗伊或许是最让人扼腕叹息的一个吧？要知道，在他的巅峰期，他一直被球迷们称为“黄曼巴”——这个称号，由他的偶像，联盟历史上第二的得分后卫科比·布莱恩特而来——科比自称自己为“黑曼巴”，原因很简单，因为黑曼巴这种毒蛇，能在高速运动中依旧保持精准。而这一切的背后，需要远超他人的时间控制、节奏把控能力，罗伊的傲人之处正在于此。他的节奏把控老辣稳重，似慢实快，火候、时机拿捏得异常到位，无论是个人突破、投篮的选择，还是球队整体节奏的控制和处理球的能力，都恰到好处。队友跑什么样的战术、他什么时候出手解决对手，他都有着自己独特且准确的判断。一进联盟，他就是别人眼里的“老戏骨”了，这才是他真正的价值所在。他能够持之以恒地给球队提供帮助，对比赛走势产生决定性影响，他的输出稳定且持续，在球队需要他的时候，他还能挺身而出，给予对手致命的一击。

他身上的这些特质让人着迷，这是不同于霹雳暴扣、花式控球之外的，另一种篮球之美。

可惜的是，这样的画面，如今已经看不到了，玫瑰花园的江湖依旧刀光剑影，但那深处，那个低调的背影，却这么一转身，就再也寻不见了。

江湖不见，“黄曼巴”！

〈生涯高光闪回 / 乾坤独断〉

高光之耀：当黄曼巴亮出毒牙，伺机反噬时，拥有不可思议的神奇威力，即便是姚麦这样的英雄组合也难免会饮恨败北。羽翼渐丰的开拓者领袖布兰登·罗伊刹那间窥探到站在巨人肩头主宰比赛的曙光，在那支阵容强大，姚麦健康的火箭队面前，凶狠的“黄曼巴”刺出锋利的毒牙，告诉对手什么叫“天外来客”。

2008 年 11 月 7 日，波特兰玫瑰花园球馆，姚麦组合强势造访。比赛从一开始就陷入胶着，常规时间内战成了 90 平，比赛进入加时决胜。加时赛双方依然你来我往，互不相让，而在决定比赛胜负关键的最后 10 秒钟，奇迹诞生了！布兰登·罗伊在低迷了整场后突然爆发，终场前 1.9 秒他跳投命中，开拓者 98 比 96 反超比分，主场观众甚至在提前庆祝胜利。

此刻姚明在左侧 15 尺外接到界外球立即转身后仰跳投命中，同时还造成罗伊的打手犯规，在加罚命中后，火箭以 99 比 98 反超开拓者。此时比赛仅剩 0.8 秒，玫瑰花园球馆内鸦雀无声，“小巨人”姚明职业生涯第一次真正意义上的绝杀近在咫尺。

最后 0.8 秒，罗伊以在主场万千观众的注视下从容摆脱，在 27 尺外接球出手，姚麦组合同时醒悟，奋力扑向罗伊，但为时已晚，皮球伴随着终场哨音飞入篮筐。

最后 0.8 秒以近乎不可能的方式完成了绝杀，那记超远三分不仅缔造了 NBA 史上的又一段传奇，还让中国巨人职业生涯的唯一一次“绝杀”胎死腹中，在那个瞬间，人们仿佛看到了天外飞仙。

"他一直是一位赢家，得到昌西就像在21点游戏里，你手上有一张皇后，然后再得一张9。"
——乔治·卡尔

●档案

昌西·比卢普斯 /Chauncey Billups
绰号：大心脏 / 位置：控球后卫
出生地：科罗拉多州丹佛
出生日期：1976 年 9 月 25 日
身高：191cm/ 体重：92kg
效力球队：凯尔特人、猛龙、掘金、森林狼、活塞、尼克斯、快船
球衣号码：1、3、4、7

●荣耀

1 届总冠军：2004
1 届总决赛 MVP：2004
5 届全明星：2006~2010
2 届最佳防守阵容 2 阵：2004/2005、2005/2006

比卢普斯职业生涯常规赛数据

赛季	球队	篮板	助攻	得分
1997/1998	凯尔特人	2.2	4.3	11.1
1997/1998	猛龙	2.7	3.3	11.3
1998/1999	掘金	2.1	3.8	13.9
1999/2000	掘金	2.6	3.0	8.6
2000/2001	森林狼	2.1	3.4	9.3
2001/2002	森林狼	2.8	5.5	12.5
2002/2003	活塞	3.7	3.9	16.2
2003/2004	活塞	3.5	5.7	16.9
2004/2005	活塞	3.4	5.8	16.5
2005/2006	活塞	3.1	8.6	18.5
2006/2007	活塞	3.4	7.2	17.0
2007/2008	活塞	2.7	6.8	17.0
2008/2009	活塞	5.0	7.5	12.5
2008/2009	掘金	3.0	6.4	17.9
2009/2010	掘金	3.1	5.6	19.5
2010/2011	掘金	2.5	5.3	16.5
2010/2011	尼克斯	3.1	5.5	17.5
2011/2012	快船	2.5	4.0	15.0
2012/2013	快船	1.5	2.2	8.4
2013/2014	快船	1.5	2.2	3.8
场均数据		2.9	5.4	15.2

比卢普斯职业生涯季后赛数据

赛季	球队	篮板	助攻	得分
2000/2001	森林狼	1.7	0.7	1.0
2001/2002	森林狼	5.0	5.7	22.0
2002/2003	活塞	3.4	4.7	18.0
2003/2004	活塞	3.0	5.9	16.4
2004/2005	活塞	4.3	6.5	18.7
2005/2006	活塞	3.4	6.5	17.9
2006/2007	活塞	3.3	5.7	18.6
2007/2008	活塞	2.9	5.5	16.1
2008/2009	掘金	3.8	6.8	20.6
2009/2010	掘金	2.3	6.3	20.3
2010/2011	尼克斯	2.0	4.0	10.0
2012/2013	快船	2.0	1.0	6.2
场均数据		3.4	5.7	17.3

比卢普斯全明星赛场均数据

2.2 篮板 / 5.0 助攻 /10.2 分

2
♥

昌西·比卢普斯
CHAUNCEY BILLUPS

昌西是铁血冷面的生死判官，他那朴素沉稳的气质与底特律这座蓝领城市的风格高度契合，那些年他率领的活塞总是能横亘在星光璀璨的超级强队面前，狙杀对手。自从 2004 年赢得总决赛 MVP 之后，昌西彻底脱离了草根行列，投进无数关键球的他，赢得绰号——关键先生。

2014 年 9 月 10 日，2004 年总决赛 MVP、五届全明星球员昌西·比卢普斯宣布正式退役。“我的求胜欲望依然强烈，”比卢普斯说，“但无法否认过去三年里，我的身体情况并不乐观。现在是时候了，我知道自己该退役了。”

科罗拉多州并不缺少篮球明星，但没有人像比卢普斯这样拥有惊人的影响力。高中时期昌西连续四年入选科罗拉多州第一阵容，率队赢得两个州冠军。他有大把机会进入篮球名校，然而就像伯德选择印第安纳州大一样，比卢普斯义无反顾加盟了科罗拉多大学，他不想离开家乡。金子在哪里都会发光，大二时比卢普斯率队击败印第安纳大学，进入第二轮，上一次科罗拉多大学在全国锦标赛中赢球还要追溯到 1969 年。就在这一年，昌西当选科罗拉多篮球先生，入选全美最佳阵容第二队。

1997 年的选秀大会备受瞩目，不是因为昌西参选，而是蒂姆·邓肯终于大学毕业，手握两个高顺位的凯尔特人有 27.5% 的几率抽中状元签。记者丹·绍尼西在 1997 年 5 月 18 日的《波士顿环球报》上这样写道：“今天是乐透星期日，也许是“红衣主教”奥尔巴赫在 19 年前选中拉里·伯德以来，“绿衫军”最重大的日子。”

最终的结果让波士顿大失所望，他们仅仅获得了3号签和6号签，不仅与邓肯失之交臂，也没有得到范霍恩，“绿衫军”之所以改变策略选中昌西，是因为新任总经理克里斯·华莱士曾经看过一场他的比赛，昌西大杀四方投进制胜球，这给华莱士留下了不可磨灭的印象。

皮蒂诺的体系需要一个适应快打旋风的控卫，速度能带来激情，也会让人迷茫，对昌西而言飙速度并不是他擅长的风格，这是一切灾难的根源，无法调和。失去耐心的凯尔特人在交易截止日之前将昌西送走，比卢普斯在接下来的流浪生涯中的确保持着足够的耐心，在猛龙他只待了几个月就被送走，与麦迪和文斯·卡特擦肩而过，回到家乡的旅程同样乏善可陈。德安东尼始终没有搞清昌西的说明书：“我们把他当成得分后卫，然而他的真实位置无疑是个问号。”在奥兰多，比卢普斯因为肩伤一分钟也没打。当同届球员开始崭露头角时，比卢普斯得到的只是冷嘲热讽，媒体将他放入水货的行列，此时他第一次对自己产生了怀疑。

与前几支球队相比，森林狼为昌西提供了更舒适的环境，那里有他的老朋友凯文·加内特。布兰顿无私地传授经验和技术，在明尼苏达的比卢普斯终于成为一个合格的轮换球员。2001/2002赛季布兰顿受伤，昌西抓住了机会，尽管森林狼首轮即遭横扫，但他场均砍下22分。菲利普·桑德斯开玩笑称比卢普斯会重复汤姆·布雷迪的传奇，在几个月的时间里从板凳变成总冠军成员。“巨大的压力反而让他冷静下来，”桑德斯说道，“这是一种非常独特的才能。”

重新找回信心的比卢普斯不再惧怕迁徙，亲自登门拜访乔·杜马斯之后，他来到了汽车城，杜马斯明确告知昌西，这支球队由他来领导。“那是有史以来第一次有人把球交给他，告诉他‘这是你的球队，我们信任你’。”

比卢普斯为活塞效力的首个赛季就率队杀入分区决赛，第二年拉里·布朗取代卡莱尔，他认为昌西必须牺牲出手机会，让更多的队友融入进来。布朗的强硬态度和控制欲让比卢普斯非常不满，但为了球队利益，他愿意让步。至今布朗仍然对那支活塞缺乏超级明星的观点耿耿于怀，在他看来昌西怎么算不上巨星？

最终没有巨星的活塞还是击败了星光熠熠的湖人，拿到“坏孩子时代”之后首个冠军。比卢普斯场均贡献21分、5.2次助攻，外加一次对名人堂主帅的公然冒犯。底特律新闻报记者克里斯·麦克考斯基说：“他的最佳表演就是2004年的总决赛，我从来没见过哪个家伙可以在洛杉矶湖人面前掌控比赛，控制节奏。”

2005年昌西再次带队杀入总决赛，站在他面前的是1997级的蒂姆·邓肯，两支以防守著称的球队为整个系列赛奠定了惨烈的基调，比卢普斯和他的球队与马刺拼到第七场的最后一刻，然后败下阵来。“我觉得我们才是第七战理所当然的胜利者。”比卢普斯说，“好吧，我们没有笑到最后。没问题，我已经忘记这场比赛了。”

然而连续止步于分区决赛让杜马斯扣动了交易扳机，他将昌西送还给了丹佛。“我深深地受到了伤害，”比卢普斯说，“得知自己被交易，我的心在滴血。环顾四周，没有奥本山的球迷也没有活塞的队友，这意味着我要和兄弟们天各一方。”

迎接昌西的不仅是家乡球迷，还有乔治·卡尔，这不是两人第一次握手。2003 年东部决赛活塞 2 比 3 落后，卡尔应老友布朗的邀请，前往更衣室为活塞众将打气，昌西承认那次谈话让他受益匪浅。

在卡尔眼里，昌西是名副其实的赢家，这位“蓝领先生”连续第 7 次打进分区决赛，也将掘金带向全新的高度，充斥着神经刀、文身男、问题青年的掘金军团变成了一支遵守纪律和秩序的季后赛球队。

然而比卢普斯还是没有停下流浪的脚步，《丹佛邮报》记者马克·基斯泽拉向掘金开炮：“为了终止与安东尼之间相互绑架的关系，他们牺牲掉了城市英雄昌西·比卢普斯，丹佛如释重负，却再也没有快乐可言。”从尼克斯到快船，比卢普斯在如此高龄依然能立足于 NBA，依靠的是苦练，他花费了大量时间来改善身体状况，而重回活塞的决定，对底特律球迷来说是又迎回了昔日的城市英雄，这足以令人欣慰。

2013/2014 赛季初，奥本山宫殿的球票卖得飞快，也许底特律球迷想要见识一下球队的新阵容，当然更让人信服的说法是：他们为了洗尽铅华的老队长而来。当现场播报员喊出昌西的名字时，现场 22076 名球迷发出山呼海啸的吼声。

经历无数次流浪之后，这位老兵终于回到梦开始的地方：“我不止一次强调，希望职业生涯在这里结束，记忆停留于此。”“蓝领先生”最终在蓝领城市结束职业生涯，也许没有比这更圆满的结局了。

〈生涯高光闪回 / 暴走潜龙〉

高光之耀：比卢普斯在掘金迅速成为球队的大脑，他的比赛中的统帅能力不言而喻，而人们往往忽略他其实还是一位效率极高的得分手，有时得分如探囊取物。

2010 年 2 月 6 日，在掘金与湖人的比赛中，比卢普斯全场比赛 20 投 12 中，得到生涯最高的 39 分 8 次助攻，3 分球 13 投 9 中，打破自己之前的单场 3 分 7 中纪录，他的神勇发挥，是掘金第三节扭转比赛的关键，该节比卢普斯在 3 分半时间里狂砍 12 分，单节砍下 21 分，为 1966 年张伯伦打湖人单节 23 分之后的第二高分。本节他还命中 5 个 3 分球，末节比赛他更是送出 5 记妙传重创对手。掘金队能够在该赛季连续第 2 次击败拥有科比和加索尔的超强湖人，比卢普斯功不可没。

档案

保罗·乔治 /Paul George
绰号：泡椒 / 位置：小前锋
出生地：加州帕姆代尔
出生日期：1990 年 5 月 2 日
身高：206cm/ 体重：102kg
效力球队：步行者
球衣号码：24、13

荣耀

4 届全明星：2013、2014、2016、2017
进步最快球员：2012/2013
2016 年里约奥运会金牌
2013/2014 赛季最佳防守一阵

“我觉得他有那种气质，尤其像 T-MAC，那么纤细纯良，出色的弹跳和跳投，天呐，他仿佛就是麦迪转世。”

——兰斯·史蒂芬森

2
♣

保罗·乔治

PAUL GEORGE

他是拉里·伯德亲自选中的印第安纳王子。2013 年，他临危受命成为步行者的王牌。这个年轻的侧翼球员柔韧、敏捷、沉静、好战，以科比为偶像。他以防守起步，有着扎实的功底，失位后恢复防守状态的速度几乎是联盟首选。他接球出手足够大气、精准，凭借超长的臂展和不俗的身高，他总能在对手面前从容得分。

帕姆代尔是位于加利福尼亚州北部棕榈谷市的一个沙漠小镇，距离洛杉矶 65 英里，这里是一个地震高发区，1994 年曾发生过一次里氏 6.6 级的大地震，保罗·乔治就是在这样一个地方长大的。1990 年 5 月 2 日，他出生在一个普通的黑人家庭中，大姐泰奥莎·乔治和二姐博特拉·乔治都是运动员，其中大姐曾在佩珀代因大学篮球队效力。

年少时的保罗·乔治总是缠着大姐玩一对一斗牛，规则很简单：每一局 21 分获胜，只有最过分的犯规才会被吹罚。泰奥莎拥有一双长臂和一手靠谱的跳投，身高达到 1.93 米的她简直是小保罗的梦魇，“她又高又壮，并且技术出众，我那时很瘦小，所以你懂得，被虐是家常便饭。”从 7 岁开始，乔治便在一次次的单挑中被大姐暴虐，直到他 15 岁进入奈特高中校队。

“所有人都知道我是泰奥莎的弟弟，她那时是标杆人物。”乔治回忆道，“但我终于在 15 岁那年第一次单挑击败了她，在很长一段时间里，我都视那次单挑为生涯中最伟大的一场胜利。”为了能够打败自己的姐姐，少年乔治将几乎所有的业余时间都用在了练球上，帕姆代尔的公园篮球馆成了他的专属地盘。泰奥莎回忆起弟弟那些挥汗如雨的岁月总是忍不住大笑："一切都是因为我，是我激发了保罗的斗志。"

多年后，当乔治进入 NBA，并成为家喻户晓的篮球明星后，他依然忘不了姐姐对自己的启蒙和教导："泰奥莎教会了我如何接受批评以及正确的投篮动作，我的很多技术细节都是她矫正的。"更重要的是，好胜心强烈的泰奥莎·乔治给保罗树立了一个完美的榜样，这让他懂得了在球场上唯有全力以赴地求胜才是最重要的。

乔治进入高中后并没有迅速跻身校队，直到高三才脱颖而出成为球队之星。他常常模仿麦迪和科比的技术动作，并默默地发誓将来要成为像他们一样出色的球员。高二时乔治场均只有 14 分、8 个篮板；高四时，他的数据已经升到 25 分、12 个篮板、3 次助攻、3 次抢断。他在奈特高中靠着豪取 24 胜 9 负的骄人战绩，闯入了加利福尼亚第一分区的季后赛，而他本人当选了整个联盟的金牌球员。

高中毕业后，乔治收到了宾夕法尼亚州立大学、乔治城大学等名校的邀约，但他最终选择了弗雷斯诺州立大学，开始自己的大学篮球生涯。2008/2009 赛季，乔治场均 14.3 分、6.2 个篮板，是 NCAA 前 15 名新秀得分手，场均三分命中率高达 44.6%，排名校史第三，赛季结束后，他受邀参加了全美 19 岁以下国家队集训营并参加选拔赛。大二赛季，乔治成为弗州立大的头号球星，均 16.6 分、7.1 个篮板、2.2 次抢断和 90.6% 罚球命中率，全部排名球队第一，场均抢断 2.21 排名全国第 24。赛季结束后，他入选了分区最佳阵容二队，并被《体育画报》选进全美最受关注的 16 位大学球员的名单中。

乔治相信自己进入 NBA 的时机已经成熟，汤姆·赫格雷作为他当年的高中教练，认为爱徒将会在乐透区拥有一个非常不错的位置，他会成为受人瞩目的新星。2010 年，保罗·乔治的名字在第十位被大卫·斯特恩念中，敲定他的球队是印第安纳步行者。

"保罗·乔治是谁？"几乎所有的步行者球迷在拉里·伯德做出这个决定后都发出了相同的疑问。很少有人关注弗雷斯诺州立大学的比赛，相比肯塔基、北卡、UCLA、佛罗里达大学这些老牌名校，弗雷斯诺州大更像是一座野鸡大学。而乔治的星光，相比同届的沃尔、特纳、考辛斯、门罗们又显得黯淡许多，所以印城球迷好奇"为什么是他"。

《SLAM》的球探报告中指出：保罗·乔治，2.06 米，102 公斤，身体素质出色，防守意识绝佳，二年级时期得分、篮板、抢断冠绝全队，具备很强的自我约束力，训练刻苦。模板是麦迪。无与伦比的天赋和自律稳健的球风，这很对印第安纳管理层的胃口，也跟本队始终如一的铁血风格相暗合。雷吉·米勒之后，步行者一直在等待下一个真命天子，阿泰和杰克逊是火爆浪子，星味黯淡，格兰杰天赋有限，难当大任，而保罗·乔治，具备成为超级巨星的所有素质。"我想成为特雷西那样的球员，嗯，受伤之前的麦迪。"乔治说，"我想像他那样打球，他是个身材很高的后卫，并且全面、无所不能。"

2010/2011 赛季，乔治在沃格尔手下获得了 19 场先发机会以及场均 20.7 分钟的出场时间，他的表现中规中矩：7.8 分、3.7 个篮板、1.1 次助攻，入选新秀第二阵容，并随队

乔治职业生涯常规赛数据

赛季	球队	篮板	助攻	得分
2010/2011	步行者	3.7	1.1	7.8
2011/2012	步行者	5.6	2.4	12.1
2012/2013	步行者	7.6	4.1	17.4
2013/2014	步行者	6.8	3.5	21.7
2014/2015	步行者	3.7	1.0	8.8
2015/2016	步行者	7.0	4.1	23.1
2016/2017	步行者	6.6	3.3	23.7
场均数据		6.3	3.2	18.1

乔治职业生涯季后赛数据

赛季	球队	篮板	助攻	得分
2010/2011	步行者	5.0	1.0	6.0
2011/2012	步行者	6.6	2.4	9.7
2012/2013	步行者	7.4	5.1	19.2
2013/2014	步行者	7.6	3.8	22.6
2015/2016	步行者	7.6	4.3	27.3
场均数据		7.2	3.8	18.4

乔治全明星赛场均数据

4.3 篮板 / 3.3 助攻 /25.3 分

征战了季后赛。随后一个赛季，沃格尔逐渐增加了乔治的出场时间，并将他彻底提入先发，司职得分后卫。在缩水赛季，乔治场均得到 12.1 分、5.6 个篮板、2.4 次助攻，他的三分命中率提升到了 38.5%。

2012/2013 赛季，步行者核心丹尼·格兰杰因伤只打了 5 场比赛，乔治成为步行者的领军人物，并取代了大哥成为先发小前锋。整个赛季，他场均轰下 17.4 分、7.6 个篮板、4.1 次助攻、1.8 次抢断，首次入选了全明星阵容。凭借优异的表现，乔治在常规赛结束后荣膺进步最快奖。在季后赛半决赛与尼克斯的较量中，他成功限制住了对方的当家巨星卡梅隆·安东尼，整个季后赛期间，他场均得到 19.2 分、7.4 个篮板、5.1 次助攻。在淘汰纽约跻身东部决赛后，TNT 著名评论员查尔斯·巴克利如是点评："美国人民，我们看到的是联盟未来的超级巨星——保罗·乔治，记住这个名字。"

巴克利说得没错，乔治正在逐步成长为超级巨星，2013/2014 赛季，乔治场均得分提升到 21.7 分，他率领球队拿下 56 胜 26 负的骄人战绩，以东部第一的身份杀进季后赛，但遗憾的再次不敌热火。不过，乔治却入选了年度最佳防守阵容一队以及年度最佳阵容三队，已经成为印第安纳新的领袖。

如果没有 2014 年拉斯维加斯那恐怖的一幕，也许保罗·乔治已经是与杜兰特、詹姆斯和库里并驾齐驱的顶级巨星。但所有的假设在伤病面前都显得如此苍白无力，当乔治带着连续两年杀进分区决赛的荣耀踏上梦十一队的训练旅程时，没有人会料到结局会如此残酷。如今再去详述乔治受伤的经过已经没有任何意义了，重要的是保罗·乔治回来了，以更强的姿态，以浴火重生的信念回来了。

错过了 2014 年的西班牙男篮世界杯，错过了 2014/2015 赛季的 76 场比赛，错过了率领步行者继续逐梦的旅程。一年来，保罗·乔治错过了太多。2014 年 8 月，就在他重伤倒地后的一个月，他决定将号码改为 13 号。众所周知，保罗·乔治是科比·布莱恩特的头号粉丝，此前他一直身穿 24 号战袍，也被视为是科比的最佳接班人。然而，乔治最终选择了易号，像 8 年前的偶像一样，坚决地服从了自己的初衷。

一年的蛰伏和修养，让保罗·乔治变得更加强大和自信，当所有人都将目光投向詹姆斯的重回骑士和勇士的一骑绝尘时，乔治却正在疗养中积累着重返巅峰的信念。他不会忘记 1987 年乔丹骨折归来后的帝王表现，也不会忘记伯纳德·金从灾难性的膝伤中重返巅峰，更不会忘记"人类电影精华"在重伤之后与乔丹争夺得分王的酣畅岁月。"我要让所有人知道，当我重返赛场时，一切终将不同。"

2014/2015 赛季的短暂复出只是一个讯号，沃格尔严格限制了乔治的出场时间，6 场比赛场均 15 分钟，他明白，下个赛季才是印城灵魂涅槃重生的时节。新赛季开始前，沃格尔做出了一项大胆的决定——让乔治出任 4 号位。

从得分后卫到小前锋再到大前锋，乔治经历了三次位置更迭，沃格尔相信他会在新位置上迸发出能量。而另一方面，在乔治因伤错过的一年多时间里，步行者已经不再是当年的步行者，史蒂芬森、大卫·韦斯特、汉斯布鲁和希伯特相继离去，曾经一起与热火死磕的兄弟都已各为其主。乔治的身边除了希尔依旧是熟悉的面孔外，其余的都稍显陌生。2015/2016 赛季的乔治仿佛经历过浴火重生的凤凰一般，挥洒着自己的天赋，他首月的表现让所有人为之震惊，场均 27.2 分、8.1 个篮板、4.4 次助攻，三分命中率高达 45.5%，他也因此荣膺 11 月东部最佳球员。随后的比赛中，客战爵士轰下生涯新高的 48 分，与雄鹿、活塞、热火时连续三场 30+，在他带领下步行者拿下 45 场胜利，重返季后赛，和东部第二的猛龙大战七场，最终遗憾告负。乔治是场上的领袖，他一个又一个冷血的进球，让步行者能够以弱克强。首战在加拿大航天中心，乔治先拔头筹轰下的 33 分，以及天王山之战的 39 分，这一切都表明乔治依旧是那个冷血的杀手，从来都没有改变过。

常规赛出战 81 场，你很难相信这是重伤归来的乔治所做到的事，2016 年夏天乔治再一次战胜伤病的梦魇，进入美国国家队，并随梦十二队在里约称雄。

2016/2017 赛季，我们看到期待已久的乔治，他从地狱般的伤病中“浴火”归来，两个赛季之后，他又回到顶级小前锋的水准。我们还记得当年，他屡屡杀到东部决赛，和“三巨头”的热火盘肠大战，和詹姆斯激情对决。那时他是东部唯一能够硬抗詹姆斯的男人，风光无限。现在，乔治卷土重来。进入 2017 年以来，乔治和步行者都双双找到了节奏，在不大比分击败火箭的比赛中，乔治运球突破多人防守，在火箭内线猛男卡佩拉头上来了一记惊天隔扣，我们已经很久很久没有见到乔治如此富有激情了。

保罗·乔治，他是一个真正的勇士，拥有一身出神入化的精彩球技，还有一颗比球技更为可贵的王者雄心。

〈生涯高光闪回 / 三分新高〉

高光之耀：保罗·乔治此战三分 19 投 9 中，刷新 NBA 全明星赛球员三分命中数纪录。此前的 2014 年全明星赛，卡梅罗·安东尼曾命中 8 记三分球。而乔治得到全场最高 41 分，距 1962 年威尔特·张伯伦创下的 NBA 全明星赛球员最高得分（42 分）仅差 1 分。

2010 年 2 月 15 日，虽然西部以 196 比 173 大胜东部，但东部前锋乔治表现强劲，他 26 投 16 中，其中三分 19 投 9 中，得到 41 分，（9 中）刷新全明星单场三分的命中纪录，为东部挽回颜面。2015 年因为重伤而错过全明星赛时，乔治掩盖不住那时的失意。2015/2017 赛季伤愈复出的乔治没有让球迷失望，改变打法，更加稳健的投篮，让乔治率领步行者打出了强势的表现，这也帮助他今年以首发的身份回归全明星赛。而在正赛中风头更是盖过两位三分大赛冠军“水花兄弟”，刷新全明星赛单场三分命中纪录，三分王实至名归！

沃尔职业生涯常规赛数据

赛季	球队	篮板	助攻	得分
2010/2011	奇才	4.6	8.3	16.4
2011/2012	奇才	4.5	8.0	16.3
2012/2013	奇才	4.0	7.6	18.5
2013/2014	奇才	4.1	8.8	19.3
2014/2015	奇才	4.6	10.0	17.6
2015/2016	奇才	4.9	10.2	19.9
2016/2017	奇才	4.2	10.7	23.1
场均数据		4.4	9.2	18.8

沃尔职业生涯季后赛数据

赛季	球队	篮板	助攻	得分
2013/2014	奇才	4.0	7.1	16.3
2014/2015	奇才	4.7	11.9	17.4
场均数据		4.3	8.9	16.7

沃尔全明星赛场均数据

3.7 篮板 / 4.7 助攻 /17.7 分

“优秀控卫灿若星辰，我不断苦练，知道比肩他们显然不易，但我的志向是——成为历史第一控卫。”

——约翰·沃尔

档案

约翰·沃尔 /John Wall

绰号：囧墙 / 位置：控球后卫

出生地：北卡罗来纳州罗利

出生日期：1990 年 9 月 6 日

身高：193cm/ 体重：96kg

效力球队：奇才

球衣号码：2

荣耀

4 届全明星：2014-2017

2011 年新秀挑战赛 MVP

2014 年扣篮大赛冠军

2014/2015 赛季最佳防守 2 阵

2

约翰·沃尔
JOHN WALL

许多人对沃尔的印象还停留在新秀赛季，认为他只是一个穷人版的威斯布鲁克，只是一个身体素质出众，但技术粗糙，冲起来风驰电掣，但失误频频的球员，很少有人发现在这支越来越强的奇才队。沃尔正在稳步向前蜕变，并且具备了场均 20+10 的顶级控卫标配。

2005 年 NBA 颁布了“限龄法案”，约束那些天才少年必须至少打一年的大学篮球。在“限龄令”之下，约翰·沃尔成为了继德州大学的杜兰特之后最令篮球迷瞩目的超级大一生。这并非仅仅因为大一赛季沃尔能够场均拿下 17.2 分、7.3 次助攻，更因为他带领肯塔基大学打出了 15 胜 0 负的神奇战绩。和当年的杜兰特不同，沃尔是 2010 年毫无争议的第一人，而杜兰特还排在格雷格·奥登之后。在 ESPN 的选秀意向测试中，14 支 2010 年的乐透区球队有 13 支都用假定中的状元签选择了约翰·沃尔。

沃尔的父亲在沃尔 9 岁时罹患肝癌去世，母亲弗朗西斯·普尔利用她的辛勤换取了沃尔和他的妹妹良好的成长环境。沃尔并没有因为失去父亲的教诲而沉沦在街区暴力以及毒品勾当之中，他在篮球那里渐渐找到了自我。

3 岁时，沃尔第一次扣坏了家中的简易篮筐，而在 14 岁时，他在一次夏季联赛中第一次完成了扣篮。他超过 4.3 英尺的垂直弹跳也第一次将球探吸引到了他的身边。年少成名并没有预示着之后的一帆风顺，沃尔在 5 年之内换了 3 所高中，不断重复着他的“高中菜鸟赛季”。与他儿时的偶像迈克尔·乔丹一样，沃尔也曾被高中教练勒令退出校队。

据沃尔回忆，在父亲逝世之后，他用多年的时间才学会了控制自己的情绪，扫除身上的戾气。NCAA 名帅卡利帕里以其独特的人格魅力吸引了包括沃尔在内的顶尖高中明星加盟，但在沃尔开始大一赛季时，他还无法了解沃尔的全部。“我当时还不知道他的训练法则，但随后我便被震惊了。”沃尔在卡利帕里的注视下重复着各种训练动作：各方向的背身进攻，挡拆训练以及“吉诺比利”式上篮。卡利帕里认为，在沃尔的策动下，球队一直推行的 DDM——运球突破战术变得更具效率，更加快速，甚至比已经进入 NBA 的罗斯和泰瑞克·埃文斯仍在队中时还要高效。

在 2010 年选秀大会，奇才队几乎不假思索地以第一顺位将沃尔摘下，而沃尔随后以场均 16.4 分、8.3 次助攻的表现证明了状元的身价。

如今的 NBA 是控卫的天堂，只要这些控卫能够尽快为球队做出贡献。最近 5 年内，控卫们夺走了 4 个最佳新秀奖。帕克和朗多在自己的第二个赛季便将总冠军戒指收入囊中，林书豪与卢比奥引起了世界球迷的疯狂追捧，利拉德在菜鸟赛季多次命中制胜球，而当年詹宁斯在新秀赛季的第三周砍下了 55 分。沃尔场均 16+8 的数据甚至比帕克和德隆当年漂亮许多。然而，如今优秀控卫的评比标准也在不断提高。

沃尔在前三个赛季缺阵了 46 场比赛，而球队战绩持续低迷，总计 72 胜 158 负。而作为一个控卫，他的跳投水平远在及格线之下。突破能力较强，同时投篮能力糟烂，这也使沃尔在挡拆中的威胁大大削减，对手的内线会毫不犹豫地固守禁区内，等待沃尔钻入包围圈。

在 2013 赛季，沃尔因伤错过了半个赛季，ESPN 也在此时落井下石，在评选 25 岁之下的 25 位出色新星的榜单中，沃尔名落孙山。这使沃尔铭记在心，他发了一条推特来纪录这一事件，随后，他试图用比赛证明自己。他在防守顶尖的灰熊头上砍下 47 分，又在击破湖人的比赛中送出 16 次助攻，连续送出关键助攻，并投中关键球。沃尔健康出战时，奇才能够拿到六成胜率，而当他缺阵时球队胜率仅 15%。

2010 年沃尔加入奇才时，队中的主要球员是布莱切、尼克·扬、麦基以及为 13 亿人打球的易建联，其中前两位已经开始领着老将底薪混迹联盟。麦基的主治医生医德高尚，阿联荣归故里后喜获三项 CBA 联赛 MVP。在此之下，沃尔能在马戏团一般的球队环境下拿到场均 8 次助攻，实非易事。直到上赛季，球队配置较差的情况也尚未得到彻底改观，但奥卡福、阿里扎的加入确实使得球队的整体实力上升了一个档次。

“第一个夏天，我只是在做着进入 NBA 的准备。”沃尔说，“第二个夏天碰上了停摆，这让人不知所措。在这个夏天，我告诉自己要变得更强，我要提高我的跳投。”沃尔确实具备了执行力，他几乎花了整个夏天在洛杉矶与投篮教练罗伯·麦克克拉纳罕一起训练。威斯布鲁克与罗斯二人的跳投得到长足进步，正是因为师从此人。

奇才对沃尔与 2012 级新人布拉德利·比尔的后场组合寄予厚望，2013 年夏天，球队最终与沃尔签下了 5 年 8000 万的顶薪。年龄且数据相仿的霍乐迪、库里、蒂格等人均未获得顶薪待遇，各方媒体纷纷唱衰奇才的这次续约行动。

尽管各方均为奇才将成为可能的冤大头鸣不平，但事实上在 NBA，用天赋和潜力换大合同是再平常不过的事。沃尔有个“最佳舞者”的头衔，极具嘲弄性质，华盛顿球迷每场比赛都可以见到他独特的跳舞出场方式。“沃尔舞”的舞姿确实也称得上美妙，然而这个称号可以简单理解为“在球员中街舞跳得最好，在舞者中篮球打得最棒”。如果沃尔已经冲破了内心的迷惑之墙，那新赛季正是他破解笼罩在自己身上的谜题之时。

2014 年夏天，沃尔在自己身上文上了一段长城——“The Great Wall”。

2014/2015 赛季，沃尔场均得分降到了 17.3 分，但得分更具效率：命中率达到了 44.5%，创生涯新高。与此同时，作为 NBA 中最出色的传球为先的球场指挥官之一，沃尔巩固了自己的地位，他场均送出 10.0 次助攻，1.8 次间接助攻注 1，位列 NBA 第二位，仅仅排在克里斯·保罗之后。沃尔在 2015 年季后赛达到巅峰，季后赛中他的场均助攻以大幅优势领衔全联盟——场均 12.6 次，比排在第二名的保罗高出 4 次！可怕的是，他竟然还是带着骨裂的伤势比赛的！

2016/2017 赛季，贵为状元的约翰·沃尔也终于重新获得了应有的关注：他终于达成了传统控卫的标杆数据——场均 20 分 +10 次助攻。在德隆和保罗号称“绝代双骄”的时代，这是最顶级一号位的通行证。虽然如今哈登和威斯布鲁克这两个怪物让这种数据显得平淡无奇了，但这依然是一项了不起的成就。一直以来，就像华盛顿奇才悲剧的存在感一样，我们总是忘记沃尔是多么纯粹、飒爽的一个传统控卫，忘记他劲爆的运动和防守能力，以及近乎天生的大局观和传球技巧。

〈生涯高光闪回 / 三分新高〉

高光之耀：用生涯高光表现来击败联盟老大，沃尔心中可谓畅快淋漓。奇才虽然阵容深度不足，但在沃尔这样一位帅才的指挥调度下，华府众将足够和联盟的任何一支强队掰手腕。这样一场胜利是战略上的胜利，也极大地增强了奇才球员的自信心。

2017 年 3 月 1 日，奇才主场 112 比 108 险胜勇士，沃尔送出职业生涯新高的 19 次助攻，率奇才全体发威，送给了勇士本赛季的第 10 场失利。

此战沃尔虽然手感不佳，20 投仅 6 中，但与联盟第一控卫库里对阵中，沃尔还是用他 19 次助攻肢解了对手的防线。在沃尔的穿针引线下，奇才六将得分上双。其中比尔 25 分、莫里斯 22 分，就连刚刚从篮网转会奇才的博格达诺维奇也砍下 16 分，沃尔成功地将新队友顺利融入战斗序列，发挥出爆棚的能量。

NBA TOP10 历史十大排行榜

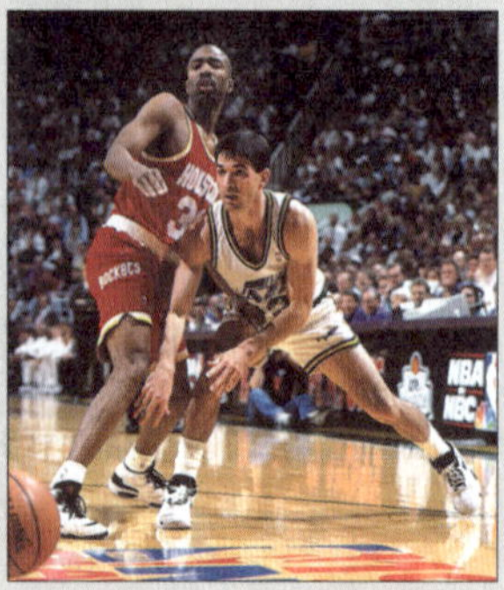

历史总得分榜 TOP10

序号	姓名	得分
1	卡里姆·贾巴尔	38387
2	卡尔·马龙	36928
3	科比·布莱恩特	33643
4	迈克尔·乔丹	32292
5	威尔特·张伯伦	31419
6	德克·诺维茨基	30181
7	勒布朗·詹姆斯	28599
8	沙奎尔·奥尼尔	28596
9	摩西·马龙	27409
10	埃尔文·海耶斯	27313

历史总篮板榜 TOP10

序号	姓名	篮板
1	威尔特·张伯伦	23924
2	比尔·拉塞尔	21620
3	卡里姆·贾巴尔	17440
4	埃尔文·海耶斯	16279
5	摩西·马龙	16212
6	蒂姆·邓肯	15091
7	卡尔·马龙	14968
8	罗伯特·帕里什	14715
9	凯文·加内特	14662
10	内特·瑟蒙德	14464

历史总助攻榜 TOP10

序号	姓名	助攻
1	约翰·斯托克顿	15806
2	杰森·基德	12091
3	史蒂夫·纳什	10335
4	马克·杰克逊	10334
5	埃尔文·约翰逊	10141
6	奥斯卡·罗伯特森	9887
7	伊塞亚·托马斯	9061
8	加里·佩顿	8966
9	安德烈·米勒	8524
10	克里斯·保罗	8202

历史总盖帽榜 TOP10

序号	姓名	盖帽
1	哈基姆·奥拉朱旺	3830
2	迪坎贝·穆托姆博	3289
3	马克·伊顿	3064
4	蒂姆·邓肯	3020
5	大卫·罗宾逊	2954
6	帕特里克·尤因	2894
7	沙奎尔·奥尼尔	2732
8	特里·罗林斯	2542
9	罗伯特·帕里什	2361
10	阿朗佐·莫宁	2356

历史总抢断榜 TOP10

序号	姓名	抢断
1	约翰·斯托克顿	3265
2	杰森·基德	2684
3	迈克尔·乔丹	2514
4	加里·佩顿	2445
5	莫里斯·奇克斯	2310
6	斯科蒂·皮蓬	2307
7	克莱德·德雷克斯勒	2207
8	哈基姆·奥拉朱旺	2162
9	埃尔文·罗伯特森	2112
10	卡尔·马龙	2085

历史三分榜 TOP10

序号	姓名	三分
1	雷·阿伦	2973
2	雷吉·米勒	2560
3	杰森·特里	2233
4	保罗·皮尔斯	2141
5	贾马尔·克劳福德	2043
6	文斯·卡特	2037
7	凯尔·科沃尔	2034
8	杰森·基德	1988
9	乔·约翰逊	1917
10	斯蒂芬·库里	1882

历史效率值榜 TOP10

序号	姓名	效率值
1	迈克尔·乔丹	27.9
2	勒布朗·詹姆斯	27.6
3	安东尼·戴维斯	26.6
4	沙奎尔·奥尼尔	26.4
5	大卫·罗宾逊	26.2
6	威尔特·张伯伦	26.1
7	克里斯·保罗	25.7
8	鲍勃·佩蒂特	25.3
9	凯文·杜兰特	25.2
10	奈伊尔·约翰斯顿	24.7

历史罚球榜 TOP10

序号	姓名	罚球
1	卡尔·马龙	9787
2	摩西·马龙	8531
3	科比·布莱恩特	8378
4	奥斯卡·罗伯特森	7694
5	迈克尔·乔丹	7327
6	杰里·韦斯特	7160
7	德克·诺维茨基	7094
8	保罗·皮尔斯	6918
9	阿德里安·丹特利	6832
10	多尔夫·谢伊斯	6712

历史出场次数榜 TOP10

序号	姓名	出场次数
1	罗伯特·帕里什	1611
2	卡里姆·贾巴尔	1560
3	约翰·斯托克顿	1504
4	卡尔·马龙	1476
5	凯文·加内特	1462
6	凯文·威利斯	1424
7	蒂姆·邓肯	1392
8	杰森·基德	1391
9	雷吉·米勒	1389
10	德克·诺维茨基	1388

历史命中数榜 TOP10

序号	姓名	命中数
1	卡里姆·贾巴尔	15837
2	卡尔·马龙	13528
3	威尔特·张伯伦	12681
4	迈克尔·乔丹	12192
5	科比·布莱恩特	11719
6	沙奎尔·奥尼尔	11330
7	埃尔文·海耶斯	10976
8	哈基姆·奥拉朱旺	10749
9	阿历克斯·英格利什	10659
10	德克·诺维茨基	10657